더 나은 삶을
살아가기 위한 지혜

감성 기술

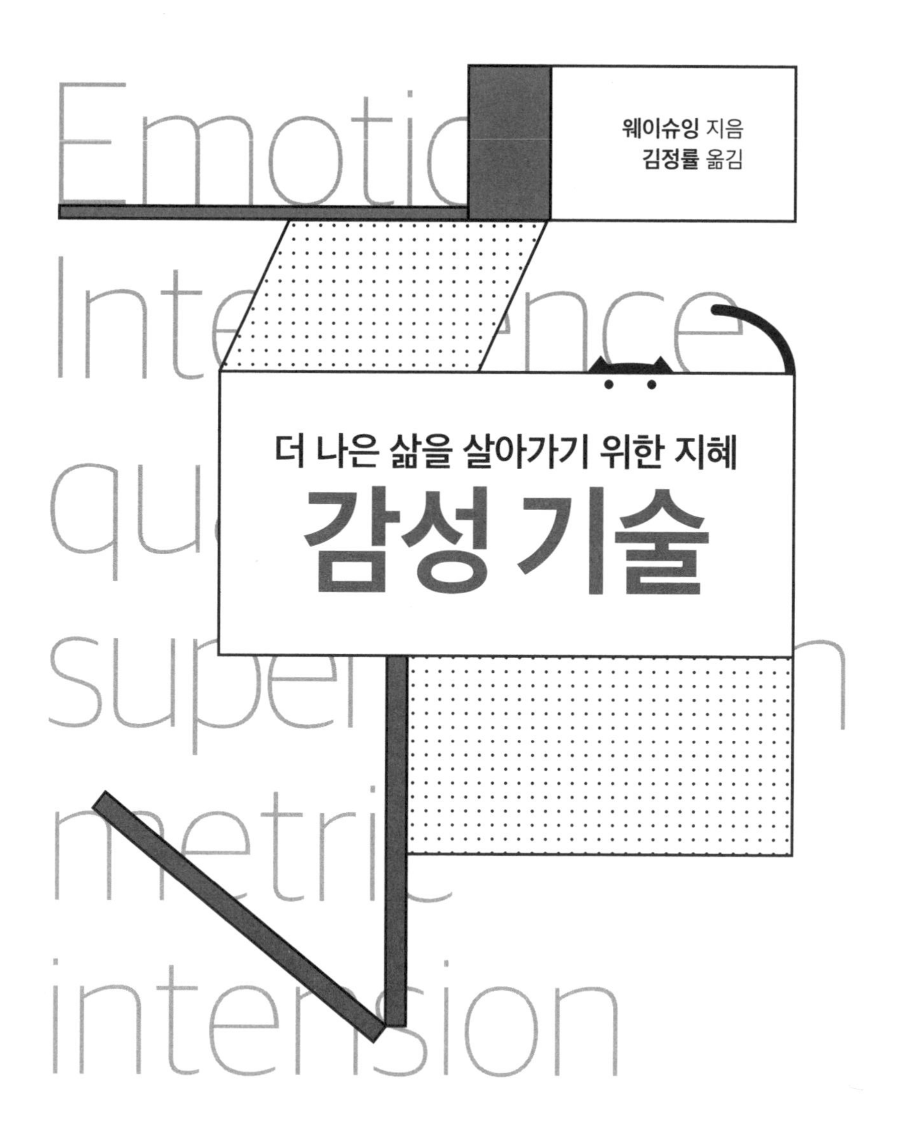

웨이슈잉 지음
김정률 옮김

더 나은 삶을 살아가기 위한 지혜

감성 기술

이터

인생은 한 권의 책이며, 교육은 그 인생을 쓰는 수단이다. 작게는 개인의 성공, 크게는 민족의 부흥에 이르기까지 모두 그렇다. 1921년 100여 명의 유대인이 파키스탄 사막 폐허 위에 자신들의 나라를 세우려 할 때 그들이 첫 번째로 한 일은 바로 히브리대학의 기초를 닦는 일이었다.

알베르트 아인슈타인Albert Einstein이 바로 이 대학 창립의 발기인이었다. 아인슈타인은 이 일이 기원전 586년 멸망한 이후 이스라엘이 파키스탄 땅에서 이루어 낸 가장 위대한 일이라고 했다. 이후 히브리대학은 1948년 이스라엘 재건과 국가 발전에 큰 역할을 했다.

1992년 나는 뉴욕주州에 있는 시러큐스대학에서 박사 과정을 마치고 귀국해 설립한 지 얼마 안 되는 홍콩과학기술대학에 자리를 잡았다. 많은 사람이 내가 이 대학을 처음으로 선택한 취지에 대해 물어왔다. 이에 대해 나는 외부 사람들과의 정서적, 영적, 문화적 교감을 원하며, 이는 오직 내가 태어난 조국만이 나에게 줄 수 있는 것이라고 말했다.

사람들은 과학자들이 온종일 자신만의 세상에 빠져 있거나 연구나 실험을 하면서 속세의 소란스러움에서 벗어나 사람들과 교류할 필요가 없다는 생각에 부러워한다. 하지만 사실 과학자들의 평범한 삶도 이 소란스러운 세계 위에 존재하며, 다른 사람과의 관계에서 완전히 벗어날 수 없다. 선생님, 직장동료, 학생, 친척, 친구 혹은 실험실에서 청소하시는 분에 이르기까지 수많은 타인이 나의 세계를 구축한다.

사람들에게 지식을 전달하고 인성을 길러 주는 것이 나의 오랜 꿈이었다. 지식을 전달하는 것은 학생들에게 지식을 전수하는 것일 뿐만 아니라, 그들이 세상을 탐구할 수 있는 능력을 키우도록 하는 것이다. 나는 인재를 기르는 것이야말로 교육의 본질이라고 생각한다. 하지만 인재를 기른다는 것은 가르칠 방법이 없고, 실험할 수도 없기 때문에 교육에 있어서 어려운 문제이다. 사정이 이렇기 때문에 어떤 사람이 인재로 성장하는지에 대해서는 사람마다 정의가 다르다. 하지만 우리 목표는 명확하다. 바로 학술 분야에서 뛰어날 뿐만 아니라 도덕적으로 훌륭하고, 인격적으로 완전한 사람으로 키워 내는 것이다.

내가 좋아하는 책 중 하나는《아인슈타인 전기》로, 이 책에서 아인슈타인은 뛰어난 과학자일 뿐만 아니라 사람으로서도 훌륭했다. 요즘으로 말하자면 IQ(지능지수)와 EQ(감성지수)가 모두 높은 사람이었다. 과학자로서 아인슈타인은 세계에 큰 공헌을 했으며, 그 영향력에 있어서도 다른 상대를 찾기 힘들다. 노벨 물리학상 수상자인 유진 위그너Eugene Paul Wigner는 "우리는 모두 아인슈타인의 보살핌 아래에 있다."고 말하기도 했다.

아인슈타인도 보통사람과 마찬가지로 자기 일에 번뇌가 있었고, 생의 마지막 순간까지 단일한 이론을 완성하기 위해 노력하는 등 보통사람의 삶을 살았다. 출퇴근은 도보로 프린스턴대학을 오갔으며, 여가시간에는 오랜 친구들과 같이 음악을 듣기도 했다. 항상 이웃들과 좋은 관계를 유지했고, 옆집 아이들의 수학 숙제를 돕기도 했다. 아인슈타인도 일하면서 장애에 부딪혔고, 살면서 여러 차례 빈곤과 정치적 핍박을 받았다. 하지만 그는 항상 긍정적인 심리상태를 유지했으며, 희망을 갖고 분발하며 앞으로 나아갔다.

1934년 종신형을 선고받은 살인범 리처드 로보Richard Lobo는 감옥에서 상대성 이론에 대한 편지를 프린스턴대학에 있던 아인슈타인에게 보냈다. 아인슈타인은 친필로 회신을 보내 그가 어떻게 상대성이론을 이해해야 할지 지도했다. "원천이 있는 물은 추운 겨울에도 얼지 않듯이 덕이 있는 사람은 빈궁할 때도 고통스러움을 느끼지 않는다."라고 한다. 아인슈타인이 지닌 이런 능력과 높은 감성지능은 요즘 사람에게 많이 부족하다.

미래 사회에서는 감성지능에 따라 완전히 다른 인생이 펼쳐질 수 있다. 심리적 평화와 소통에 뛰어나고, 자신의 관점을 용감하게 표현할 수 있는 사람은 다른 사람의 정서를 관찰하거나 보살필 수 있는 사람이다. 이런 사람은 항상 다른 사람의 환영을 받으며, 미래 발전에 있어서도 매우 긍정적이다. 지능지수는 바꿀 수 없지만 학습을 통해 높일 수 있다. 감성지능 역시 우리가 이 세상을 살아가는 하나의 생존 기술이다.

우리는 시시각각 다른 사람과 교류하고 있다. 한 사람이 얼마나 성공했는지와 그가 얼마나 이 세상과 잘 지냈는지는 매우 큰 관계가 있다. 이 책은 자기 자신과 어떻게 마주칠지, 세상과 어떻게 마주칠지에 대해 깨우침과 함께 어떻게 살아야 할지에 대한 유익한 조언과 지도가 될 것이다.

오스트리아의 심리학자 알프레드 아들러Alfred Adler는 한 강연에서 "오늘 강연한 내용은 모두가 이미 상식적으로 알고 있는 것 아니냐?"는 질문을 받았다. 이에 아들러는 "담을 높게 쌓기 위해서는 그 토대가 넓어야 하며, 나무의 잎이 무성하게 자라려면 뿌리가 깊어야 한다."고 대답했다.

이 책은 상식이자 지식이다.

여러분께 이 책을 소개할 수 있어 매우 기쁘다.

미용리(弭永利)

오스트리아의 정신의학자 알프레드 아들러Alfred Adler는 '모든 고민은 인간관계의 고민'이라고 말했다. 사람은 살아 있는 한 다른 사람과 접촉하게 된다. 살아가면서 생기는 모든 고민을 제거하기 위한 유일한 방법은 우주에서 홀로 살아가는 것이다. 하지만 우리는 이것이 불가능하다는 것을 잘 알고 있다.

우리는 부모에 의해 이 세상에 나와 이름과 얼굴, 지능, 외모, 가정 출신 등을 부여받았다. 이러한 것은 우리가 스스로 선택할 수 없는 조건이다. 우리는 자신의 이름과, 집 주소, 나이를 알고 있으면 마치 자기 자신을 잘 알고 있는 것처럼 느낀다. 하지만 실제는 내가 '나'를 가장 잘 모를 가능성이 높다. 우리는 계속해서 문화와 지식을 배웠고, 외부 세계를 탐구하고 있지만 우리 안의 세계는 무엇보다 우리가 더 잘 알아야 한다.

모든 사람의 마음속에는 아무도 도달하지 못하는 황무지가 있고, 그 안에는 누구에게도 들키고 싶지 않은 어둠이 자라고 있다. 하지만 때로는 우리가 아무리 숨기려 해도, 그 어둠은 우리의 가장假裝 속에서 고개를 내밀고 비웃을 때가 있다. 우리는 때로 초조하거나, 질투하거나, 절망하거나, 두렵거나, 번민하거나, 자책하거나, 부끄러워하거나, 후회하거나, 분노한다. 이런 부정적인 감정은 하나의 검은 벽일 수도 있고, 한 줄기 빛일 수도 있다. 여러분은 그것을 억압할 필요가 없이 그냥 그곳에 두면 된다. 당신이 할 일은 그것들과 평화롭게 지내며 잘 활용하는 것이다. 이러한 능력이 바로 '감성지능'이다.

감성지능은 자신의 기분을 통제할 수 있는 능력으로 그 기원은 생물진화론을 정의한 영국의 생물학자 찰스 로버트 다윈Charles Robert Darwin의 이론으로 거슬러 올라간다. 1983년 하버드대 교육심리학과 교수이자 보스턴의대 신경학과 교수인 하워드 가드너Howard Gardner는 '다원지능이론The Theory of Multiple Intelligences'이라는 개념을 도입했다. 그는 전통적 의미의 지능지수는 한 사람의 능력을 모두 묘사할 수 없다고 생각했다. 1990년 미국 예일대 피터 샐로비Peter Salovey 심리학 교수와 뉴햄프셔대 존 메이어John Mayer 심리학 교수는 '정서지능'이라는 용어를 공식 사용했다. 1995년 하버드대 대니얼 골먼Daniel Coleman 교수는 《감성지능》이라는 책을 출판해 '감성지능'이라는 개념을 보다 보편적이고 또렷하게 만들었을 뿐 아니라 20세기 가장 영향력 있는 화두 중 하나로 만들었다. 그는 사람들에게 "사업에서 성공하는 과정 중 20%는 지능에 의존하고, 80%는 다른 요인에 의존하는데 그중 가장 중요한 것이 감성지능"이라는 말을 했다.

골먼 교수는 감성지능에는 다섯 가지 방향성이 있다고 했다. 이는 '자아 감지', '자아 규범', '자아 격려', '공감' 그리고 '현실 검증 능력'이다. 즉 감성지능은 우리가 자신의 정서적 파동을 정확하게 감지하게 하고, 이후 그 파동의 정도에 따라 적극적이고 적절하게 감정을 표현하게 함으로써 자아를 격려하거나 동기를 부여해 최종목표를 실현하게 한다.

감성지능 중 공감 능력은 우리가 다른 사람의 감정과 필요를 예민하게 인식하도록 하고, 사회에서 소통 능력을 향상해서 궁극적으로 다른 사람과 공존할 수 있게 만든다. 우리는 복잡한 외부 환경에 직면했을 때 스스로 감정을 운용해 어려움과 스트레스에 대처할 수 있다. 우리는 외부 세계와 단절된 채 혼자 살아갈 수 없다. 우리는 항상 다른 사람들에게 둘러 쌓여 살아가고 있다. 다른 사람들의 세계에서 인정받는 '자신'이 될 것인가, 아니면 자신의 목표를 정해 세계가 얼마나 복잡하든 상관없이 예전대로의 '자신'이 될 것인가? 인생에서 가장 힘든 때일수록 부정적인 감정을 전진하는 동력으로 바꾸는 법을 알아야 한다.

세상과 평화롭게 지내며 자신의 속마음 또한 무시하지 않으려면 어떤 '능력'을 필요로 한다. 감성지능은 노력해서 공부해야 할 능력으로써 가치가 있으며, 당신이 혼자만의 세계에서 여러 사람이 있는 세계로 들어가게 돕는 '다리'이기도 하다.

차례 |

감성의 활용: 정서소양과 정서관리

인간관계의 기술 : 당신이 보는 세상이 당신의 세상

남녀의 길:
호르몬으로만 유지되지 않는 관계

PART 1

감성지능의 본질:

환경과 마음의 조화

01장
자신을 바로 알기

*

만약 한 사람이 이 세상의 진짜 모습을
간파할 수 있다면 이 세상은 그의 것이다.
_에머슨

♡

우리 마음속에 존재하는 슈뢰딩거 고양이

1935년 오스트리아 물리학자 에르빈 슈뢰딩거Erwin Schrodinger는 하나의 '사고실험'을 했다. 사고실험이란 상상력을 통해 현실에서는 실현이 불가능하거나 할 수 없는 실험을 말한다. 이것은 이상적인 상태의 '양자이론'에 관한 실험이었다. 한 마리의 고양이를 밀봉된 불투명한 상자 안에 넣는다. 상자 안에는 시이안화수소(청산가리) 기체가 들어 있는 유리 플라스크와 방사성 물질로 가득 차 있는 장치가 있다. 상자 안의 측정 장치가 붕괴 입자의 존재를 감지하면 장치는 시이안화수소 병을 깨고, 병 안에 있던 시이안화수소는 고양이를 죽게 한다.

'양자역학'에 대한 코펜하겐 해석에 따르면 실험은 일정 시간 동안 진행된 후 이론상으로 고양이는 '살아 있지만 죽은' 중첩된 상태가 된다. 만약 실험자가 상자 내부를 관찰한다고 가정한다면 살아 있거나 죽은 고양이만 관찰되고, 살아 있지만 죽은 고양이는 관찰되지 않는다. 이 실험은 하나의 역설을 끌어냈다. 대체 양자중첩quantum superposition은 언제 끝나는지, 또 양자 붕괴 가능성은 두 가지 상태 중 어떤 상태인지, 오직 상자를 열어서 관찰해야만 이러한 불확실성을 해소할 수 있다. 우리의 인생도 이와 마찬가지로 수많은 변수와 미지로 가득 차 있다. 돌발 상황은 계속 일어나면서 우리의 일상생활을 기습하고, 우리 인생의 궤적을 비틀리게 한다.

아이오와대 바이오정보공학과 7년 차 박사과정 학생인 루이스Lewis에게 있어 이번 학기는 꽤 힘들었다. 그의 연구 성과는 지도교수로부터 모두 부정당했으며 지난 몇 년간 밤새 쉬지 않고 진행한 실험과 분석, 기록은 모두 헛수고가 됐다. 이 연구를 시작할 때 루이스는 지도교수와 대화했었고, 이 분야와 관련해서는 새로운 연구 성과가 없을 것이라고 말했다. 하지만 지도교수는 이 연구 방향은 미래가 있다고 자신만만하게 말했다. 하지만 뜻밖에도 지금은 그의 모든 연구 성과를 부정했다.

지도교수는 루이스에게 두 가지 선택을 제시했다. 하나는 석사학위를 갖고 학교를 떠나는 것이고, 다른 하나는 새로운 학술적 방향의 연구를 다시 시작하는 것이었다. 하지만 얼마나 오래 연구해야 가치 있는 실험성과가 나올지 미지수였다. 루이스는 이미 젊지 않았고, 그의 부인은 임신 중이었다. 부인은 루이스가 하루빨리 졸업해 좋은 일자리를 구하고 가족을 부양하기를 바라고 있었다.

루이스가 한 연구는 생소해서 석사학위만으로는 마음에 드는 직업을 찾기 힘들었다. 그리고 박사학위는 기약이 없었다. 루이스는 자신의 인생이 막다른 골목에 접어들었고, 앞길도 보이지 않는다고 생각했다. 루이스는 삶에 충만한 열정을 가진 사람이었지만 한순간 인생에 대한 희망이 없는 의기소침한 사람이 되었다. 그는 잠을 이루지 못하기 시작했으며 소심해지고 초조해졌다. 이어 그의 머리는 한 줌씩 빠지기 시작했다.

만약 다른 동료들이 실험하면서 서로 대화를 나눴다면 루이스는 그들이 자신을 비웃고 있다고 느꼈다. 지도교수가 경비 문제를 단순하게 제기했다면 그는 지도교수가 자신을 고의로 괴롭히는 것으로 여겼을 것이다. 이전까지 지도교수는 루이스의 우상이었지만 현재 그의 눈에는 자신의 삶을 천당에서 지옥으로 끌어내린 악마로 보였다.

어느 날 루이스는 야외용품점에서 물건을 살 때 총기 진열대를 지나갔다. 그는 마음속에서 총을 한 자루 사서 그 마귀를 죽이면 이 상황에서 벗어날 수 있다는 무서운 생각이 들었다. 루이스의 마음속에 슈뢰딩거 고양이가 들어 있는 것 같았다. 지금 상자를 열어 고양이를 보았고 어떻게 할지 결정했다.

중국에는 '바둑을 두는 사람보다 구경하는 사람이 더 잘 판단한다当局者迷，旁观者清'라는 옛말이 있다. 어떤 일을 마주했을 때 당사자는 이해관계에 얽혀 있어 득실을 너무 많이 고려한 나머지 방관자보다 문제의 본질을 명확하게 인식하지 못할 수 있다는 것이다. 하지만 방관자 역시 방관할 때만 맑은 정신을 유지할 뿐이다. '방관자'에서 '당사자'로 역할이 바뀐 후에는 어떻게 될까? 아마 여전히 자기 생각이 명확하다고 단정할 테지만, 역할이 바뀌면 사람의 사고방식과 정서 반응도 바뀐다는 것은 의식하지 못한다.

사람의 정서 반응은 역할과 입장에 따라 크게 달라진다. 극단적인 사건을 만나면 우리의 지능뿐만 아니라 감성지능도 시험 대상이 된다. 자신은 감성지능이 높아서 여러 가지 일을 충분히 대처할 수 있다고 생각하더라도 문제에 직면했을 때 '사실을 기반'으로 하는 법을 배워야 하며, 그 상황에서의 정서 반응을 마음대로 짐작해서는 안 된다. 소위 '만약 내가 이 일을 맞닥뜨리면 나는 어떻게 할 것이다'와 같은 가정은 영원히 빈말일 수밖에 없다. 그 일을 마주하지 않으면 '그 순간' 자신이 진짜 어떠한 정서 반응을 보일지 알 수 없기 때문이다.

슈뢰딩거의 고양이처럼 상자를 열어 관찰하지 않으면 고양이의 상태는 '죽음과 삶의 중첩'인 상태이다. 만약 당신이 마음에 가까이 다가가지 않는다면 당신 역시 진짜 자신을 이해하기 어렵다.

어리석은 총명한 사람

영국의 위대한 작가 윌리엄 셰익스피어William Shakespeare의 《십이야》에는 "어리석은 총명한 사람이 되기보다는 총명한 어리석은 사람이 되라."라는 구절이 있다. 무엇이 '총명한 사람'이며, 무엇이 '어리석은 사람'인가?

2017년 영국에서 토마스Thomas라는 남성이 경찰에 전화를 걸어 "맙소사, 제가 여자친구에게 찔렸어요, 살려주세요."라고 도움을 요청했다. 경찰은 즉시 사건 현장에 도착했고, 토마스의 여자친구인 로마니아Romania를 연행했다. 사건 당시 24살이었던 로마니아는 영국의 명문대인 옥스퍼드대에서 심장외과를 전공하고 있었으며 의학저널에도 기고한 적이 있었다.

로마니아는 공부를 잘했을 뿐만 아니라 아름다운 외모의 소유자였다. 그녀의 한 친구는 선생님들이 모두 로마니아가 키워야 할 학생으로 노벨상도 받을 수 있는 천재라고 생각했다고 전했다. 그들에게 로마니아는 '하늘의 인재'로 보였다. 하지만 토마스의 진술에 의하면 사건 발생 당일 로마니아는 금지약물을 흡입했고, 토마스가 이런 사실을 그녀의 부모님에게 알리겠다고 했을 때 화를 내며 소리를 지르고 토마스의 얼굴을 주먹으로 때렸다고 한다. 이후 칼을 들고 그에게 상처를 입히고, 기숙사에 있던 노트북과 유리잔 등을 토마스에게 던졌다. 토마스는 다리를 세 바늘 꿰매고 두 손가락도 다쳤다. 경찰 녹

취에 따르면 토마스가 경찰에 신고했을 때 전화기를 통해 로마니아가 소리 지르는 것이 들렸다고 한다. 로마니아는 체포된 후 자신의 범행 사실을 모두 인정했다.

로마니아와 같이 고학력에 높은 지능을 지니고, 뛰어난 외과 의사가 될 수 있는 전도유망한 사람이 왜 이런 광기에 찬 비이성적인 행동을 했을까? 원래 로마니아는 전 남자친구로부터 학대를 받은 적이 있었다. 그녀는 스스로 이런 어두운 그림자에서 벗어날 수 없었으며 마음의 상처를 어루만지기 위해서 오직 술과 금지약물 등을 통해 마음의 상처를 위로받을 수밖에 없었다. 그녀는 알코올에 대한 의존을 끊으려고 했지만 성공하지 못했다. 로마니아는 계속 흐느꼈으며 자기 행동을 참회했다. 그녀의 높은 지능이 그녀를 이성적이고 현명한 사람으로는 만들지는 못했다.

옥스퍼드 형사재판소 피고인석에서 로마니아는 흐느낌을 멈추지 않았고, 자신의 행동에 대해 참회했다. 만약 그녀가 교도소에 간다면 그녀의 커리어는 물론 인생 전체가 큰 타격을 받을 것이었다. 판사는 인자한 모습으로 그녀에게 사건 심리 동안 금지약물을 복용하지 않을 것과 범죄를 저지르지 않을 것을 요구했다. 최종적으로 그녀는 집행유예 10개월을 받아 감옥에 가는 것은 피할 수 있었다. 이것은 그녀가 더 이상 범죄를 저지르지 않으면 수감될 필요가 없다는 것을 뜻했다.

재판이 끝난 뒤 인터넷에는 큰 논란이 일었다. 어떤 사람은 그녀가 정서적으로 불안정한 사람이고, 심지어 옥스퍼드대 나체 달력에까지 등장했다고 주장했다. 네티즌들은 "그녀는 정신병 환자 같다. 많은 정신병 환자가 높은 지능을 가지고 있어서 재판관의 약한 마음을 이용해 법적인 제재에서 벗어나기 때문에 위험하다."고 했다. "재판관은 그녀가 감옥에 가서 미래의 외과 의사가 되는 것에 차질을 빚는 것을 원하지 않는다면서도 이런 사람에게 수술받기를 원하는 사람이 있을까? 이렇게 정서적으로 불안정한 사람이 외과 의사가 되는 것을 상상하기 어렵다."라고도 했다.

비록 로마니아가 순조롭게 의사가 된다고 해도 그녀의 정서적인 문제는 이미 그녀의 삶 전반에 좋지 않은 영향을 미쳤다. 만약 그녀가 적절한 시기에 변하지 않는다면 그녀의 장래는 그다지 밝지 않을 것이다.

우리는 생활 속에서 로마니아의 경우를 쉽게 찾아볼 수 있다. 그들은 높은 지능을 가지고 있어 '수재'라고 불린다. 이들은 본업에 있어서는 매우 우수하지만, 지능에 상응하는 감성지능이 없는 경우가 많다. 높은 지능을 보유한 사람이 낮은 감성지능을 가진다면 일이 뒤죽박죽될 수 있다. 정서적인 방종으로 자기 자신을 다치게 할 수 있다는 것을 모른다면 생활은 매우 혼란하게 변할 수 있고, 인생 성과에도 안 좋은 영향을 미칠 수 있다.

우리가 말하는 지능지수(IQ), 지력 및 지능은 일반적인 언어 및 학습, 추론 및 판단, 추상적 사고, 의사 표현, 계획 배치, 문제 해결 등 몇 가지 능력을 포함한 생물학적 정신 능력을 말한다. 이는 지능검사가 발명된 이후 지능지수(IQ)로 계량화할 수 있게 되었다. 테스트를 통해 얻은 결과는 한 사람의 지능의 높고 낮음을 어느 정도 판별할 수 있게 해준다.

정서도 일종의 지능이라고 할 수 있다. 미국 예일대학의 피터 샐로비Peter Salovey 교수와 뉴햄프셔대 존 메이어John Mayer 교수는 1990년 '감성지능'을 제기하고, 이를 구체적으로 정의했다. 소위 감성지능 Emotional Intelligence 혹은 감성지능지수Emotional Intelligence Quotient는 스스로 기분을 통제할 수 있는 지능이자, 자신의 기분을 이해하고 관리해 동기를 부여하고, 타인의 정서를 인식해 대인관계를 처리할 수 있는 능력의 기준을 말한다.

인생은 복잡하다. 우리는 한때 똑똑하다고 했던 사람이 성공하지 못하고, 오히려 어리석다고 생각한 사람이 후에 크게 성공하는 것을 볼 수 있다. 높은 지능지수는 오직 한 영역에서의 우수한 능력을 나타낼 뿐이지 그것으로 인생의 성공과 실패를 예측할 수 없다. 인생은 지능과 감성지능이 종합적으로 작용해야 눈부시게 성공할 수 있다.

하버드대는 졸업생을 대상으로 한 연구에서 한 사람의 인생 성공에 영향을 미치는 요인은 지능과 기술기능(예를 들어, 스키를 타는 기술이나, 건축, 미용 기술 등), 감성지능 등 3가지라는 점을 발견했다. 지능과 기술기능은 각각 8~9%의 비율만을 차지했는데, 이는 한 사람을 특정 분야에 진출하게 하는 요소였고, 일단 특정 분야에 진출하게 되면 그 사람의 성공에 영향을 미치는 요소는 '감성지능'이었다.

한 전문가가 95명의 하버드대 학생을 추적한 연구결과는 이들이 중년이 된 이후 경제 수입과 사회적 지위, 사업의 성공 등에 있어서 그들의 학교 성적과 비례하지 않았다. 대학 때 성적이 가장 좋았던 학생은 가장 성공한 사람이 되지 못했으며, 생활의 만족도 등에 관한 지수도 역시 성적과는 무관했다.

감성지능의 아버지라고 불리는 대니얼 골먼Daniel Coleman도 이와 같은 연구결과를 인정한다. 골먼도 인생의 성공 요인 중에서 지능의 공헌은 20% 정도에 불과하고, 나머지 80%는 감성지능이 결정한다고 보았다. 감성지능이 가장 잘 드러나는 분야는 어떤 상황에서도 자신의 감정을 잘 통제해 합리적 판단을 이루는 분야이다. 이렇게 감정을 잘 통제하는 사람은 어떤 분야에서도 확실한 우위를 보인다. 이런 우위는 사업뿐 아니라 개인의 인생에서도 더 높은 행복감을 얻을 수 있다. 감정을 잘 다스릴 수 없는 사람은 종종 감정에 휘둘려 쉽게 분노하고 일에 집중할 수 없을 뿐 아니라 개인의 사고능력과 학습능력에도 제한받아 점점 '어리석은 사람'이 된다.

♡

감정의 폭풍 속에 사는 사람

우리의 감정은 사실 우리의 한계를 보호하는 것이다. 어떤 사람이 한계를 넘었을 때 그 뇌는 경보를 울리고, 그의 감정은 그에 반응하여 자신이 한계를 넘었음을 알게 한다. 모든 사람의 한계는 다르며, 그에 대한 반응 역시 같지 않다. 어떤 사람이 욕을 하면 그에 대한 반응으로 누군가는 화를 낼 수도 있고, 누군가는 우울해할 수도 있고, 누군가는 신경을 쓰지 않을 수도 있다. 쉽게 좌절감을 느끼거나 상처를 받는 사람이 다른 사람에 비해 경보기가 더 민감한 것일 수 있다.

감정의 민감도는 각자 차이가 있다. 똑같은 일을 당했을 때 사고방식이나 행동 양식도 완전히 다르다. 감정의 민감도가 높은 사람은 일반적인 사람보다 더 강렬하게 반응할 수 있다. 그들이 지닌 높은 민감도는 다른 사람보다 훨씬 깊은 생각을 하도록 하고, 생활 속에서도 사소한 것까지 신경 쓰게 한다. 예를 들어, 그들은 문을 닫았는지, 가스 밸브를 잠갔는지, 회의 중에 사장의 눈빛이 어떤 뜻을 내포했는지 등을 반복적으로 살핀다. 그러나 감정적인 반응이 극도로 민감할 경우 그들은 무척 예민한 사람이 되고 만다.

고민감군Highly Sensitive Person, HSP은 미국의 정신분석학자 일레인 아론Elaine Aron 박사가 1996년에 제시한 개념이다. 아론 박사에 따르면 이런 유형의 사람은 외부 환경에 의한 자극으로 불편함을 느끼기 쉬울 뿐 아니라, 그들의 몸에는 확대기 같은 것이 있어서 불편한 감정이 증폭된다. 보통 사람들이 감정도가 '1'이라면 이들의 감정도는 이미 '10'이다.

고민감군에 속하는 사람은 마치 감정의 폭풍 속에 사는 사람과 같다. 그의 주변은 온통 감정을 폭발시키는 요소들로 가득하다. 고민감군의 사람은 자기 안의 감정을 잘 알아차릴 수 있을 뿐 아니라 다른 사람의 감정 변화도 잘 포착해 감정이입과 공감empathy을 잘할 수 있다. 다른 측면으로도 민감도가 높기 때문에 복잡하고 혼란한 정보를 잘 포착해 뇌신경에 과도한 자극을 주게 된다. 그래서 더 많은 스트레스를 받게 되고, 더 많은 불안을 감지해 초조한 정신 상태에 빠지게 한다. 그들은 일반인에 비해 다른 사람의 감정에 쉽게 영향을 받는데 특히 부정적인 감정, 나아가 자책과 두려움 등의 심리 상태에 자주 빠진다.

애런 박사의 연구에 따르면 15~20%의 사람들이 고민감군에 속한다. 다시 말해, 당신이 민감도가 높은 사람이라면 5명이 같이 모였을 때 4명의 둔한 사람들을 참아야 한다는 것이다. 당신의 마음이 이렇게 민감하다면 다른 사람의 무심한 한마디는 당신의 마음을 흔들리게 할 수 있다. 같은 시간, 같은 사건에 대해서 민감도가 높은 사람들이 받은 자극은 일반인보다 훨씬 크다. 일반인이 봤을 때는 아주 보잘것없는 일도 이들에게는 거칠고 사나운 파도와 같은 사건이 된다.

따라서 민감도가 높은 사람은 일반인이 보기에 평범한 사건에도 쉽게 우울해지거나 밤에 잠들지 못할 수 있다. 예를 들어, 친구가 바빠서 던진 무심한 말에도 친구를 잃었다고 생각하고, 회사에서 상사가 업무에 관한 일을 지적하면 자신이 완전히 능력 없는 사람이라고 느낀다. 그리고 다른 사람의 이혼 소식을 접하면 더 이상 사랑을 믿을 수 없다고 생각할 수도 있다.

비록 민감도가 높은 사람이 일상생활에서 크고 작은 일에 마음을 많이 쏟아부어 마음속의 공간이 매우 비좁아 보일 수 있지만, 이들의 민감한 감관感官(감각 기관과 그 지각 작용을 통틀어 이르는 말)은 일반인들이 생활 속에서 쉽게 포착할 수 없는 세부적인 일까지 관찰함으로써 상상력이 풍부하고, 따라서 삶도 훨씬 알록달록할 수 있다. '높은 민감도'를 잘 활용한다면 어떤 영역, 특히 문학과 예술 영역에서 크게 성공할 수 있다.

민감도가 높은 사람은 공감 능력도 뛰어나다. 이들이 지닌 다른 사람에 대한 예민한 공감 능력은 비록 다른 사람의 부정적인 감정에 쉽게 영향을 받기도 하지만, 다른 사람의 감정을 잘 포착할 수 있어 이와 관련한 일에서 능력을 발휘할 수 있다. 따라서 만약 우리가 높은 민감도를 스스로 잘 인식하여 받아들인다면, '민감'이 부정적인 꼬리표로 남지 않고 사고의 한계를 뛰어넘어 더 많은 미지의 삶을 탐색할 수 있는 원동력이 될 수 있다.

♡

공감 능력이 없는 사람

여러분 주위에 뇌가 단순하여 외부 세계의 자극에 공감하지 못하고, 언어로 자신의 감정을 설명하지도 못하는 사람이 있을 수 있다. 이들은 '눈치'도 없고 감정을 일으키는 원인에 대한 인식도 못 해서 타인의 표정이 의미하는 바를 알아차리지 못한다. 이들은 사고방식이 단순하고, 상상력이나 자기 감정을 표현하는 능력이 부족해서 다른 사람의 감정 변화를 이해하지 못하고, 자신의 감정 또한 정확하게 밖으로 표현하지 못한다. 이런 사람들은 태생적으로 색을 구분하지 못하는 색맹처럼 '감정상의 색맹'이라고 할 수 있다.

이러한 상태를 이른바 '감정표현불능증Alexithymia'이라고 한다. 감정표현불능증은 '실독증alexia'과 '정신상태thymia'가 합쳐진 단어이다. 사람은 누구나 정서와 감정을 가지고 있지만, 이런 정서와 감정을 느끼기 전까지 우리는 이것을 알 수 없다. 비록 마음속에 슬픔과 우울, 분노 등의 감정이 있더라도 우리가 이를 느끼거나 표현할 수 없다면 이는 감정표현불능증이라는 장애가 발생한 것이다.

감정표현불능증을 흔히 '장애'로 표현하지만, DMS-5 수첩(정신장애진단과 통계수첩 제5판)에 따르면 정신질병이 아니라 일종의 '인격' 특징이다. 감정표현불능증은 다른 사람의 감정을 이해하고 체득하는 데 어느 정도 '장애'를 일으키며, 이로 인해 사회생활이나 일상생활에 어려움을 겪게 된다. 감정표현불능증이 심한 사람은 오랫동안 감각인지능력 때문에 상실감을 느끼기도 하고, 말로 표현할 수 없는 부정적인 감정을 다른 쪽으로 돌려 결국 심리적인 질병이 발생하기도 한다. 이런 부정적인 경험은 감정표현불능증을 지닌 사람들에게 자신들이 세상과 어울리지 않는다는 부정적인 결론을 가져와 오랫동안 사람들과 멀어지게 만든다.

우선, 이들은 감정을 묘사하는 법을 배워야 한다.

만약 '말'로 묘사하기가 어렵다면 글쓰기부터 시작할 수 있다. 예를 들어, 편지 쓰기, 일기 쓰기 등으로 진정한 감정을 찾아볼 수 있다. 첫 단계는 '나의 현재 생각'을 몇 글자로 쓰는 것이다. 두 번째 단계는 감정과 그에 상응하는 단어를 써보는 것이다. 예를 들어, 기쁨이나 분노, 실망 등 하나 혹은 몇 개의 단어를 통해 자신의 순간적인 감정을 써보는 것이다. 처음에는 이런 감정이 긍정적이든 부정적이든 이해할 필요 없이 그냥 이런 감정을 묘사하는 것만으로도 충분하다. 세 번째 단계는 생각을 발전시켜 보다 자세한 문장을 통해 이런 감정을 묘사하는 것이다. 예를 들어, "내 마음은 지금 매우 슬프다. 무엇인가에 막힌 듯 가슴이 아팠고, 무엇인가에 붙잡힌 듯 숨도 잘 쉬지 못했다." 등으로 표현하는 것이다.

다음으로, 이들은 감정의 근원을 찾는 방법을 배워야 한다.

감정의 발생은 하늘에서 뚝 떨어지는 것이 아니다. 그것은 분명 어떠한 사건으로부터 발생한다. 이들이 해야 할 일은 감정을 자극한 근원을 찾아 기록하는 것이다. 이들이 생활 속에서 특정 감정을 유발한 사건을 감지할 수 있다면 어떤 일이 발생했을 때 그에 대한 경각심을 가질 수 있다. 일단 이런 감정을 깨달을 수 있으면 자극받을 수 있는 감정을 다스릴 수 있다.

이러한 자기표현은 이들이 추구하는 결과일 뿐 아니라 이들이 변화하는 과정이기도 하다. 왜냐하면 이러한 감정 묘사 중에서 뇌는 '관찰과 사고'를 진행하고, 감각기관과 감각이 충분히 활성화하면서 자신의 감정을 더욱 예민하게 관찰할 수 있도록 도와주기 때문이다. 이들이 분명하게 자신의 감정을 표현할 수 있을 때, 이들은 다른 사람의 감정 역시 감지할 수 있으며 감정표현불능증과도 마침내 이별하고 점차 감성지능의 고수가 될 수 있다.

♡

모든 일이 순조로운 사람

여러분은 어떤 사람과 함께 있는 것을 좋아하는지 진지하게 생각해 본 적이 있는가? 여러분이 어떤 성격의 사람이든 간에 이 질문에 대한 답은 놀라울 정도로 유사하다. 우리가 좋아하는 사람은 대부분 사리 분별 능력을 갖춘 사람이다. 이런 사람은 우리와 긴밀한 관계를 유지함과 동시에 관계에서 소란을 일으키지도 않고, 다른 사람을 곤혹스럽게 만들지도 않는다. 이들은 말을 하고, 일을 하면서도 우리의 감정을 살핀다. 이런 사람과의 만남은 우리를 편안하고 즐겁게 해준다. 이들은 비록 자신만의 개성이 있지만 다른 사람의 기분을 상하게 하는 일이 거의 없다. 우리가 우울할 때 이들은 가장 먼저 우리를 위로해 주고, 우리가 성공했을 때 이들은 시종일관 따뜻한 축하를 보낸다.

우리는 이런 사람들을 '순조로운 사람'이라고 부른다. 이들은 학교에서 공부를 가장 잘하는 사람도 아니고, 친구들 가운데 돈이 가장 많거나 외모가 가장 잘난 사람도 아니지만 인기가 많다. 이들은 애써 인맥을 쌓으려는 노력을 하지 않아도 한 무리의 친구들을 자기 곁으로 끌어당기는 카리스마가 있다. 이들은 역시 감성지능이 높은 사람이다.

미국 캘리포니아에 타이터스Titus라고 불리는 3살짜리 남자아이가 있다. 이 아이는 엄마에게 저녁을 준비해 주고 싶어서, 아빠의 도움으로 자기보다 큰 카트를 끌고 마트에서 장을 봤다. 타이터스는 식빵과 전자레인지에 요리할 수 있는 라자냐를 샀고, 저녁 식사를 위해 아름다운 식탁보와 엄마가 좋아하는 한 송이 신선한 꽃을 사는 것도 잊지 않았다.

집에 돌아온 후 타이터스는 전자레인지와 오븐을 이용해 간단한 저녁 식사를 준비했다. 음식을 데우는 동안 식기를 차리고, 저녁 식사에 어울리는 과일주스도 준비했다. 타이터스는 나이가 너무 어려서 과일주스를 가져오다가 그만 쏟고 말았지만, 울지도 않고 일어나 엄마가 평상시에 하는 것처럼 행주를 들고 흘린 과일주스를 닦으며 "삶은 그런 거야."라고 멋쩍음을 감추지 못했다.

이러한 모습은 타이터스의 아빠가 촬영한 영상의 일부이다. 이 영상은 평범한 일상생활을 기록한 동영상에 불과했지만, 영상이 인터넷에 올라오자마자 수많은 사람들이 이를 보고 퍼 날랐으며, 다들 타이터스에게 환호하며 약속이나 한 듯 이 어린 소년을 사랑하게 됐다.

이 영상은 타이터스가 같은 나이대의 아이들보다 지능이 높다는 것을 보여 준다. 여기서 지능은 3세 아이가 신문을 읽고, 4세 아이가 방정식을 푸는 식의 지능이 아니라 일종의 '감성지능'이다. 타이터스는 자신의 목표와 자기 능력에 대해 확실하게 알고 있으며, 좌절했을 때 감정적으로 붕괴하지 않고 가장 최선의 처리 방법을 선택함으로써 나쁜 환경 속에서 벗어나려 했다.

현재 '감성지능'의 아버지라고 불리는 대니얼 골먼은 감성지능에는 5가지 방향성이 있다고 했다. '자아 감지', '자아 규범', '자아 격려', '공감' 그리고 '현실 검증 능력'이 바로 그것이다. 일반적으로 말하면 감성지능은 자신의 감정을 정확하게 관찰할 수 있게 할 뿐 아니라 감정을 표현할 수 있게 함으로써 감정을 적절한 범위에서 통제하게 한다. 또한 감정의 이동을 통해 자기격려와 동기부여를 실현함으로써 자신의 목표를 완성할 수 있게 한다.

공감 능력은 우리가 다른 사람의 감정과 요구를 민감하게 느낄 수 있게 하며, 다른 사람과의 교류, 다른 사람과의 만남 속에서 생겨난 문제를 해결하는 방법을 알게 한다. 복잡한 외부 환경에 맞닿은 상황에서 우리는 자기격려를 통해 외부 압력에 대응할 수 있고 이로써 효과적으로 문제를 해결할 수 있다.

어린 나이의 타이터스는 감성지능의 5가지 방향성을 숨김없이 드러냈다. 사실 나이를 떠나 일단 높은 감성지능을 가지면 사람들과의 교류나 가정생활, 직장생활에서 뛰어난 활약을 보인다. '지능'은 타고난 것일지도 모르지만 '감성지능'은 다르다. 지능이 변화할 수 없는 상황에서도 감성지능은 당신의 미래 삶의 방향을 바꿀 수 있을 뿐 아니라, 당신의 지능을 극한까지 발휘해 평범함을 평범하지 않도록 할 수 있다.

맹자孟子가 학생들을 가르칠 때 한 학생이 맹자에게 "어떻게 하면 높고 깊은 학문을 얻을 수 있느냐?"고 물었다. 이에 맹자는 "방법은 옳아야 하며, 태도는 좋아야 하고, 학문은 스스로 깨달음이 있어야 하고, 마음속에서 학문으로부터 얻는 게 있어야 하며, 오래도록 넓고, 깊고, 투명하면 아무리 취해도 끝이 없고, 아무리 써도 없어지지 않는다. 그렇다면 자연적으로 모든 일이 순조로워진다."고 답했다.

감성지능의 학습 역시 이와 같다. 맹자의 말과 같이 '방법과 태도가 옳다'면 자연스럽게 높은 감성지능을 가진 사람이 될 수 있다. 감성지능을 높이기 위해서는 자신의 감정적 특징과 특질을 잘 알아야 한다. 감성지능이 낮은 사람은 자신의 결점을 스스로 발견하고 인정해야 하며, 자신의 장점은 유지하고 키워야 한다. 감성지능이 높은 사람은 자신의 장점을 키워야 하고, 단점을 보완해야 한다.

02장
자신과 평화롭게 공존하기

*

한 사람의 실체는 그가 당신에게 보이는 면에 있는 것이 아니라
그가 너에게 드러내면 안 되는 면에 있다.
_칼릴 지브란

♡

자의식: 마음의 바로미터

우리는 손해의 틀에서 무의식적으로 인지하게 된다. 이것은 마치 우리가 아이들의 성적표를 대할 때 첫눈에 백 점 맞은 과목이 아닌 최저점을 맞은 과목을 보는 것과 같다. 우리는 보통 아이들이 가지고 온 성적표에서 "왜 영어시험에서 100점을 못 받았니?"라고 묻지, "너 수학시험에서 100점 맞았네."라고 잘한 것을 먼저 격려하지 않는다. 도대체 우리에게 무슨 일이 발생한 것일까? 왜 눈앞의 기쁨이 아닌 불쾌한 것을 선택하는가?

한 의사는 일찍이 다음과 같은 병례를 본 적이 있다고 한다. 한

노부인이 그녀의 왼쪽 시력을 잃었다. 하지만 이 병례의 가장 특이한 점은 왼손의 촉각이 왼쪽 시각과 함께 사라졌다는 것이다. 의사의 검사결과 왼손의 신경 반응은 모두 정상이었지만 노부인은 자기 왼손이 이미 자신의 것이 아니라고 말했다. 의사는 노부인에게 "만약 당신의 왼손이 당신 것이 아니라면 누구의 것이냐?"고 묻자 노부인은 "이것은 내 조카딸의 왼손"이라고 답했다.

노부인의 대답을 이상하게 생각한 의사는 그녀에게 전문 검사를 진행했다. 의사는 먼저 노부인에게 "제가 당신의 왼손을 건드릴 것입니다."라고 말한 후 노부인의 왼손을 건드렸지만 노부인은 의사가 자신의 왼손을 건드렸다는 것을 전혀 느끼지 못했다. 이어 의사는 "제가 당신 조카딸의 왼손을 건드릴 것입니다."라고 말한 후 손을 건드리자, 노부인은 의사의 접촉을 느낄 수 있었다.

의식이 혼란한 상황에서 사람의 의식은 자신이 느낀 경험을 다른 사람의 것으로 생각한다. 그렇다면 과연 무엇이 우리의 의식을 조종하는지 묻기 전에 먼저 도대체 '의식'이 무엇인지에 대해 알아볼 필요가 있다. 미국의 유명한 철학과 교수인 존 설John Rogers Searle 박사는 "꿈을 꾸지 않는 수면을 하던 중 일어났다가 다시 잠들거나 무의식 상태에 들어가지 않을 경우 낮 동안 계속 지각知觉할 수 있으며, 이 경우 의식을 느낄 수 있다."고 말했다. 의식은 인류가 가진 특수한 능력이다. 이 능력은 우리 모두의 마음을 동원해 세계와 내재한 자아에 능동적으로 반응한다. 인간의 의식은 복잡한 중앙처리기기와 같아서 외부의 정보와 내제한 느낌을 신체의 각 부위로 전달한다.

태양이 뜰 때의 아름다운 하늘빛, 비가 처마 위에 떨어지는 소리, 길바닥 위 형형색색의 사람들, 식탁 위의 따끈따끈한 밥 향기, 이 모든 것은 우리의 '의식'에서 감지되는 것이다. 사실 인간은 자아를 의식하기 때문에 이 세계와 연결되기 시작했다. 만약 자아를 의식하지 못했다면 우리는 점점 더 복잡해지는 외부 환경을 직면할 때 노부인처럼 자신의 느낌을 다른 사람의 경험으로 간주했을 것이다.

자의식self-cognition은 '자아인지'라고도 부른다. 이것은 일종의 다차원적이고 다층적인 복잡한 심리 현상이다. 심리학자들은 자의식은 자아인지, 자기 체험, 자기통제 등 세 종의 심리가 결합했으며, 이들은 서로 연결되고 서로를 제약한다고 생각한다. 어떤 자의식이 있는가에 따라 사고방식이 결정되고, 우리가 세상과 어떤 관계를 맺을지 결정하게 된다. 우리는 모두 물 반 컵이 담긴 유리잔 이야기를 들어봤을 것이다. 비관론자들은 반 잔밖에 남지 않았다고 하고, 낙관론자들은 아직 반이나 남았다고 할 것이다. 사실 이 이야기는 비관론자나 낙관론자를 검증하는 것이 아니다.

사회학자들은 우리가 유리잔을 묘사할 때 그들의 묘사 방법이 이 컵에 대한 '인식'을 바꾼다고 생각한다. 사고방식이 다르기 때문에 반 잔의 물은 반이 비었거나 반이 차 있다고 할 수 있다. 학술적으로 봤을 때 반이 찬 물잔에 주목하는 것은 그 부분을 얻는 것이다. 이처럼 당신이 이익을 얻는다는 틀 속에서 생각하기 때문에 이 컵을 좋아하게 된다. 그리고 반이 비어 있는 물잔을 볼 때 당신은 그 부분을 잃어버린 것에 주목하기 때문에 손해의 틀에서 생각하면 자연히 이 컵을 좋아하지 않게 된다.

캘리포니아대 데이비스 캠퍼스 사회심리학과 연구원들은 세계에 대한 인간의 인식이 근본적으로 부정적인 방향으로 기울어져 있다는 점을 발견했다. 이익의 틀이 손실의 틀로 전환될 때 인간의 사고 속도는 더욱 빨라진다. 즉, 인간은 쉽게 손실의 관점에서 생각하고, 더욱 쉽게 부정적인 영향을 받아들일 수 있다. 게다가 이런 사고 패턴이 더 오래 존재해 왔다.

만약 우리가 적극적으로 부정적인 사고방식을 바꿀 생각이 없다면 우리는 쉽게 부정적인 영향을 받게 된다. 또한 오랫동안 부정적인 감정에서 벗어나지 못한다면 인생의 길에서도 성과가 없을 수 있다. 단적인 예로 구직에 실패한 젊은이는 한두 번의 구직 실패 경험으로 인해 두려움이 생길 수 있다. 이런 실패의 경험이 그의 머릿속에서 사라지지 않고 장시간 머물게 되면 다음 구직에도 영향을 미쳐 쉽게 실패를 끌어낼 수 있다.

이런 악순환의 부정적인 경험이 제때 전환되지 못하게 되면, 즉, 손해의 틀에서만 생각하게 된다면 새로운 시도를 하지 못하고 그냥 주저앉을 가능성이 크다. 직장에는 이런 젊은이가 너무 많다. 그들은 한 번 실패하면 외부와 감히 접촉하지 못하고, 숨거나 인터넷의 환상에 빠져든다. 만약 우리가 구직 실패는 인생에 있어 우연한 사건이라는 점을 의식한다면 우리는 스스로 실패의 원인을 찾고, 다시 노력해 모자란 것을 채우려 노력할 것이다. 그렇다면 다음 면접에서는 예상치 못한 성과를 거둘 수도 있다.

우리가 성공하지 못하더라도 실패한 면접을 일종의 경험인 '수익'으로 본다면 자연스럽게 구직에서도 도망치거나 두려움을 가지지 않을 것이다. 이는 우리가 자의식을 지배하면 우리 삶의 질을 통제할 수 있다는 것이다. 자의식을 장악할 수 있는 사람은 이익의 틀에서 사고하는 것을 의식적으로 선택할 수 있을 것이고, 자신의 인생에 도움이 되는 일을 선택할 수 있을 것이다. 뜻대로 되지 않는 일이 발생한 후에도 이익의 틀에서 생각하는 방식은 매우 단순하다. 그것은 진지한 자기 분석을 통해 경험과 교훈을 정리하는 것이지 이 일에 따른 부정적인 경험을 기록하는 것이 아니다. 이렇게 하면 우리는 행복감이 상승한다는 것을 알 수 있다.

♡

매스보다 강력한 마음의 조각

사람들은 성형수술로 외관상의 결함을 교정받은 후 성격 역시 변했다. 대부분 사람은 성격이 더 밝아지면서 새로운 사람이 된 듯했다. 그들의 생활과 사업 역시 좋은 방향으로 변했다. 그러나 맥스웰 몰츠Maxwell Maltz 박사는 '어떤 사람은 수술을 통해 아름다운 얼굴을 가졌지만, 마음은 추한 상태에 머물러 있다'는 것을 발견했다.

《성공의 법칙The New Psycho-Cybernetics》의 저자인 맥스웰 몰츠는 성형외과 의사였다. 그는 매일 외형적으로 결함이 있는 수많은 사람을 만났다. 그의 메스 아래에서 그들은 아름다워졌다. 그러나 어떤 사람은 용모가 바뀌었다고 해서 아무런 변화도 얻지 못했다. 마치 인생이 아직도 추한 모습 그대로인 것 같았다. 그들은 심지어 그에게 "나는 이전과 똑같아 보인다. 당신은 아무것도 하지 않았다."며 푸념하면서 그를 곤혹스럽게 했다. 이에 그는 '만약 메스에 마력이 있다면 왜 얼굴은 이미 새로워졌는데 내면은 시종일관 끝까지 변하지 않는가?'라는 시종일관 풀리지 않는 하나의 의혹이 생겼다.

무엇이 우리의 얼굴을 아름답거나 추하게 보이게 하는 것일까?

인간의 얼굴은 진화를 거쳐 더 이상 털로 뒤덮이지 않게 되었고, 표정도 한눈에 알아볼 수 있게 되었다. 인간의 얼굴에는 43개의 표정근이 있다. 이들은 눈과 코, 입술, 귀 등의 주위에 존재하면서 혈관과 뼈, 근육의 상호작용을 통해 사람들이 많은 표정을 지을 수 있도록 한다. 그리고 그 표정에 따라 다양한 감정들이 전달된다. 설령 같은 얼굴이라고 해도 감정에 따라 다른 사람에게 주는 심미적 감각은 크게 달라진다. 즉, 감정적 영향이 얼굴에 표현된다는 것으로 한 사람이 아름답게 혹은 추하게 변할 수도 있다는 것이다.

그렇다면 감정은 어떻게 외모에 영향을 미치는가?

외부 요인의 자극에 의해 우리는 다양한 감정을 생산한다. 예를 들어, 즐거움, 공포, 우울, 초조, 분노, 슬픔 등이다. 감정의 변화는 신체의 호르몬 수준의 파동과 맨눈으로는 알 수 없는 근육수축 등의 생리 반응도 불러온다. 이런 생리 반응은 결국 얼굴의 표정근에 영향을 미치게 되고 표정근은 감정에 상응해 웃거나, 눈을 크게 뜨거나, 눈을 찌푸리거나, 울게 한다. 어떤 사람은 자신의 표정을 자제하고 숨길 수 있지만 이마저도 아주 짧은 시간에 불과하다. 극히 일부의 사람만이 오랜 시간 동안 자신의 감정을 숨길 수 있다.

우리가 지속적이고 장기적으로 어떤 감정 상태에 있게 되면 얼굴 표정근은 이와 같은 표정을 자주 짓게 되고, 이것이 계속되면 이 표정과 관련된 표정근은 오랜 시간 유지된다. 이것은 운동선수들이 종목에 따라 쓰는 근육이 달라 체형이 다른 것과 비슷하다. 어떤 얼굴 근육을 오랫동안 쓰게 되면 그 얼굴 근육은 발달하게 된다. 오래되면 오래될수록 얼굴의 근육은 찰흙과 같아지는데 모양이 잡히면 이를 복원하기 어렵다.

자의식 역시 우리의 외모에 영향을 줄 수 있다. 과학자들은 한 사람이 30일 동안 자신에게 격려하면 30일 후에 그의 주변 사람은 그가 아름답게 변했다고 생각한다는 것을 발견했다. 이는 한 사람의 자기에 대한 평가가 그의 감정에 영향을 줬기 때문이다. 객관적 토대

위에 세워진 자기 평가는 한 사람의 내적 자기격려 시스템을 자극해 더욱 긍정적인 정신과 얼굴로 대응하게 해주고, 주변 사람으로부터 아름답다고 느끼게 한다.

자아에 대해 끊임없는 긍정 평가가 이뤄질 때 우리는 자신의 장점을 살릴 수 있다. 예를 들어, 건강하다면 건강에 기초해 운동과 합리적인 식습관을 통해 한 차원 더 높은 건강에 도달할 수 있다. 당신이 매력적이라면 다양한 경로를 통해 자기 수양을 높여야만 최종적으로 매력이 있는 사람이 될 수 있다.

중국의 유명한 작가인 비수민毕淑敏은 "많은 사람이 각종 방법을 통해 피부의 수분을 보충하고 뺨의 주름을 당긴다. 유명한 성형외과 의사에게 있어 어려운 일은 아니지만 의사의 메스는 다른 천하의 두 가지 칼에 미치지 못한다. 하나의 칼은 시간으로, 시간은 성형의 효과를 씻어 내릴 수 있다. 이보다 더 날카로운 칼은 마음의 조각이다. 마음이 맑다면 오랫동안 눈을 즐겁게 할 수 있다."고 말했다.

♡

내 안에 존재하는 진정한 안정감

우리는 살아가면서 특별히 어렵다고 느껴지는 날들이 있다. 이런 어려움은 반드시 경제적인 궁핍이 아니라 심리적인 부담일 수 있다. 우리가 아무리 이를 악물고 고생해도 성공할 수 없기도 하고, 아무리 열심히 변해도 자신의 날카로움을 마모시킬 수 없다. 또한 아무리

팔방미인으로 친구들 사이에 맴돌아도 인간관계는 원만하게 변하지 않고, 아무리 잠을 적게 자고 책을 많이 읽어도 남들의 '영감'에는 미치지 못한다.

우리는 남들의 기대 속에 살면서 많은 것을 가졌지만 행복을 느끼지 못하고 고독함을 느낀다. 자기개발서를 읽고, 심리상담사를 찾고, 친구와 만나 하소연을 하기도 하고, 심지어 신을 믿고 매달리기도 하지만 달라지는 게 하나도 없는 그대로다. 삶이 왜 이렇게 힘들고 고독한지 누군가에게 묻고 싶다.

삶이란 원래 힘든 것인가? 아니면 고독이란 외부에서 나를 용납하지 않기 때문인가? 꼭 그렇지는 않다. 사실 많은 시간 어려움과 고독은 우리의 마음으로부터 나온다. 인생은 고독하다. 사회 구성원 중 한 명으로 우리는 평생 고독과 싸운다. 주목할 만한 성과를 이루고 싶고, 좋은 인간관계를 갖고 싶고, 사회라는 큰 집단에 속하고 싶기에 우리의 감정은 끊임없이 외부에 끌려다닌다.

우리는 이 세상에서 안식처를 찾기 위해 자아를 버리고 남에게 맞추려고 노력하는데, 이는 다른 사람의 동의를 얻기 위해서다. 하지만 우리의 이러한 노력에도 불구하고 스스로 예상했던 기대에 미치지 못하게 되면 부정적인 감정이 뒤따라온다. 소위 말하는 행복감이라는 것이 없는 것이다. 다른 사람에게서 얻은 안정감은 진정한 안정감이 아니며, 진정한 안정감은 자기 자신에게 나오는 것이다.

오스트리아의 정신학자이자 개인심리학을 창시한 알프레드 아들러Alfred Adler는 5피트(1.5m)에 불과한 문을 통과하는 데 두 가지 방법이 있다고 했다. 하나는 허리를 펴고 지나가는 것이고, 다른 하나는 허리를 굽히는 것이다. 만약 첫 번째 방법을 사용한다면 우리는 문에 부딪힐 것이다. 이 비유법을 통해 우리는 삶을 쉽게 이해할 수 있다. 만약, 인생이 힘들다고 느낀다면 그것은 허리를 꼿꼿이 펴고 문을 지나려는 것과 같다. 이렇게 하면 머리를 부딪칠 뿐 아니라 지나갈 수조차 없다. 사실 허리를 조금만 굽히면 그 문을 쉽게 통과할 수 있을 뿐만 아니라 육체적 고통도 피할 수 있다. 하지만 대다수 사람은 자신이 변화하려 하지 않고 문이 작은 것만을 욕한다. 결국 머리를 부딪치고 피를 흘렸을 때 자신의 운명을 한탄한다.

고민의 가장 큰 문제는 '외부가 어떤 모습'인지가 아니라 '외부의 시선이 나를 어떻게 보는지'에만 너무 신경 쓰는 것이다. 우리는 자신의 독특한 가치를 전혀 인식하지 못한다. 오직 자의식만을 통해서 외부에 대한 관심을 안으로 돌려, 더욱 깊은 곳에 있는 자아에 들어가야 진정한 자아를 알 수 있다. 자아를 받아들이고 스스로 자기 존재 가치를 찾아야 외부의 힘을 빌려서가 아니라 스스로 감정을 조절할 수 있게 된다. 감정을 위해 가장 적합한 분출구를 찾아내고, 자기 내면의 힘과 평안, 만족을 얻어야만 자의식은 최고의 경지에 도달한다.

우리는 부부 중 한쪽이 집안일을 하지 않는다고 불평할 수 있지만 사실 이것은 상대방의 관심을 얻기 위한 것이다. 또한, 아이들이 말을 안 듣는다고 불평할 수 있지만 이것은 단지 아이에게 부모의 수고를 알려 주기 위해서다. 우리가 반복해서 지도자의 생각에 대해 궁리하는 것도 사실 우리가 업무에 자신이 없기 때문이다. 사실 모든 것은 우리 안에서 그 원인을 찾을 수 있다. 우리가 해야 할 일은 자신을 직시하는 것이다. 적어도 진정한 자신을 대할 용기는 있어야 한다. 자아 관찰을 통해 부담감을 내려놓고 나의 모습에 관심을 기울일 때 비로소 자기와의 화해를 이룰 수 있다. 또한 자아 관찰을 통해 주변 사람들의 감정과 필요를 깨달아야 세계와의 관계를 변화시켜 이 세상과 조화롭게 살아가는 법을 터득할 수 있다.

아들러는 자신의 불완전함을 인정하고, 상대방의 불완전함을 인정할 때 우리는 자신을 '다른 사람이 좋아하는 사람'이 아닌 내가 어떤 사람인지 아는 인생을 살 수 있고, 이때야말로 비로써 우리는 진정한 자유를 얻어 세상을 제대로 바라볼 수 있는 마음을 갖게 된다고 했다.

♡

몰입: 감정과 지적 능력의 최고 경지

부모님이나 선생님은 아이에게 물고기를 주는 것이 물고기를 잡는 방법을 알려 주는 것만 못하다고 믿고 있다. 왜냐하면 물고기를 주는 것은 한순간이고, 물고기를 잡는 법을 알려 주는 것은 평생 필요하기 때문이다. 타고난 위기감은 다음 세대를 압박하여, 그들이 각종 생존 기술을 갖기를 바란다. 하지만 뜻대로 되지 않는 경우가 많다. 대입 시험이 끝나면 학생들이 책과 문제집을 창문 밖으로 내던진다는 기사를 본 적이 있다. 결국 피아노 10급(중국 피아노 급수 시험)에 도달한 아이는 피아노를 한쪽에 덮어 둔 채 피아노 치는 것을 혐오한다고 말하고 다시는 피아노를 치지 않는다.

좋아하지 않는 것은 절대 하지 않고, 좋아하는 것에만 몰두하는 사람도 있다. 어떤 사람은 오락에 빠져서 3일 밤낮을 자지도 않고 오락을 할 수 있고, 어떤 사람은 인터넷 소설에 빠져서 먹고 자는 것을 잊은 채 대작을 2~3일 만에 다 읽어 버린다. 또 어떤 사람은 바둑을 두는 것을 좋아해 자신을 잊고 흑과 백의 세상에서 벗어나지 못하기도 한다.

대다수 사람이 어떤 일에 깊이 빠진 상태를 경험한 바 있다. 비록 사람마다 중독 정도와 대상은 다르지만, 몰입했던 상태는 서로 유사하다. 몰입한 상태에서는 시간과 존재감이 모두 사라진다. 우리는 그 순간이 언제인지, 어디인지는 기억하지 못한다. 우리는 자동으로 작동하는 타임머신에 들어가 외부의 방해 없이 전에 없던 만족감에 빠져들 뿐이다.

미하이 칙센트미하이Mihaly Csikszentmihalyi는 40여 년 전 수요 이상의 물질은 아무리 많아도 사람을 즐겁게 하지 않는다는 것을 발견했다. 그런데 예외적인 사람들이 존재했다. 그래서 그는 예외적인 사람들인 예술가, 과학자, 운동선수 등 창의력이나 뛰어난 성과를 가진 사람들을 연구하기 시작했다. 이 연구의 목적은 무엇이 그들이 명성이나 부를 얻기 위해서가 아니라 삶의 의미와 가치관을 위해서 노력하게 했는지 알기 위해서다.

연구 끝에 칙센트미하이는 1975년 '몰입Flow' 이론을 만들어 냈다. 그의 생각에 '몰입'은 어떤 활동에 있어 개인의 정신력을 투입하는 것이다. 몰입이 이루어지면 우리는 강한 흥분과 만족감 등의 감정을 가지게 된다. 한 사람이 어떤 활동에 혼신의 힘을 다할 때 그들은 하나의 공통된 패턴에 진입한다. 이런 패턴은 그들이 하나의 좁은 의식에 집중해 이 활동과는 관계없는 지각을 모두 걸러낸다. 그들은 분명한 목표와 분명한 피드백만 있으면 주변 환경을 제어할 수 있다는 인식을 하게 된다. 이것이 바로 몰입을 만들어 낸다.

| 몰입이 이루어질 때 6가지 특징이 나타난다.

1. **고도의 집중:** 우리의 주의력은 어느 한 곳에 집중되며, 그 밖의 모든 것은 무시된다.
2. **자의식의 소실:** 우리 자신은 이미 스스로 체험과 감지 등을 하지 않는 몰아의 상태에 빠져든다.
3. **시간 감각의 뒤틀림:** 몰입 상태일 때 우리는 완전히 시간의 흐름을 느끼지 못한다.
4. **행동과 의식의 일치:** 우리는 몰입을 하면 자연적으로 발생하는 행동은 마치 자동기계와 같다.
5. **결과에 대한 걱정이 없음:** 우리는 현재만을 바라보며 이 일로 인한 결과를 걱정하지 않는다.
6. **경험 자체에 대한 자아 보상:** 모든 행동은 자아 안에 있으며 외적 유인이나 압력에 의존하지 않는다.

한 사람에게 몰입이 이루어져 사물과 자신을 잊는 상태에 들어가면 감정과 지적 능력이 최고 경지에 이른다. 그는 자연스럽게 집중, 흥분, 노력, 향상성, 끈기, 실패를 두려워하지 않는 최상의 감정 상태에 들어간다. 그가 해야 할 일은 자신을 이해하고, 몰입을 촉발하고, 인생의 '가속키'를 누르는 것이다.

| 칙센트미하이는 몰입을 유발하는 활동에는 몇 가지 특징이 있다고 생각했다.

1. 이 활동은 자신이 하고 싶은 것이어야 집중할 수 있다.
2. 이 활동에 대해 명확한 목표를 가지고 있다는 것이다. 자신이 무엇을 하는지, 무엇을 해야 하는지 알고 있다. 이 일은 누군가 강요하는 것이 아니라 자신이 이 활동에 대한 주도권을 가지고 있다.
3. 이 활동을 할 때 바로 피드백이 있다.
4. 이 활동을 할 때 부정적인 감정이 생기지 않아 주관적인 시간 개념이 변화한다.

물론 이런 조건이 동시에 갖춰져야만 몰입이 생기는 것은 아니며 어느 때는 한 가지 혹은 몇 가지 조건만 갖춰도 몰입을 자극할 수 있다. 그래서 몰입을 촉발하기 위해서는 다음 몇 가지를 해야 한다.

첫째, 우선 자아를 이해하고 자신의 흥미가 어디 있는지 찾아야 한다.

사람은 자신이 관심 있는 일을 해야만 정서적 만족을 얻을 수 있으며 쉽게 자신감을 만들어 낼 수 있다. 만약 자신의 흥미가 어디에 있는지 찾지 못한다면 자아를 스스로 분석해 보는 것도 무방하다. 나는 음악, 미술, 운동, 공연 등 무엇을 좋아하는가? 나의 신체적 장점은 어디에 있는가? 예를 들어, 키가 크고 성격도 차분하고 주변 사람과 이야기하는 것도 좋아하는가? 나의 단점은 무엇인가? 예를 들어, 성격이 거칠며 반응이 늦고, 안정되지 못하는가? 만약 아직도 명확한 목표를 찾지 못했다면 먼저 행동하는 것도 무방하다. 조금씩 더 듬어 가는 가운데 몰입이 생기는 행동을 찾아내고 그 방향으로 행동하면서 끊임없이 조절할 수 있다. 공상은 오직 공중누각만 세울 뿐이다. 행동을 해야만 진정한 삶의 건물을 지을 수 있다.

둘째, 우리는 자신이 통제할 수 있는 범위 내에서 행동해야 한다.

하버드대 저명한 심리학자인 러처드 헌스타인Richard J. Herrnstein과 유명한 작가 찰스 머레이Charles Murray의 저서 《종형곡선The Bell Curve》에는 "SAT 수학 500점(800점 만점)을 받은 대학 신입생은 수학자가 되는 데 신경 쓰지 않는 게 좋다. 반대로 자신이 회사를 차리거나 상원의원으로 출마하거나 백만장자가 되고 싶다면 쉽게 꿈을 포기하지 말아야 한다."고 적고 있다. 몰입은 현재 자신이 맡은 직무나 일을 가속하고 그 능력이 향상된 후 보다 높은 목표를 추구하며 다음 순환으로 가는 것을 도와준다.

셋째, 일이 완성된 후 즉각적인 피드백이 있어야 한다.

소위 '피드백'은 몸에서 자연스럽게 생산되는 반응이다. 예를 들어, 행복감, 고양감, 만족감은 자기 칭찬 메커니즘이다. 사람에게 진정한 만족감을 가져오는 것은 재산이나 사사건건 남하고 비교해 우위를 점하는 것이 아니다. 우리는 스스로 무엇을 원하는지 알고, 스스로 정서를 조정하는 것을 배워야 한다. 스스로 행동을 바꿀 수 있는 능력을 보유해야 내재한 능력을 활용할 수 있고, 그렇게 해야만 만족할 수 있는 인생에 도달할 수 있다.

03장

감정을 억누르지 말고 재분배하기

*

만약 우리에게 정신적 자유를 주고
자제력을 주지 않는다면 모든 것은 파멸적이다.
_괴테

♡

감정이 지닌 거대한 힘

17세기 말 스위스 바젤대학이 있는 마을의 다락방에 한 학생이 살고 있었다. 그 학생은 학교와 집이 너무 멀고, 당시 교통 역시 불편해서 오랫동안 집으로 돌아갈 수 없었다. 어느 날 이 학생은 수업에 들어오지 않았다. 지금까지 이 학생이 결석한다는 것은 상상할 수 없는 일이어서, 학교 친구들은 이 학생이 사는 곳을 찾아가기로 했다. 친구들이 이 학생이 사는 곳에 도착했을 때 이 학생은 열이 나고 숨을 헐떡였으며 심지어 농창까지 나 있었다.

친구들은 이 학생을 의사에게 데리고 갔고, 의사는 최선의 노력을 다했지만, 병세를 호전시킬 수 없었다. 이렇게 며칠이 지나고, 친구들이 보기에도 이 학생은 살 가망이 없어 보였다. 친구들은 이 학생이 고향에 편히 묻히기를 바라며 고향으로 돌려보내기로 결정했다. 이 학생이 들것에 실렸을 때 갑자기 호흡이 원활해지는 불가사의한 일이 일어났다. 그리고 그가 고향 집에 거의 도착했을 때 그의 병은 거의 완쾌됐다. 그제야 이 청년이 고향을 그리워하는 정서가 너무 강해 이런 심각한 병에 걸렸다는 것을 모두가 알게 되었다. 1688년 의사인 요하네스 호퍼Johannes Hofer는 이 소식을 듣고 자신이 만난 병례에 대해 고향을 그리워하는 병, 즉 '향수병nostalgia'이라고 명명했다.

사실 고향을 그리워하는 것은 진정한 의미의 질병은 아니며, 고향이나 가족에 대한 그리움뿐만 아니라 지나간 시절에 대한 추억이 초래하는 부정적인 심리 상태다. 현대사회에서 이러한 '병'의 심각도는 완화될 수 있다. 왜냐하면 과학과 교통의 발달로 사람과 사람의 거리가 짧아졌기 때문이다. 전화 한 통이나 SNS를 통하면 가족들과 얼굴로 소통할 수 있고, 차표 한 장이면 오전에 출발해서 오후면 고향에 도착할 수 있다. 소위 말하는 고향을 그리워하는 정서가 죽을 정도까지 가는 것은 매우 어렵다. 하지만 감정의 힘은 여전히 거세다.

인간의 감정은 일상생활에서 각양각색의 작용을 통해 인간의 행동에 다양한 영향을 준다. 모터가 자동차를 움직여 나가듯이 인간의 행동도 감정에 의해 움직인다. 강렬한 감정은 때로는 이성을 이겨 우리에게 불가사의한 일을 하게 하기도 한다. 따라서 감정의 체계적인 관리를 배우는 것은 매우 중요하다.

감정이란 무엇이며 어떻게 생겼을까?

감정은 일련의 주관적인 인식과 경험을 총칭하는 것으로 다양한 감각과 사상, 행동이 종합적으로 나타나는 심리적이고 생리적인 상태다. 인류의 보편적인 감정에는 희, 노, 애, 락, 공포 등이 있으며, 이를 다시 세분화하면 수치심, 시기심, 부끄러움, 자부심, 난처함 등으로 나뉜다. 매일 인간의 감정은 여러 번 변해서 하루의 감정 변화 횟수를 계산하기는 어렵다. 심리학자들은 인간의 감정이 성격과 기분, 목적 등의 요소와 상호 작용한다고 생각한다. 물론 사람은 신경전달물질과 호르몬 등의 영향도 받는다. 하지만 긍정적인 감정이든 부정적인 감정이든 모두 인간의 행동 동기가 될 수 있다.

우리는 갑자기 감정이 폭발한 후 걷잡을 수 없다가 나중에 후회하는 경험을 모두 한두 번은 겪은 적이 있다. 예를 들어, 어떤 사람이 일을 하던 상급자에게 몇 마디 욕설을 듣고 이를 받아들이지 못하고 분노해 아무 대책 없이 회사를 떠나거나, 길에서 모르는 사람과 싸움을 벌이다가 결국 서로 크게 다치거나, 심지어 상대방의 목숨을 잃게 하는 경우도 있을 수 있다. 사람의 감정은 물과 같다. 너무 강렬하면 뜨겁게 달아오르지만, 그냥 두면 다시 차갑게 가라앉는다. 감성지능은 우리의 수온을 조절해 주는 도구와 같다. 순간적인 감정이나 생각으로 선불리 행동하면 평생 후회할 일이 생길 수도 있다.

몇 년 전 한 건의 보도가 있었다. 젊은 여성이 세 살 난 자신의 아이에게 숫자를 가르쳐 주었지만, 아이는 어떻게 해도 항상 열 개의 숫자를 모두 알지 못했다. 이 여성이 몇 번 더 가르치는 동안 아이는 아예 입을 다물고 말이 없어졌다. 아이의 엄마는 너무 화가 나서 아이의 뺨을 때리고도 분을 삭이지 못해 슬리퍼로 아이의 엉덩이를 때렸다.

아이의 아버지는 집에 돌아와 부인이 아이를 때리는 것을 목격했다. 남성은 즉각 아내를 말렸고 아이를 직접 가르치겠다고 나섰다. 하지만 남성이 몇 번 가르친 후에도 아이는 여전히 숫자를 읽지 못했다. 남성은 매우 화를 내며 몽둥이로 아이를 때리기 시작했다. 아이는 울기만 할 뿐 배우려 하지 않았다. 아이의 고집에 점점 화가 난 남성은 계속 아이의 엉덩이를 한 시간 가까이 때리고 나서야 멈추었다. 밤이 깊어진 후 남성은 아이가 이상하다는 것을 발견했다. 아이는 숨을 헐떡이며 얼굴색도 파랗게 질렸다. 부부가 아이를 병원으로 옮긴 후에도 아이의 상황은 호전되지 않았고 결국 세상을 떠났다.

부부는 후회했다. 그들은 아이를 학대할 생각도 없었고, 어려운 상황에서 근검절약하며 아이가 부모와 같은 어려운 생활을 하지 않도록 좋은 조건을 제공하기 위해 노력했다. 하지만 그들의 충동은 아이의 목숨을 앗아갔고 법적인 제재까지 받게 했다.

감정을 말할 때 '편도체杏仁核'를 언급하지 않을 수 없다. 편도체는 우리의 뇌 조직 가운데 감정을 관리한다. 편도체는 감정을 장악하고 감정과 관련된 기억과 장기 기억 형성과 관련이 있다. 편도체는 우리가 위험으로 벗어나고 자신을 지킬 수 있게 해준다. 우리의 감각이 외부의 자극을 느끼고 이런 자극이 정보로 전환될 때 편도체는 감정의 관제탑으로서 다른 부분의 뇌와 소통하고 이에 상응하는 감정을 만들어 낸다.

감정의 회로는 상당히 복잡하다. 우리 속담에 "자라 보고 놀란 가슴 솥뚜껑 보고 놀란다."라는 말이 있듯이, 중국 속담에도 '뱀에게 물린 적이 있는 사람은 우물의 두레박줄을 보고도 무서워한다."라는 속담이 있다. 우리가 뱀과 비슷한 물건을 봤을 때 시각 신경은 모든 시각과 청각 등 감각 정보를 통합한 시구로 전달하고, 이는 다시 시구에서 편도체로 전송한다. 이 회로는 두 가지 경로가 있다. 하나는 시각 정보가 빠른 속도로 직접 편도체에 도달해 감정을 만들어 내고, 사람이 공포 심리를 만들어 위험을 피하게 한다. 다른 하나는 시각 정보를 우선 후뇌에 있는 시각 피질로 전달해 시각 피질이 신호를 처리한 후 다시 편도체로 보내 감정을 만들어 내는 것이다. 동시에 편도체는 신경 중추에서 혈관계 활성화나 근육 혹은 내장 기관 활성화, 호르몬 분비 같은 일련의 반응을 만들어 낸다.

연구자들은 쥐의 편도체를 제거하면 공포에 반응하는 것이 매우 약해진다는 것을 발견했다. 연구에 따르면 인격 분열 또는 자폐증 환자의 편도체에도 이상이 있는 것으로 나타났다. 감정이란 단어는 영어로 '이모션emotion'이다, 이 단어는 라틴어 '에모웨레emovere'에서 유래한 말로 의미는 '이동해 들어오다, 이동해 나가다'라는 뜻이다. 만약 감정을 내버려 두고 제어와 통제를 하지 않을 경우, 부정적인 감정이 쌓이고 편도체가 이화異化할 수 있다. 강압적인 방법으로는 감정 통제 목적에 도달할 수 없다. 한 사람이 얼마나 나쁜 상황에 부닥쳤다고 해도 감정의 지배를 당하거나 감정의 노예가 되면 안 된다. 반대로 스스로 처한 상황을 분석하는 데 노력하고 이후 스스로 감정을 지배할 수 있는 권한을 되찾아야 한다. 우리는 위험한 감정을 내면에서 효과적으로 완화한 후 다음 행동을 해야 한다.

빠르게 돌아가는 사회 속에서 많은 사람이 자신의 심리적 문제를 정확하게 알고 있다. 예를 들어, 우울함, 초조함, 노여움 등이 그것이다. 하지만 우리는 행동을 취하지 않고, 주변 사람의 이해를 구하지 못하는 경우가 많다. 우울할 때, 우리는 자기 자신이나 혹은 친구한테 "우울해? 그건 매우 정상이야. 사람은 모두 우울해. 큰일이 아니니까 신경 쓰지 마."라고 말한다. 하지만 당신이 뇌종양에 걸린 사람한테도 이렇게 말할 수 있을까? 불가능하다. 우리는 병이 생기면 의사를 찾아가야 한다는 것을 알기 때문이다. 우리는 감정 문제를 신체의 건강과 똑같이 대해야 한다. 용감하게 적시하고 적극적으로 행동해서 민첩하고 융통성 있게 통제한다면 우리는 보다 나은 인생을 살 수 있다.

♡

감정의 통제를 잃으면 지적 능력은 무의미하다

심리학자들은 감정을 두 종류로 나누고 있다. 하나는 생활에 있어 기본적인 감정이고, 다른 하나는 후천적으로 얻는 복잡한 감정이다. 기본적인 감정은 본능에서 비롯된 공포, 즐거움, 슬픔, 혐오 등으로, 모든 사람이 같은 상황에 직면하면 생기는 감정이다. 이런 감정은 원시 인류 사회로 거슬러 올라간다. 후천적으로 얻는 복잡한 감정은 곤란함, 수치스러움, 궁핍함, 교만함 등으로, 이는 사람들과의 교류를 통해 사회 속에서 생기며 도덕적 요소가 작용한다.

모든 감정은 존재의 의미가 있다. 감정은 우리가 관찰하고 접촉하는 사람이나 일을 통해 자신의 상태나 뇌의 사고 활동 상태에 대한 반응이다. 강렬한 감정은 파도와 같아서 때때로 배가 침몰할 위험이 있다. 바꿔 말하자면, 한 사람이 감정의 통제를 잃는다면 이성은 완전히 감정의 지배를 당하고 이럴 경우 아무리 높은 지능을 가진 것도 무의미하다. 심지어 높은 지능이 파멸의 가속기가 될 수도 있다.

테드 카진스키Ted Kaczynski는 167의 IQ를 가진 사람으로 '아인슈타인 이후 가장 뛰어난 이론학자'로 불리는 스티븐 호킹보다 IQ가 무려 '7'이나 더 높다. 그는 1958년 16세의 나이로 하버드대 수학과에 입학했다. 졸업 후에는 미시간대에서 수학 박사학위를 받았고, 25세에는 저명한 학부인 UC버클리에 채용됐다. 이 학교에서 그는 가장 젊은 수학과 부교수라는 기록을 세웠다. 하지만 그는 그와 연령이 비슷한 다른 학교 교수들이나 학부생들과 잘 어울리지 못했다. 학교에 임용된 지 2년이 지나지 않아 카진스키는 스스로 사표를 쓰고 몬태나주에 은둔했다.

그의 명성이 널리 퍼진 것은 높은 아이큐 때문이 아니라 18년간 이어온 연쇄 폭탄 사건 때문이었다. 그는 1978년부터 1995년까지 대학교수와 항공사, 대기업 주요 간부들에게 16개의 폭탄을 보냈다. 이 16개의 폭탄으로 모두 30명이 사망했으며 23명이 다쳤다. FBI Federal Bureau of Investigation가 이 일련의 사건에 대해 '대학University 항공Airline 폭탄Bomb'으로 명명하면서, 카진스키는 '유나바머Unabomber'라는 별명을 얻게 됐다. 카진스키는 18년간의 연속 폭탄 테러를 끝내는 조건으로 뉴욕타임스와 워싱턴포스트에 그의 기고문을 실을 것을 요구했다.

그는 자신의 3,500자짜리 기고문에서 범행 동기에 대해 산업사회가 인류의 자유를 갉아먹고 있으며, 기술혁신으로 인간은 유전공학에 과도하게 의존해 결국 인간이 사회체제에 의해 통제당할 것이라고 했다. 그는 과학자들과 고급 엔지니어 등 과학 기술 인사를 공격함으로써 현대사회의 과학기술을 퇴보시켜 인류를 해방하고자 하는 목적을 달성하려고 했다고 말했다.

카진스키가 체포된 후 많은 심리학자는 그에 대한 심리평가를 통해 그가 자신의 요구를 달성하기 위해 다른 사람의 목숨을 희생하는 테러의 근원을 찾으려 했다. 결국 심리학자들은 카진스키가 대학

2학년 때 하버드대 심리학자 헨리 머레이Henry Murray가 진행하는 심리학 실험에 참여했다는 것을 밝혀냈다.

이 실험에서 피실험자들은 개인의 신념과 철학을 연관시켜 논문으로 작성한 뒤 다른 사람들과 토론하도록 요구받았다. 익명의 변호사는 이 논문들을 해체한 뒤 그들의 사고 논리와 철학사상, 개인 신앙을 공격했고, 심지어 참가자가 공격으로 인해 감정 통제를 잃어버린 모습을 담은 영상도 있었다. 그들은 이 영상을 반복해서 참가자들에게 보여 줬다. 카진스키도 피실험자 중 한 명이었으며, 그가 이 실험에 참여한 시간은 200시간이 넘었다. 3년 동안 그는 매주 비인간적인 자극과 공격을 받았으며, 그의 존엄과 신앙은 반복해서 무참하게 짓밟혔다.

비록 카진스키와 친한 사람들은 그가 사교적인 사람이라고 했지만, 그는 어렸을 때부터 내향적이었으며 높은 지능(IQ)으로 인한 월반으로 다른 사람의 눈에는 늘 '별종'으로 보였다. 그는 은거 기간 동안 사람들을 떠나 고행하는 승려와 같은 생활을 했으며, 한두 달에 한 번꼴로 도시의 잡화점을 찾았다. 이런 생활은 그의 감정 상태를 과격하게 만들었고, 자신의 나쁜 감정을 직시하고 이를 즉각적으로 완화하지 못하게 했다. 그는 나쁜 감정의 그림자 속에 갇혀 결국 그의 왜곡된 마음을 이성적 사고로도 구할 수 없도록 만들었다. 카진스키의 높은 지능은 인류에 복지는커녕 오히려 악행의 촉진제가 됐다.

우리의 사고방식은 점점 개방되고 있어서, 지능이 높은 사람이 인생에서 더 행복해지거나 사업에서 더 성공할 수 없다는 것을 서서히 인정하고 있다. 사람을 배에 비유해 보면 지능은 배의 하드웨어로 속도를 결정하지만, 배의 운행 방향이나 긴급한 상황을 맞을 때 처리하는 방법은 오히려 감성지능에 의해 이뤄진다. 지능과 감성지능이 서로 상생하고 통일돼야 배는 비로소 높은 속도로 안전하게 전진할 수 있다.

인디언 속담 가운데 "인생의 가장 긴 여정은 머리부터 마음까지 바로 이 거리다."라는 말이 있다. 1미터도 안 되는 이 거리는 바로 지능(IQ)에서 감성지능(EQ)까지의 거리다. 또한 인생에 있어 가장 어렵고, 도전적이며, 가장 복잡한 길이기도 하다. 따라서 감정 관리의 제1과목은 바로 자신의 나쁜 감정을 받아들이고 이를 인도하여 풀어 나가는 것이다. 이렇게 해야만 지능도 안전하게 제 기능을 발휘할 수 있다.

♡

감정은 좋고 나쁨이 없다

드라마 속 상사가 부드럽게 누군가를 비난할 때 즐겨 쓰던 말을 기억할 것이다. 그들은 "xx 씨, 감정적으로 하지 마."라고 이야기한다. 여기서 '감정'은 '성질을 부리다'라는 부정적인 의미로 쓰인다. 하지만 우리는 인간이 매일 각종 감정에 둘러싸여 있다는 것을 잘 알고 있다. 감정은 끊임없이 이어진다. 즉 사람은 하나의 감정을 넘어

다시 다른 감정으로 들어가기 때문에 객관적으로 하나의 감정을 통제하려는 의지가 있다고 해도 사실 특정한 감정이 있다고 할 수는 없다.

출근이 늦었을 때 당신은 어젯밤 밤새 드라마를 보다가 너무 늦게 잠든 것을 후회한다. 어제는 드라마에 연연하며 미련이 남았었지만, 오늘은 오히려 드라마가 늦게 일어난 잘못을 뒤집어쓴다. 당신은 급하게 지하철로 달려가다가 다른 사람에게 새 신발을 밟히지만, 그 사람은 사과도 하지 않는다. 당신은 이에 분노가 치밀어 순식간에 '티라노사우루스'로 변하게 된다. 그때, 같은 지하철 안에 있던 남성이 당신을 향해 도움의 손길을 내밀며 신발을 밟은 사람을 책망하고 당신과 의기투합하면 당신은 비할 수 없이 즐거워지면서 조금 전의 분노는 연기처럼 사라진다.

당신이 회사에 도착해서 회의할 때 상사가 어떤 동료가 승진한다는 소식을 전하면 순간 억울함을 느낀다. 평소에 일할 때 다른 사람보다 더 열심히 일하고 능력도 뛰어난데 도대체 어떤 근거로 동료가 승진하는지, 자신은 평소에 상사의 총애를 얻지 못한 것은 아닌지 생각할 것이다. 회의가 끝난 후 당신은 낙담하고 일에 대한 열정이 없을 것이다. 당신은 휴대전화로 친구들을 보다가 부자에게 시집간 동창을 볼 것이다. 동창은 몰디브에서 태양을 즐기며 우아하게 시간을 보내고 있다. 하지만 자신은 불쌍하게 좁은 자리에서 적은 월급을 받고 무능한 상사가 멋대로 하는 것을 내버려 두고 있다. 당신은 부자에게 시집간 동창을 부러워하면서도 질투할 것이다. 자신은 공주를 꿈꿨는데 현실은 그렇지 않다.

모르는 것이 약이라는 말이 있다고 생각하면서 당신은 휴대전화를 끄고 컵을 들고 탕비실에 갔다가 이상한 냄새를 맡고 급하게 회사 경비 요원을 찾는다. 알고 보니 그 냄새는 가스가 새어 나오는 냄새였고, 당신은 간접적으로 회사를 구한 사람이 된 것이다. 모두 당신에게 감사했고, 당신의 기분은 밝아진다. 이때, 아버지에게서 전화가 걸려 오고, 알고 보니 멀리 시집간 언니가 놀러 와 당신이 가장 좋아하는 음식을 가져온 것이었다. 당신의 마음은 순식간에 사랑으로 충만해지며 정말 잘살고 있다고 생각할 것이다.

우리는 스스로 자각에 의해 무엇이 좋은 감정이고 나쁜 검정인지 안다. 모두 나쁜 감정이 멀리 떠나고, 좋은 감정은 가까이 오기를 희망한다. 사실 모든 감정은 그 목적성이 있기 때문에 좋고 나쁨이 없다. 또 이것 아니면 저것이라고 규정화된 모습도 없다. 단지 생존에 적응하는 심리적 도구일 뿐이다. 감정은 적절한 경우에만 발생하며, 모두 표면적인 의미가 있고, 때로는 양면 혹은 수많은 의미를 가진다.

분노는 자신과 다른 사람에게 상처만 주는 것이 아니라 적당하게 사용하면 우리에게 안정감을 가져올 수 있고, 다른 사람에게 경계심을 만들어 줄 수 있다. 예를 들어, 누군가가 무례하게 굴면 우리 내면에 분노의 감정이 자연스럽게 생겨난다. 감정은 우리의 심장박동과 혈액순환에 영향을 주어 온몸의 혈관들은 팽창하고 근육은 긴장하면서 언제든 공격에 대한 방어와 공격을 준비한다. 우리의 얼굴에도 변화가 생겨 붉어진다. 이 모든 변화는 '대항' 상태를 만들 뿐 아니라 우리에게 무례하게 대하는 사람에게 '매우 화가 났다'라는 신호를 주기도 한다. 어떤 경우에는 상대방이 이로 인해 행동을 삼가기도 한다.

그만큼 감정은 '나쁜 것'이 아니며 악마화할 필요도 없다. 오히려 감정을 등한시하는 것은 소용없을 뿐 아니라 심지어 해가 되기도 한다. 왜냐하면 감정이 생겼을 때 자연스럽게 발전하도록 그냥 내버려두면 꺼지지 않는 알람시계처럼 계속 울리기 때문이다. 우리가 해야 할 일은 이를 세분화하고 증상에 맞게 처방을 내려 전환할 것은 전환하고, 이용할 것은 이용함으로써 최대한 긍정적인 가치를 발굴하는 것이다.

♡

감정과 사고의 조화: 스탠퍼드대학의 마시멜로 실험

지갑 속에 있던 마지막 만 원이 부주의로 변기에 빠졌을 때 주울 것인가, 안 주울 것인가? 감성적 사고가 지배하는 상황에서 당신은 화가 나고 자신의 불운을 원망한다. 변기는 정말 망할 자식일 뿐 자기 돈이 얼마인지는 상관 안 한다. 하지만 이성적인 사고는 당신의 다른 쪽 귀에 돈을 버는 것이 얼마나 힘든지, 비록 변기가 약간 더럽다고 해도 주워서 씻고 말리면 똑같이 쓸 수 있다고 속삭인다. 이성적 사고는 당신에게 월세가 얼마나 비싼지, 월급이 나오기까지 얼마나 긴지 계속 떠올리게 한다. 감성과 이성의 이중 분석을 거쳐야만 당신은 이 돈이 당신에게 어떤 가치가 있는지 확인하고, 이에 따라 최종적으로 선택할 수 있다.

운전은 할 줄 아는 모든 사람은 모퉁이를 돌 때 어떻게 차를 운전해야 하는지 잘 안다. 엑셀을 살짝 놓고 브레이크를 밟아야 한다. 브레이크를 너무 세게 밟으면 안 된다. 그러면 차는 멈출 수 있다. 적당히 브레이크를 밟아 커브를 돈 후 가속 페달을 조금만 더 밟으면 자동차는 순조롭고 빠르게 모퉁이를 통과할 수 있다. 인생을 운전에 비유하면 감성적 사고는 엑셀과 같다. 우리에게 앞으로 돌진할 힘을 부여한다. 이성적 사고는 브레이크와 같다. 위험하거나 과속, 통제불능이라고 느낄 때 속도를 조절한다.

1955년 미국의 유명한 심리학자인 월터 미셸Walter Mischel은 트리니다드섬을 찾아 학술연구를 진행했다. 하지만 그는 곧 또 다른 연구에 매료됐다. 이 섬에는 동인도인과 아프리카인의 후예가 살고 있는데, 그는 두 집단 간 선명한 행동 패턴 및 다른 집단에 대한 인식 오류에 주목했다. 예를 들어, 동인도인은 아프리카인을 충동적이며 향락주의자라고 묘사하면서 오로지 현재만 보고 미래를 생각하지 않는다고 했다. 하지만 아프리카인은 동인도인이야말로 어떻게 살아갈지 모르며 영원히 삶을 즐길 줄 모른다고 했다. 특히 무모함과 자제력, 즐거움을 얻는 능력에서 두 집단 간 매우 분명한 차이점을 보였다.

미셸 박사는 두 집단의 아이를 몇 명씩 데려와 간단한 실험을 진행했다. 실험에 참여한 아이는 초콜릿 과자를 받을 수 있다고 통보받았지만 게임 규칙이 있었다. 당장 초콜릿을 받고 싶어 하는 아이에게는 작은 것만 줬고, 그들 중 누구라도 며칠을 더 기다릴 수 있다고 하면 더 큰 것을 받을 수 있었다.

미셸 박사는 인종별, 연령대별 행동 차이를 기록했는데 사회 경제적 차이 요인은 이 실험에서 큰 영향을 미치지 못했다. 아프리카 아이들의 삶에서는 보통 '아버지'의 역할이 부족했지만, 동인도 아이들의 삶은 그렇지 않았다. 이 변수는 온전한 집안의 아이들이 보통 지연 능력이 더 강하다는 것을 보여 줬다. 이 실험을 통해 미셸 박사는 '만족 지연' 문제에 대해 흥미를 가지게 됐다. 왜 어떤 아이는 기다릴 수 있는데, 어떤 아이는 기다리기를 원하지 않을까?

미셸 박사는 1966~1970년 사이 스탠퍼드대에서 근무하면서 어린이집에서 자제력에 관한 실험을 계속했는데, 이를 '스탠퍼드 마시멜로 실험Stanford Marshmallow Experiment'이라고 부른다. 이 실험에는 653명의 스탠퍼드대 부속 유치원생들이 참여했으며 미셸 박사의 세 딸도 이 실험에 참여했다.

이 실험에 참여한 아이들은 한 방으로 갔다. 이 방에서 아이들은 하나의 선물(어떤 경우는 마시멜로, 어떤 경우는 초콜릿 등)을 선택할 수 있었으며 그것을 먹어 치울 수 있었다. 하지만 만약 그들이 먹지 않고 일정 시간(보통 15분)을 기다린다면 아이들은 다른 선물을 얻을 수 있었다. 실험 결과 이 아이들의 30%는 15분을 버텼고, 나머지 70%는 즉시 먹어 치워 두 번째 상을 받지 못했다.

미셸 박사는 딸과의 대화를 통해 하나의 현상을 알아차렸다. 아이들의 성적과 기다렸다가 두 번째 마시멜로를 받은 능력 사이에는 모종의 연관 관계가 있다는 것이었다. 그 몇 년 뒤 미셸 박사는 실험에 참여한 653명 아이의 부모와 선생님, 학술 고문에게 설문지를 보내 새로운 연령 단계에서 이들의 성격 특징, 사고 능력, 계획, 문제 대처 능력 및 또래 친구들과 어울리는 능력, SAT Scholastic Assessment Test 시험 성적 등을 조사했다.

이전과 이후의 수치를 종합하면 더 오랜 시간 인내한 아이가 일반적으로 더 나은 SAT 성적과 교육 성과, 체질량 지수 등과 같은 더 나은 인생 성과를 보여 줬다. 캐롤린 와이즈Carolyn Weisz는 '만족 지연'으로 성공한 교과서 급 모델이다. 그녀는 스탠퍼드대학을 다녔으며 같은 대학에서 박사학위를 받았다. 이후 프린스턴대학에서 사회심리학을 공부했으며 현재 퓨젓사운드대학의 심리학과 부교수다.

간단하게 말하면 마시멜로를 먹지 않고 두 번째 선물을 기다린 아이들은 보통 성년이 된 후 바로 마시멜로를 먹어 치운 아이들보다 성공 비율이 높았다. 이는 마시멜로를 먹으려는 욕망을 자제할 수 있었기 때문이며, 조금만 더 기다린다면 보다 큰 선물을 얻을 수 있다는 것을 이성이 말해 줬기 때문이다. 오랫동안 우리는 한 사람의 원시적 지능을 미래 성공 여부를 예측하는 가장 중요한 요소로 사용해 왔다. 미셸 박사는 지능은 매우 높은 수준에서 자기 통제의 지배를 받는다고 보고, "가장 똑똑한 아이도 이 방면의 학습이 필요하다."고 말한다.

당시 심리학자들은 아이들이 기다리는 시간이나 능력은 마시멜로에 대한 열망 정도에 달렸다고 생각했다. 이에 심리학자들은 새로운 연구 방향을 갖게 되었다. 그것은 모든 아이가 추가적인 마시멜로에 대한 열망을 갖는다면 무엇이 아이의 자기통제의 강약을 결정하는가? 타고난 것일까?라는 것이었다.

수백 시간의 관찰을 통해 미셸 박사는 자기통제는 일종의 기능이며, 어떤 아이는 이 기능을 익혀 만족 지연을 할 수 있었고, 어떤 아이는 자기통제를 이해하지 못해 자기통제에 실패해 미리 마시멜로를 먹게 됐다는 결론을 얻었다. 자기통제의 관건 기능은 '주의력의 전략적 분배'이다. 마시멜로는 모든 아이에게 있어 일종의 큰 자극이었고, 아이들 역시 눈앞의 자극을 막아내 일정 시간을 견뎌 추가적인 보상을 얻으려 했지만, 아이들마다 그 방법은 완전히 달랐다. 어떤 아이는 눈을 가리는 방식으로 주의력을 분산했고, 어떤 아이는 숨바꼭질하는 척하며 탁자 밑으로 숨었고, 어떤 아이는 쉬지 않고 노래를 불렀다. 하지만 사실 마시멜로에 대한 감정적 자극은 줄지 않았다. 단지 일부 아이만 이성적인 사고로 주의력을 전환해 마시멜로를 잊으려 했을 뿐이다. 왜냐하면 아이들이 마시멜로 앞에 있을 때 그 달콤한 맛은 끊임없이 아이들의 뇌를 자극했기 때문이다. 그래서 잠시라도 이를 생각하지 않아야만 마시멜로를 먹지 않을 수 있었다.

아이들에게 있어 이런 기능을 '메타인지metric intension' 또는 '사고적 사고'라고 한다. 이런 사고방식을 가지고 있는 것이 바로 사람들이 자신의 단점을 극복할 수 있는 이유이기도 하다. 그리스 신화에 나오는 오디세우스Odysseus의 이야기는 이런 메타인지를 보여 준다. 반어 반인 바다의 요괴 사이렌siren은 폭풍우 치는 바다 위에 항상 등장한다. 애잔하고 감동적인 노랫소리로 바다를 오가는 선원들을 유혹하며, 사이렌의 노랫소리에 미혹된 선원들은 이성을 잃고, 그들이 몰던 배는 결국 암초에 부딪힌다.

그리스 영웅 오디세우스가 이 바다를 건널 때 마녀 세르시Sersi는 그에게 모든 선원의 귀를 막으라고 조언한다. 오디세우스는 세르시의 조언을 받아들였지만, 또한 사이렌의 신비도 궁금했다. 그래서 오디세우스는 자기 귀는 막지 않았지만, 다른 선원들의 귀를 막으라고 명령했고, 이후 선원 중 한 명에게 자신을 단단히 묶도록 해서 어떤 유혹을 받더라고 다른 행동을 할 수 없도록 했다. 이렇게 오디세우스는 죽음의 바다를 건넜을 뿐 아니라 세상에서 유일하게 오직 사이렌의 아름다운 노랫소리를 듣고 살아 돌아온 사람이 되었다.

오디세우스는 '메타인지'의 기능을 사용했다. 그의 이성은 자신에게 사이렌의 노래를 들으면 죽는다는 것을 말했고, 사이렌의 노래를 듣지 않아야 하는 것은 명확했다. 하지만 그의 감성(감정)은 그 노랫소리에 호기심을 갖게 했고, 귀를 막지 않고 듣도록 했다. 이성적 사고와 감성적 사고는 삶과 죽음의 게임을 했고, 이성과 감성의 사이에서 자신의 감성을 포기하지 않으면서도 위험을 회피하는 최선의 방안을 찾았다.

영국 작가인 오스카 와일드Oscar Wilde는 "유혹만 빼고 모든 것을 거역할 수 있다."고 말한 바 있다. 하지만 유혹을 유혹이라고 부르는 이유는 이성적으로 생각하지 못하고 감성에 완전히 지배되기 때문이다. 사람은 열정과 감정에 의존하여 앞으로 나아간다. 오로지 감정과 사고의 조화만이 소위 말하는 평행점을 찾을 수 있으며, 우리는 전신의 힘을 발휘할 수 있다.

04장

공감력: 다른 사람을 조금 더 생각하기

*

동정은 모르핀과 같다.
고통에 대해 처음에는 효과적인 출구이며 치료의 명약이지만,
사용 분량과 한계를 모른다면 가장 무서운 독약이 된다.
_츠바이크

♡

감정이입: 거울뉴런의 활성화

피오나Fiona는 네 번째 남자친구와 헤어졌는데, 이유는 매우 간단하다. 남자친구가 너무 싫증 났기 때문이다. 앞선 세 명의 남자친구도 같은 이유였다. 그녀는 매번 사귀는 동안 왜 하루만 못 만났을 뿐인데 전화해서 그녀의 상태를 물어야 하는지, 왜 몇 마디 말로 끝낼 수 있는 일에 그녀를 끌어당겨 한참 동안 이야기를 해야 하는지, 왜 일의 크고 작음을 떠나 그녀에게 모든 것을 말하는지, 왜 계속해서 그녀의 공부와 일상생활 시간을 빼앗는지에 대해 무언의 고민을 했다.

피오나의 사랑 세계에는 그녀만 있을 뿐 다른 사람은 들어가지

못했고, 그녀도 나오지 않았다. 그녀는 연애할 때 상대방의 요구는 무시하고 그녀가 옳다고 생각하는 일만 했다. 연애에 있어서 상대방의 감정은 그녀를 납득시킬 수 없었으며 혹은 신경 쓸 필요가 없는 것이었다. 그녀는 진심으로 다른 사람에게 잘해 줄 수 없었으며, 그녀에 대한 타인의 사랑을 느낄 수 없었다. 세상에는 사랑이 없는 것일까? 아니다! 부모의 사랑, 친구의 사랑, 이성의 사랑, 낯선 사람의 사랑 등이 존재한다. 세상에는 실망스럽고 슬픈 일이 가득하지만, 사랑이 우리 곁에 계속 있었다는 것을 인정하지 않을 수 없다.

이십 년 전 어느 여름날 이탈리아 파르마에서 실험용 원숭이가 실험 의자에 앉아서 점심을 먹으러 간 실험자가 돌아오는 것을 기다리고 있었다. 원숭이의 뇌는 실험기기에 의해 감시되고 있었으며, 실험자는 매우 얇은 전선을 원숭이의 운동 담당 영역에 삽입해 놓았다. 원숭이가 동작 지령을 내리면 대뇌에서 운동을 담당하는 영역의 세포가 활성화되고, 센서는 이를 포착해, 기계는 소리를 낸다.

얼마 후 실험자가 아이스크림을 들고 실험실로 돌아왔다. 원숭이는 아무런 동작도 하지 않았지만, 아이스크림을 본 순간 기계에서 소리가 났다. 이는 원숭이의 대뇌가 활성화됐다는 것을 보여 주는 것이다. 실제로 당시 파르마대학의 신경학자인 자코모 리졸라티Giacomo Rizzolatti는 이미 이와 같은 현상을 발견했다. 원숭이가 다른 원숭이가 땅콩을 먹는 모습을 봤을 때 대뇌 세포는 활성화돼 있었다. 리졸라티는 이후 연구에서도 땅콩을 먹는 소리만 들려도 원숭이의 대뇌 세포가 똑같이 활성화한다는 것을 발견했다. 어떤 음식을 먹어도 결과는 같았다.

이 발견으로 '거울뉴런mirror neuron'이라는 존재가 알려졌다. 거울뉴런은 동물이 어떤 행동을 하거나 다른 개체가 같은 행동을 하는 것을 관찰할 때 충동을 주는 뉴런이다. 이 뉴런은 다른 개체의 행동을 거울처럼 비추는 것과 같다. 거울뉴런의 존재로 우리는 다른 개체의 어떤 행동을 봤을 때 즉각적으로 반응할 수 있다. 신경학자는 인간의 뇌에서 더 고급스럽고 민첩한 거울뉴런을 발견했다. 신경학자들은 대뇌의 뉴런 네트워크는 보통 특정 기억을 저장하는 데 사용되지만, 거울뉴런은 특성한 행동 패턴을 부호화해 전문적으로 전달하고, 다른 사람의 행동과 감정 행동의 의미 등을 이해할 수 있도록 한다고 생각한다.

리촐라티 교수는 "우리의 생존은 다른 사람의 행동과 동기, 감정을 이해하는 데 있다. 거울뉴런의 개념은 추리가 아니라 직접 흉내 내어 다른 사람의 뜻을 깨닫게 한다. 거울뉴런의 활성화는 다른 사람의 행동이 낳은 감정과 연결해서 우리가 감정이입을 하게 한다."고 말한다. 그래서 우리가 외부의 사랑을 느끼지 못하는 것은 우리가 이런 능력이 없거나 외부에 사랑이 없는 것이 아니라 우리가 충분히 주의를 기울이지 않기 때문이다. 사람은 다른 사람의 감정과 행동을 이해할수록 세상을 보는 능력도 생긴다.

이해심: 아는 것만으로는 부족하다

길을 가다가 기와가 떨어져 머리를 다쳤을 때 우리의 첫 번째 반응은 화가 머리끝까지 나서 사고를 일으킨 장본인을 찾는 것이다. 우리는 원인이 사람이 아니라 바람에 기와가 떨어진 것이라는 사실을 알게 되면 보통 몇 마디 악담을 퍼붓고 스스로 재수가 없었다고 생각하거나 기와의 주인을 찾아 결판을 내려 한다. 하지만 왕안석王安石(중국 송나라 시대의 정치인)은 다른 반응을 보인다. 그 기와가 비록 자기 머리를 다치게 했지만, 이는 기와의 뜻이 아니었으며 기왓장도 깨졌기 때문에 원망할 것도 없다는 것이다. 이렇게 자신을 다른 사람의 입장에 놓고 다른 사람을 느끼고 이해하는 것을 '감정이입'이라고 한다. 혹은 '공감 능력'이나 '환위사고換位思考(다른 사람의 입장에서 생각함)'라고 한다.

1909년 '공감empathy'이라는 영어 단어가 처음 출현하면서 '다른 사람의 감정을 느끼는 것'이라고 번역됐다. 심리학에서 공감의 세 단계는 다른 사람의 감정을 알아차리는 것, 다른 사람의 감정을 느끼는 것, 다른 사람의 고통에 행동을 취하는 것이다. 간단하게 말하자면, 주의하는 것, 느끼는 것, 반응하는 것이다. 공감이란 사람 간 교류를 할 때 다른 사람의 감정을 느끼고, 그 감정을 이해하고, 다른 사람의 생각을 알아서 그들의 입장에서 사고하고, 대처하는 것이다.

우리의 뇌는 다른 사람이 어려움에 부닥쳤다는 신호를 받으면 자발적으로 선의를 만들어 낸다. 예를 들어, 어떤 사람이 철로에 너무 가까우면 우리는 그를 끌어당기려고 한다. 길에서 차가 빠르게 다가오면 길 한가운데 서 있는 아이를 감싸 안기도 하고, 여자아이의 울음소리를 들으면 어떤 위험이 있는 것은 아닌가 생각한다. 이런 반응은 대부분 숙고할 시간도 없이 행동으로 먼저 나온다. 우리는 누군가의 고통을 느끼면 남을 돕고 싶다는 욕구와 함께 몸도 자연스럽게 움직인다.

사실 공감은 인류의 본능 중 하나로 진화의 결과물이다. 인간은 체형이나 힘에서 인간을 뛰어넘는 다른 종들에 대항하기 위해 집단에서 서로 의지하고 협력해 왔다. 공감은 집단에서 사람 간에 번거로운 의사소통 없이 신속하게 상대방의 의도를 이해하고 느낄 수 있어서 협력을 효율적으로 높일 수 있도록 했다.

캐나다에서는 일찍이 교육개혁을 추진하기 위해 '공감심리뿌리계획Roots of Empathy'을 유입한 적이 있다. 이 프로그램은 한 학급에서 한 아이를 양육하는 것인데, 아이는 부모와 함께 지정된 학교 수업 시간에 참여한다. 프로그램의 목적은 영아의 감정 반응을 관찰하여 아이들의 세계관 형성과 부모와의 관계를 엿보는 것이다. 이 프로그램을 통해 아이들은 부모와의 관계를 개선했을 뿐 아니라 학교 내 괴롭힘도 크게 줄게 되었으며 학생들의 학업성취도 오르게 되었다.

공감에 이끌려 우리가 협력하는 것은 이로운 행동이자 이기적인 행동이다. 대니얼 골먼 교수는 인간관계를 다루는 능력이 바로 '공감'에 기초한다고 했다.

| 공감 능력을 갖춘 사람은 몇 가지 기본적인 특징을 가진다.

1. 이들은 종종 다른 사람의 요구를 자신의 1순위에 놓고 어려움에 부닥친 사람을 보면 즉각 행동한다.
2. 이들은 예민한 직관을 가지고 있으며 다른 사람의 감정을 빨리 느낄 수 있다.
3. 이들은 모두 뛰어난 청중이다.
4. 이들은 다른 사람을 포용한다. 타인이 한 일이 틀렸든 맞았든 이성적인 입장에서 문제를 분석한다.
5. 다른 사람들이 자주 이들에게 의견과 지지를 구한다.

공감은 기본적으로 네 가지 핵심 구성요소가 있다. 이는 다른 사람의 감정을 느끼는 것, 다른 사람의 관점을 받아들이는 것, 멋대로 평가하지 않는 것, 타인과 교류하는 것이다.

첫째, 다른 사람의 감정을 느낀다.

우리는 습관적으로 자신을 배려하고 다른 사람을 소홀히 하는데 이것은 인지상정이라고 할 수 있다. 그렇기 때문에 공감 능력을 높이기 위해서는 상대방을 배려하고 타인의 요구를 의식하는 것에서 시작해야 한다. 독일의 한 기업가가 어두운 박물관을 지었는데 박물관 안에는 조명설비가 없어서 관람객은 반드시 안내 직원의 안내에 따라야 했다. 기업가가 이런 박물관을 지은 이유는 일반인들도 시각 장애인의 불편함을 겪도록 하려는 의도였다.

《맹자》에는 "인의예지가 밖으로부터 나를 녹이고 들어온 것이 아니라, 내가 본래 그것들을 가지고 있는데 생각하지 않을 뿐이다."는 말이 있다. 이는 구하면 얻고 버리면 잃는다는 뜻으로 관심을 다른 사람들에게 돌리면 우리는 자아중심적이라는 편협함에서 벗어나 더욱 효과적으로 다른 사람의 감정을 느낄 수 있다는 것이다.

둘째, 다른 사람의 관점을 받아들인다.

다른 사람의 관점을 받아들이는 것은 상대방의 입장에서 문제를 보는 것이다. 우리가 자신의 입장에서 상대방을 비판하는 것이 아니고, 누구의 관점이 더 합리적인지 비교하는 것도 아니다. 당신이 맞고, 당신의 행동이 더 합리적이며, 당신이 더 이성적이라고 해도 당신이 말하면 효과가 거의 없다. 어떤 사람이 부정적인 감정에 있을 때 이 사람에게 자신의 감정에 문제가 있다는 것을 깨닫게 하기는 힘들다. 설령 그가 이를 의식한다고 해도 바로 바꿀 수 없다.

셋째, 남을 함부로 평가하지 않는다.

우리는 이때 다른 핵심 단계로 넘어간다. 남을 함부로 평가하지 않는 것이다. 위에서 언급한 것처럼 한 사람이 부정적인 감정 속에 있을 때 그는 이성적으로는 자신이 어떻게 해야 할지 안다. 그는 다른 사람이 이래라저래라 말하는 것을 원하는 것이 아니라 누군가 그의 곁에서 혼자가 아니라는 점을 상기시키기를 원한다. 이것은 그가 계속 부정적인 감정에 둘러싸여 있다고 해도 여전히 자신 곁에 누가 있다는 것을 앎으로써 계속 살아갈 힘을 준다.

넷째, 다른 사람과 교류한다.

상대방의 조언이 필요한지 확실하지 않을 때 상대방에게 의견을 물어본 후 그가 심리적으로 무엇을 바라는지, 당신의 조언이 필요한지 알 수 있다. 왜냐하면 우리는 고통을 겪고 있는 사람을 봤을 때 즉각적으로 그를 위해 무엇인가를 해주고 싶기 때문이다. 하지만 대부분의 경우 상대방은 우리에게 비통한 감정을 공유하고 싶을 뿐 당신의 조언이 필요하지는 않을 수 있다. 만약 그가 조언이 필요하다면 당신에게 분명히 말할 것이다. 대부분 상대방은 당신에게 이해를 바랄 뿐이다. 즉 일종의 '내가 너의 감정을 안다' 정도이지 문제 해결을 바라는 것은 아니다. 공감의 중점은 입장을 바꿔 생각하는 것이지 구체적으로 무엇인가를 해결하는 것은 아니다.

결과적으로 모든 사람은 다른 사안에 대해 다른 정도의 공감 혹은 관점을 가지고 있다. 우리는 모든 일에 대해 같은 정도의 공감을 할 수는 없다. 하지만 만약 우리가 진짜 공감한다면 우리는 공감 버튼을 누를 수 있을 것이다.

♡

공감 능력: 상호 간 정서적 연결

《맹자·고자상》 중에는 "측은지심, 인간은 모두 가지고 있다."라는 구절이 있고, 《맹자·공손추장구》에도 "측은지심은 인仁의 실마리이다."라는 말이 있다. 맹자는 측은지심을 개인의 경험에 앞서 나타나는 천성이라고 생각했다. 맹자의 저서 중에는 어린아이가 우물에 빠진 사례가 있다. 한 아이가 조심스럽지 못해서 우물에 빠졌다. 사람들은 이 소식을 듣자 곧 우물로 달려와 이 아이를 구했다. 사람들의 이런 구조 행위는 어떤 명예와 이익을 위한 부추김도 없었으며, 그저 본능으로 나온 것이었다. 맹자는 이것을 도덕의 근본적인 동력動力으로 생각했다. 이런 인간의 선량함이 인간의 수천 년 역사의 기초를 닦았다.

영국의 철학자 데이비드 흄David Hume은 《인성론》에서 "동정은 모든 덕에 대한 존중의 근원이며, 도덕적 선악은 우리의 인지가 아닌 정서에 의해서 구분된다."고 했다. 중국의 유명 문화학자인 남화이진南怀瑾도 "우리보다 못한 사람은 미워할 필요가 없으며 동정해야 한다. 도울 수 있으면 도와야 하며 도울 수 없다면 포용하고 용서해야 한다. 만약 자신이 옳다면 당연히 도와야 하고, 옳다고 생각하지 않으면 말을 삼가야 한다. 약자를 동정하고 돕는 것이 천하제일의 학문이다."라고 했다.

그렇다면 동정심이 우리가 추구하는 공감 능력인가?

앞서 한 심리학자는 어린이들 앞에서 성인이 고통을 받는 것처럼 가정했다. 이 상황에서 아이들은 성인을 안아 주거나 토닥여서 고통이 줄어들도록 했으며, 혹은 장난감을 주거나 말로 위로하려고 했다. 이 과정에서 아이들은 어떤 괴로워하는 감정이나, 고통스러운 표정도 짓지 않았다. 이를 바꿔 말하면, 이는 천성적으로 '동정'하고 있다는 것이다. 이때 아이들의 감정은 자연적으로 나온 것으로 고통받는 성인의 좌절감을 받아들인 것은 아니다.

프린스턴대 신학원에서는 학생들에게 선교 실습을 시켰다. 실험에 참여한 사람은 하나의 주제를 받았는데, 절반의 참가자들은 선행을 주제로 받았고, 다른 절반의 참가자들은 무작위 일반 주제를 받았다. 학생들이 준비를 마치고 약속된 강연 장소에 도착했을 때 강연 장소가 바뀌었다고 알린 후, 다른 건물로 옮겨 가서 강연하도록 했다. 실험에 참여한 학생들이 강연 장소로 옮겨 가는 길에 몸을 움츠리고 신음하는 사람을 만나도록 했고, 이 사람은 절실히 도움이 필요한 것처럼 보였다. 얼마나 많은 학생이 이 신음하는 사람에게 도움을 줬을까? 멈춰서 도움을 준 학생은 선행 주제로 강연을 한 학생이 일반 주제로 한 학생보다 많지 않았을까?

실험 결과는 대단히 의외였다. 학생들의 강연 주제는 그들의 행동에 전혀 영향을 주지 않았다. 학생들이 멈춰서 도움을 주는 것은 완전히 그들의 자아 인식에 달렸다. 만약 자신이 강연에 늦었다고 생각하거나 혹은 원고를 외우는 데 정신이 팔렸을 때, 그들은 도움이 필요한 사람의 존재를 무시했다. 여기에서 우리는 한 가지를 알 수 있었다. '동정심'과 '공감 능력'의 함의는 다르다는 것이다. 동정심은 다른 사람의 비참한 처지나 어려움을 보고 느끼는 연민의 감정이지 상대방의 역할과 감정에 자신을 이입하여 감정을 얻지 않는다. 동정심이 있는 사람이라고 해서 모든 사람이 언제나 다른 사람을 도울 준비가 되어 있는 것은 아니다.

공감 능력은 당신이 생각하는 것보다 강한 능력이다. 이는 쉽게 드러나거나 사라지는 동정심과는 다르다. 공감 능력은 더 높은 수준의 내적 능력과 관련돼 있다. 공감 능력은 일정 정도 이상의 감정이 있어야만 비로소 나타난다. 공감 능력은 우리의 관점에서 차이가 드러났을 때 표현되지는 않지만 일단 자극이 된다면 매우 긴밀한 정서적 연결이나 행동과 관련을 맺게 한다.

휴스턴대 사회공작대학원 조교수인 브린 브라운Brene Brown 박사는 "동정심은 우리의 연결고리를 끊게 하고, 공감은 우리의 연결고리를 만든다."고 주장했다. 공감 능력과 동정심의 가장 큰 차이는 동정심은 "나는 네가 불쌍하다는 것을 알고, 너에게 베풀기를 원한다."는 일방적 행동이지만, 공감 능력은 "나는 너를 이해하고, 나는 네가 왜 그랬는지 너의 행동을 이해한다."라는 상호 간 정서적 연결이라는 것이다.

과도한 공감: 지나치면 해가 된다

심리학에는 '경직된 친화성Unmitigated Communion'이라는 개념이 존재한다. 이는 다른 사람을 지나치게 인식하는 것으로 타인의 욕구가 자신의 욕구보다 위에 있는 것을 뜻한다. 경직된 친화성의 정도가 높을수록 타인의 어려움에 대한 반응이 강력해지며 점점 타인의 감정에 쉽게 빠져들고 헤어나지 못한다. 예를 들어, 친구가 십 년 동안 사랑하다가 결혼을 준비하던 중 약혼자가 교통사고를 당해 사망했다고 당신에게 말했을 때 당신은 그 슬픈 이야기에 빠져들어 사랑을 영원히 잃은 고통을 감당할 수 없다고 느낀다. 또, 어떤 소방관은 투신한 소녀를 구하려다 실패해 소녀가 눈앞에서 건물에서 뛰어내리는 것을 지켜보다가 결국 그 자리에서 망연자실 울음을 터뜨리고 만다. 심리학에서는 이런 현상을 '과도한 공감'이라고 부르는데, 다른 사람의 감정을 공감할 때 너무 깊이 빠져들었다는 뜻이다.

고통을 겪고 있는 사람에게 다른 사람의 감정 공유는 그들을 고통에서 구해 내지 못한다. 그들이 속마음을 털어놓는 것도 다른 사람의 감정을 끌어들이려는 것이 아니라 상대방의 이해를 구하는 것일 뿐이라고 했다. 그래서 우리는 공감할 때 이해만 하면 되고, 과도한 반응은 양쪽을 정서적 곤경에 빠뜨릴 뿐이다.

과도한 공감의 결과는 이성적 판단 능력을 상실하고 공감의 본래 취지를 무시해 몸과 마음에 악영향을 미치는 것이다. 다른 사람의 고통과 상처 앞에 우리가 감정을 과도하게 공감하고 공유하면 상대방의 감정에 이끌려 우리의 몸과 마음이 소모된다. 만약 우리가 심리 방어를 위한 메커니즘을 구축하지 못하면 과도한 공감은 자신에게 상처를 주고 허구적인 감정에 빠져들게 할 수 있다.

그럼 어떻게 공감의 과잉을 막을 수 있을까?

첫째, 자신을 이해해야 한다.

과도한 공감을 막기 위해 우리는 우선 자기 마음의 마지노선이 어디에 있는지 명확하게 알고, 자신의 공감 능력의 한계를 파악해야 한다. 연기가 자욱하게 피어오르는 위험한 상황에서 당신은 먼저 마스크를 착용한 뒤 다른 사람을 도와야 한다. 자신에 대한 보호 없이 함께 질식하면 안 된다. 공감에서 가장 어려운 것은 방법이 아니라 부정적인 에너지에 저항할 수 있는 충분한 긍정적인 에너지가 있는지다. 사람마다 공감 능력은 모두 다르며 능력이 아무리 강해도 결국에는 무너지는 날이 있다.

둘째, 일을 줄이는 것이다.

우리는 슈퍼맨이 아니며 모든 사람을 살피며 공감할 수 없다. 따라서 먼저 가까운 관계부터 시작하는 것이 좋다. 가족 관계를 개선하고 싶다면 공감대를 갖고 자기 가족을 이해하고, 동료와의 관계를 개선하고 싶다면 회사의 인간관계에 집중해야 한다.

셋째, 방어 체제를 구축해야 한다.

공감 능력을 갖추는 것은 인간관계의 소통을 증진하기 위한 것이지 정서적 압력을 늘리기 위한 것이 아니다. 다른 사람과 공감하면서 그 정도를 잘 조정하기 위해서는 자신의 감정을 안정적으로 유지해야 한다. 연구자들은 많은 수의 구조대원이 블랙유머를 이용해 동료와 자신의 긴장을 완화하는 것을 발견했다. 이는 비참한 상황 속에서 이들이 받아 왔던 압박감을 완화하는 데 도움이 된다.

결국 공감이라는 것은 일종의 기술이다. 공감은 우리가 다른 사람을 감정에서 벗어나게 하고 그들의 문제를 해결하도록 돕지만 우리의 책임이나 의무는 아니라는 점이다. 공감의 경계라는 것은 너의 고통은 이해하지만, 너의 인생의 부담을 내가 감당하지 않는다는 것이다.

05장

불안: 마음의 힘과 능력의 거대한 격차

*

앞이 보이지 않고 어둡다고 불안해하지 마라.
두려워하지 않는 사람에게만 앞길이 있다.
_아리시마 다케오

♡

불안장애: 불확실성과 무력감

노르웨이의 작가 헨릭 입센Henrik Ibsen은 현대 현실주의 희곡의 창시자이자 세계적으로 유명한 극작가다. 하지만 영국의 역사학자 폴 존슨Paul Johnson의 생각에 입센은 광범위한 불안증 환자다. 입센이 태어난 지 얼마 되지 않아 그의 집은 경제적으로 엉망진창이 됐다. 이로 인해 어머니는 종교에 빠졌고, 아버지는 심각한 우울증을 앓았다.

입센은 평생 불안에 시달렸다. 그는 떨어질까 봐 높은 곳에 오르지 못했고, 차 사고를 당할까 봐 마차에서도 앉지 못했으며, 폭풍우를 당할까 봐 배를 타지 못했다. 길에서는 개에게 물릴까 봐, 말을 보면 말에 차일까 봐 두려워했다. 그리고 처마 밑을 걷다가 기와에 머리를 맞을까 봐 두려워했으며, 심지어 욕조에서 다리에 쥐가 나서 목숨을 잃을까 봐 목욕하는 것도 두려워했다. 그는 특히 빈곤을 두려워했는데 이로 인해 매우 인색하게 살았고, 필사적으로 돈을 모아야만 안정감을 겨우 가질 수 있었다.

입센의 삶은 불안과 걱정으로 가득 차 있어서 그는 어쩔 수 없이 '화를 내는 것'을 수단으로 인간관계를 통제하려고 했다. 그는 성격이 매우 급했고, 술을 마신 후에는 감정 조절을 못 해 그의 인간관계는 안정적이지 못했다. 그는 술을 통해 자신의 정신은 마비시킬 수 있었지만, 술은 그의 신경을 더욱 손상시켜 자기 행동을 통제하지 못하도록 했다. 그래서 그의 인생은 악순환에 빠졌다.

입센만큼 불안해하는 사람은 적지 않다. 18세기 영국 정치가이자 노예 철폐 운동 지도자인 윌리엄 윌버포스William Wilberforce는 불안으로 국회 연설을 시작하기 전에 아편을 했고, 미국의 토머스 제퍼슨Thomas Jefferson도 변호사 시절 연설 공포에 시달렸다. 알베르트 아인슈타인Albert Einstein, 찰스 로버트 다윈Charles Robert Darwin도 불안장애를 겪었을 정도로 불안은 인류사회의 보편적인 문제이다.

불안장애Anxiety Disorder는 '조급증'이라고도 불리며, 현대사회에서는 가장 흔한 심리적 질병이라고 할 수 있다. 알 수 없는 불확실성, 자기통제에 대한 무력감, 습관적인 부정적 사고, 쓸데없는 걱정 등으로 우리는 항상 불안 속에서 살아간다.

우리는 마스크를 쓴 사람이 탈주범이 아닐까, 혹은 내일 해고당하지 않을까 하고 걱정한다. 또한 혼자 사는 사람은 혼자만의 외로움에, 결혼한 사람은 배우자에 대한 걱정에, 아이를 가진 부모는 아이의 건강과 미래에 대한 불안에, 직장인은 직장에서의 각종 스트레스에 시달린다. 우리는 인생에서 대부분 시간을 생활과 직장, 자신과 가족의 모든 것에 대해 걱정하며 보낸다. 사실 오히려 고민하지 않고 보내는 시간은 매우 짧다.

심리학에서 불안장애는 개인이 불안과 공포감을 뚜렷하게 느끼는 일종의 질병이라고 본다. 전 세계인의 약 12%가 불안장애를 앓고 있으며, 5~30%는 일생에 한 번은 불안장애를 앓았던 경험이 있다. 특히 여성의 발병률이 남성의 약 2배이고, 일반적으로 25세 이전에 발병한다.

불안은 미래 사건에 대한 걱정이고, 두려움은 현재 사건에 대한 반응이다. 우리가 느끼는 불안의 대상은 종종 잠재돼 있거나 일어나지 않는 것들이다. 마크 트웨인Mark Twain은 "나는 늙었고 많은 어려움을 알지만, 대부분은 일어나지 않았다. 그러나 이런 미지는 종종 우리 불안의 원천이다."라고 말했다.

우리는 미래의 어려움과 위험을 감지하고, 그런 일이 일어나지 않았음에도 항상 관심이 그것에 쏠려 있다. 더 나아가 긍정적인 일조차도 불운의 전조로 삼는다. 동시에 우리는 미래의 어려움과 재난에 직면할 능력이 자신에게 있는지 확신할 수 없다. 이러한 일들이 우리의 뇌 속에서 벌어지면서 우리는 미래에 대한 공포를 더욱 가중한다.

우리가 불안감을 느끼기 시작하면 생리적 변화도 함께 따라온다. 우리는 분명 아무것도 하지 않았지만 쉽게 피로를 느끼고, 불안한 상태를 보이기 시작한다. 화를 내는 일이 잦아지고, 무엇을 봐도 눈에 거슬리고 집중하기 어렵게 된다. 머릿속은 말 그대로 하얗게 된다. 또한 수면에도 영향을 받고, 근육이 긴장되고, 심장도 빨리 뛴다. 이런 현상은 반드시 동시에 나타나는 것은 아니지만 절반의 증상이라도 나타난다면 당신은 이미 불안감에 빠진 것이다.

덴마크의 심리학자 키르케고르Soron Aabye Kierkegaard는 "판사처럼 사람을 괴롭혀 죽다 살게 하는 방법을 잘 아는 사람은 없고, 간첩처럼 사람을 가장 교활한 방법으로 공격하고 가장 취약한 순간에 손을 쓰는 사람도 없다."며 "불안은 어떻게 함정을 만들어야 하는지 잘 알고 있고, 판사보다 피고를 심문하는 법을 더 잘 알고 있으며, 결코 놓치지 않는다."라고 말했다.

♡

완벽의 추구: 성취동기의 부정적 영향

존John은 명문대 학생으로 항상 불안에 시달리는 심리적 문제로 어쩔 수 없이 의사에게 도움을 청했다. 존은 모든 과목에서 A를 받는 등 다른 학생들에 비해 뛰어난 학생이었지만, 이는 존에게 즐거움을 주지 못했고 오히려 그를 불안하게 했다. 그는 A를 받는 것이 자신의 실패를 증명할 뿐이라고 생각했다. 왜냐하면 완벽한 사람은 이런 성적을 얻기 위해 그처럼 노력하지 않아도 된다고 생각했기 때문이다.

존 같은 사람은 우리 주변에서도 쉽게 찾아볼 수 있다. 심지어 우리 모두 어느 정도 이런 극도의 완벽을 추구하는 경향이 있다. 우리는 우리에 대한 기대에 맞춰 일을 매우 잘하고, 좋은 성적을 얻기를 희망한다. 우리는 도달할 수 있는 성취와 자의식을 교차시킨다. 그러나 성공이 쉽지 않다는 것을 알고 있으므로 우리는 더욱 노력한다. 하지만 일이 기대에 미치지 못하거나 성과가 좋지 않게 되면 우리는 그 성적에 실망할 뿐 아니라 자기 자신을 부정한다.

사람은 장시간 높은 정도의 압박 아래 있으면 서서히 도달할 수 없는 목표라는 공포가 형성된다. 우리가 추구하는 것이 100점인데 자신이 도달할 수 있는 정도가 90점이거나, 심지어 95점이라는 것을 발견하면 불안감이 생긴다. 내가 완벽한 사람이라면 실패하지 않을 것이라는 생각이 바로 성취의 불안이고, 성취의 동기가 가져오는 부정적 영향이다.

20세기 가장 중요한 심리학자 H. A. 머레이Henry Alexander Murray는 '성취욕구'라는 개념을 내놨다. 이는 개인이 어려운 일을 수행하기 위해 실제 사물, 사람 또는 관념을 조작, 통제해 가능한 한 빨리 독립적으로 일을 잘하기 위한 것으로, 장애를 극복하고 높은 표준에 도달하기 위한 욕망이다. 이런 기초 위에 미국 심리학자 D. C. 맥클레랜드David C. McClelland와 존 윌리엄 앳킨슨John William Atkinson은 성취욕구는 인격적으로 상당 기간 안정적으로 지속하는 경향이 있으며, 이처럼 어떤 목표를 추구하는 특성이나 경향이 '성취동기', 즉 한 사람이 성취를 추구하는 내적 동력이라는 이론으로 발전시켰다.

우리는 우리 자신에게 가치가 있다고 생각되는 일에 행동하려는 의지와 더불어 완벽함을 추구하려는 경향이 있다. 성취동기는 어떤 일을 더욱 잘하도록 한다. 우리가 역경에 처했을 때 성취동기는 이런 장애를 뚫고 목표를 달성하도록 이끌 수 있다. 그러나 우리가 완벽을 추구하는 과정에서 쉽게 발견할 수 있는 것은 이 세계에 근본적으로 완벽함이란 없다는 것이다.

우리는 항상 일을 완벽하게 하지 못한 것 같고, 반드시 해야 하지만 하지 못한 일이 있는 것 같다. 누군가 다른 사람이 나보다 더 성공한 것처럼 느껴지며 우리는 영원히 완전한 만족을 얻지 못할 것 같다. 실패하면 우리는 극단적인 자책감에 빠져 정신은 피폐해지고, 잠을 이루지 못한다. 성취를 추구하는 것은 인생에 대한 노력의 원동력이지만 '성취 불안'이 형성되면 성취에 도움이 되지 못할 뿐 아니라 오히려 일상생활에 영향을 준다.

완벽주의자들은 자신에 대해 매우 높은 행동 기준을 가지고 있다. 그들은 이런 기준을 다른 사람에게도 요구하고, 다른 사람들이 자신의 기대에 도달하지 못하면 분노를 느낀다. 이는 인간관계에 좋지 않은 결과를 가져온다. 현대사회에서 완벽주의자의 비중이 점차 늘어나고 있는 것은 그만큼 성공하는 사람들이 많다는 것을 뜻하지 않는다. 완벽주의자들의 정서는 쉽게 오르락내리락하고, 좌절에 부딪혔을 때 매우 민감하며, 쉽게 근심하고, 결국 중도에 그만두고 참담하게 실패한다. 오히려 비완벽주의자들은 어려움에 부딪혔을 때 융통성 있는 방식으로 대응할 수 있다.

영국 바스대 심리학 교수 토마스 쿠란Thomas Curran은 영국 요크 세인트존스대 학자인 앤드루 힐Andrew Hill과 함께 한 실험을 진행했다. 실험에서 힐은 완벽주의자 집단과 비완벽주의자 집단에 각각의 임무를 부여했다. 이 임무는 참가자들이 어떤 노력을 해도 실패하도록 사전에 설계됐다. 모든 사람이 노력했고 노력의 정도도 비슷했지만, 결과는 상당히 재미있었다. 한 팀은 임무 수행 과정에 전반적으로 불만을 가졌고, 결국 임무를 포기했다. 과연 어떤 집단이 포기했을까? 정답은 완벽주의자 집단이다.

실험 관찰에 따르면 힐은 "실패를 마주했을 때 완벽주의자의 정서상 반응은 강렬했으며 그들은 더 많은 죄책감과 수치와 분노를 느꼈고 쉽게 포기했다. 일을 완벽하게 할 수 있는 시점에서 그들은 도피하는 경향이 있었다."고 분석했다. 물론 완벽을 추구하는 것이 틀린 것은 아니다. 심지어 보편적인 생각에서 좋은 미덕이라고 여겨질 수도 있다. 완벽을 추구하는 사람은 그 과정에서 자긍심을 키워낸다. 한 사람이 완벽을 추구하는 것은 자신에 대해 높은 요구를 한다는 것을 의미하기 때문이다. 사회에서도 이들을 높게 평가한다. 이런 높은 사회적 동의가 그들이 완벽함을 만들게 하고, 동시에 그들에게 완벽을 추구하라고 압박한다.

미국의 한 연구에 따르면 1989년 9%의 젊은이들만이 임상 정의상 '사회정의적 완벽주의자'였다. 이런 지표는 정상 수준에 속하는 것이다. 하지만 2017년에는 두 배에 달하는 18%로 나타났다. 그리고 2050년에는 33%에 달할 것으로 추정됐다. 웨스트버지니아에서 아동 발달과 완벽주의를 연구하는 학자 케이티 라스무센Katie Rasmussen은 "(완벽주의가) 유행병이나 공중보건 문제로 다뤄지기 시작할 것"이라고 말했다. 그는 "이런 요소의 완벽주의는 심각한 정신질환과 큰 관계가 있으며, 더욱 많은 사람이 이 정신질환에 걸릴 수 있다. 왜냐하면 더 많은 사람이 더 취약해질 수 있기 때문이다."라고 진단했다.

완벽주의 정도가 높을수록 심리적 장애에 직면하는 경우도 많다는 연구결과도 있다. 사실 완벽주의는 어떤 행위가 아니라 사고의 방식이다. 프랑스 계몽사상가 드니 디드로Denis Diderot는 《철학사상록》에서 "인간은 자신에게 진리를 추구하도록 해야지 진리를 찾으라고 하면 안 된다."고 했다. 이 말은 우리의 성취 추구에서도 적용된다. 60점이 합격선이라면 60점만 얻고 노력해서 100점을 얻지 말라는 것이 아니다. 이해해야 할 것은 우리가 100점을 추구하는 과정이 100점을 얻는 것보다 더 중요하다는 것이다. 만약 당신이 어떻게 노력해도 60점만 얻을 수 있다면 남은 40점을 얻지 못하는 것에 우려하지 말고 나는 이미 60점을 얻었고, 내 인생에는 아직 40점을 더 얻을 가능성이 있다는 것이다.

♡

정념(正念) 의식: 행복의 원천을 찾다

우리가 단순히 불안을 발견만 해서는 의미가 없다. 왜냐하면 중요한 것은 불안을 어떻게 극복하는가에 있기 때문이다. 물론 불안을 완전히 제거할 방법은 없고, 제거할 필요도 없다. 어떤 시대에나 모든 사람은 다소간의 불안감을 안고 살아가고 있으며 불안이 없는 사람은 찾아볼 수 없을 뿐 아니라 있다면 그것이 비정상이다.

불안은 쓸모없는 것이 아니고, 특정 상황에서는 유익한 점도 있다. 《논어》에서는 "사람은 앞날을 고려하지 않으면 반드시 가까운 데 우환이 생긴다."고 했다. 여기서 '앞날에 대한 고려'는 일종의 '불안'으로 습관적인 불안은 종종 많은 것과 멀리 있는 것을 생각하게 한다. 어떤 사람은 사건의 진행 과정이나 자신의 가능성을 보고 미래에 자신이 더 나아질 수 있다고 기대하고, 어떤 사람은 미래의 변화와 위험을 생각하고 머릿속에 자기방어를 작동시켜 위험을 예방할 수 있다. 불안은 미래가 당신의 통제를 벗어나 당신이 바꾸고 싶어도 손 쓸 수 없기 때문에 발생한다. 불안은 단지 '과잉'과 '적정'의 문제일 뿐이지 좋고 나쁨의 문제가 아니다.

모든 사람은 천성이 낙천적이지 않다. 우리가 해야 하는 일은 일상생활에 영향을 미치는 불안을 해소하는 것이다. 불안이 매우 심각하다면 정신과 의사의 도움을 받고, 약물 치료를 받는 것이 가장 빠르고 효과적인 방법이다. 사실 불안으로 고통받는 대부분의 사람은 약물 치료를 받을 만큼 심각한 수준이 아니다. 하지만 불안감이 이런 사람들의 일상생활에 크게 영향을 미친다면, 이때는 불안의 근원을 분석하고 이후 이에 상응하는 조절 전략을 채택해 신경의 근원을 재구성해야 한다.

불안 문제는 하루아침에 만들어진 것이 아니기 때문에 불안을 해소하는 것 역시 하루 만에 할 수는 없다. 자신의 불안 문제를 해결하기 위해서는 우선 태도를 단정히 해야 한다. 어떤 방법이든 시간이 걸리기 때문에 한 번 시도해 보고 효과가 없다고 포기하면 안 된다. 이러면 불안 문제를 해결할 수 없을 뿐 아니라 심리적으로 불안은 절대 해결할 수 없다는 암시를 형성해 더 나쁜 결과를 초래할 수 있다. 올림픽 피겨스케이트 선수 데이비드 킹David King은 "긍정적 사고, 시각화와 충분한 준비는 최고의 모습을 보여 줄 수 있는 세 가지 비결"이라고 했다. 긍정적 사고는 불안 문제를 해결할 수 있는 가장 효과적인 방법의 하나이다.

불안이 닥쳤을 때 우리의 심장은 빨리 뛰고, 근육은 긴장되고, 숨이 가빠지면서 현기증, 오한, 불면증 등의 생리적 반응이 일어난다. 심리학자들은 이런 증상을 완화하는 방법은 깊은 호흡이며 이는 매우 단순하고 효과적인 방법이라고 말한다. 심장 박동이 빨라지면 호흡도 짧아지는데 이를 '과호흡'이라고 한다. 과호흡이 일어나면 양쪽 어깨가 빠르게 움직여 근육이 쉽게 긴장되고, 폐도 빠르게 수축한다. 이때, 폐의 호흡이 과도해지면 혈액 속에서 이산화탄소가 폐를 통해 빠져나가는 속도가 신체에서 이산화탄소를 만들어 내는 속도보다 빨라져서 혈액 내 이산화탄소 함량이 감소하여 저이산화탄소혈증이 발생한다. 우리 몸은 일반적으로 이런 상태를 완화하기 위해 자동으로 대사 속도를 높인다. 이런 증상이 완화되지 않으면 혈중에 산-염기 수치가 증가하여 호흡성 알칼리 중독을 일으켜 현기증, 손발 저림, 실신 및 간질을 유발하여 불안을 악화시킨다.

심호흡은 횡격막에서 나오는 호흡으로 혈중 산소 농도를 높이는 데 도움이 된다. 횡격막은 가슴과 배 부분을 분리한 근육 조직으로 수축할 때 아래로 내려가 공기가 폐로 들어가도록 하고, 이완되면 위로 올라가 가스가 폐에서 배출되도록 도와준다. 이렇게 심호흡하면 횡격막이 완전히 확장되고 산소와 이산화탄소의 교환율이 크게 증가한다.

깊게 숨을 들이쉬고 5초간 유지한 후 숨을 내뱉는 것도 5초간 유지하면서 심호흡하면, 충분한 산소가 몸 구석구석으로 퍼져나가면서 세포의 신진대사가 빨라지고, 뇌는 더 많은 혈액과 산소를 공급받아 불안감이 생겼다는 것을 인식해 안정이 필요하다는 것을 감지한다. 몸이 충분히 냉정해졌을 때 비로소 사고가 작동하기 시작하고, 우리는 긍정적인 사고를 이용해 불안감을 해결할 수 있다.

미국의 철학자 헨리 데이비드 소로Henry David Thoreau는 "한 사람의 운명은 자기 생각에 달려 있다."고 말했다. 우리가 불안감을 느낄 때 우리가 어떻게 자신과 대화하는지 생각해 봤는가? 불안감을 느끼는 사람은 항상 자신을 더욱 불안감에 빠뜨리는 "나는 끝났다.", "망했어." 등과 같은 말을 한다. 이런 말은 자기를 더욱 불안하게 할 뿐이다.

우리는 컨트롤할 수 없는 상황에 직면했을 때 감정이 우리의 행동을 마음대로 조종하지 못하도록 하고, 긍정적인 태도로 눈앞의 문제를 해결해야 한다. 그러기 위해서는 우리가 흔히 쓰는 자기 대화 방식을 알고 이를 수정함으로써 초조하게 대화하는 것은 차단하는 연습을 해야 한다. 우리는 긍정적이고 올바른 자신과의 대화로 불안에 대응해야 하며, "나는 이 일을 끝낼 능력이 있다.", "나는 매우 평온하다." 등의 말을 자주 해야 한다. 물론 당신의 이성은 이런 것들이 단지 자기 위로에 불과하다는 것을 알고 있지만, 당신이 이를 계속해서 반복하면 당신은 서서히 자신감을 느끼고 잠재의식에서 주는 암시를 통해 당신의 신경 시스템도 변화하게 된다. 우리가 모든 어려움을 극복할 수 있다고 믿을 때 우리는 부정적인 감정에서 벗어나고 우리의 잠재의식도 동시에 실행되면서 부정적인 감정을 극복할 수 있게 된다.

정념 의식Mindfulness은 강한 에너지를 가지고 있으며 어려움 뒤에 있는 긍정적인 의미를 보여 준다. 당신이 곤란함을 느꼈거나 해결할 수 없는 문제들은 당신에게 풍부한 인생 경험을 가져다줄 수 있다. 우리가 이런 것들을 극복했을 때 우리는 자신이 인생의 장애물을 극복할 수 있다는 능력과 잠재력이 있다는 것을 알게 된다. 그러나 긍정적인 사고가 맹목적인 낙관론을 말하는 것은 아니다. 진정한 긍정적 사고는 당신이 감정과 현실을 구분하게 하며, 당신이 현실을 똑바로 보고, 문제를 해결하게 하는 전환기를 만든다.

| 어려움을 마주할 때 긍정적인 사고는 다음과 같은 문제 해결 방법도 찾게 한다.

1. **현실 인정:** 어려움에 직면했을 때 대부분의 사람은 불안, 두려움을 느끼게 된다. 이런 감정은 정상적이며 자신이 현재 직면한 문제를 해결하는 첫 단계다.
2. **가장 원하는 결과 결정:** 현재 어려움에 대해 달성하고자 하는 목표를 설정한다.
3. **장애물 찾기:** 현재 어려움의 원인을 고민해 보고 노력으로 개선할 수 있는 것인지 아니면 객관적으로 바꿀 수 없는 것인지 확인하고, 후자의 경우 목표를 재조정한다.
4. **행동하기:** 꿈을 꾸기만 하고 행동하지 않으면 어떤 좋은 결과를 상상하더라도 실제로 의미가 없다. 문제를 해결하려면 행동해야 한다.

영국 작가 오스카 와일드Oscar Wilde는 "처음에는 습관을 만들고, 그다음에는 습관이 우리를 만든다."고 했다. 불안을 느낄 때 정신적인 안정을 위해 긍정적인 마음가짐으로 상황에 대처하고, 자신과 자신의 목소리로 자신과 대화는 습관을 들이면 내면은 더욱 안정되고 자기 생각을 실현하는 데 도움이 된다.

♡

비예측적 세계관

호주 대륙이 발견되기 전까지 사람들은 백조만 봤기 때문에 당시 사람들은 세상에 '하얀' 백조만 있다고 생각했다. 그 후, 1606년 유럽인들이 호주 대륙에 처음 상륙했을 때 사람들은 이 세상에 '검은' 백조도 있다는 것을 알게 됐다. 이 발견은 백조에 대한 수많은 관찰에서 추론된 일반적인 결론을 무효로 했고, 이 '블랙스완 사건'은 사람들의 인지에 대한 반성을 불러왔다. 이전에 우리가 옳다고 여겼던 것이 앞으로도 항상 맞는 것은 아니라는 것이다.

블랙스완은 사람들이 예상한 것 이상으로 극히 드물거나 사건이 일어나기 전 아무런 조짐도 없다가 일단 발생하면 큰 영향을 주는 사건을 은유하는 데도 사용된다. 예를 들어, 주식시장 붕괴, 경제위기, 9·11 사태, 혹한 등이다. 갑작스러운 사건은 종종 인간의 상상범위를 초월한다. 이는 인류를 무력하게 만들기 때문에 대부분 사람은 이런 드문 일을 간과하려는 경향이 있다. 과학이 발전함에 따라 우리는 이미 존재하는 것보다 더 많은 사실을 발견했다. 이런 새로운 지식은 사람들에게 미지와 미래에 대한 두려움을 안겨 줬다.

한 사람을 하나의 세상으로 본다면 사소한 것 하나도 우리의 삶에 영향을 미치는 블랙스완이 될 수 있다. 학교를 선택할 때 지금과 다른 학교를 선택하는 것은 다른 인생을 선택하는 것이 될 수 있다. 왜냐하면 당신이 다른 선생님과 다른 학우들을 만나고 다른 학습 방법을 얻을 수도 있기 때문이다.

사람들이 자신이 병에 걸렸다는 것을 알았을 때 가장 크게 원하는 것은 빨리 회복하는 것이다. 당신이 초조해지면 당신의 몸 역시 치유를 갈망하게 된다. 우리는 이 점을 이해하는 것이 매우 중요하다. 심리학자들은 한 사람 병의 근원이 종종 그 병에 대해 어떤 견해를 가지고 있느냐에 있다는 것을 발견했다.

만약 당신이 최근에 기억력이 감퇴한 것을 발견한다면 당신은 아마 내가 알츠하이머병에 걸린 것은 아닌지 생각한다. 아직 젊다고 해도 알츠하이머병에 걸릴 가능성이 있다고 느낄 것이다. 만약 최근에 시력이 안 좋아지기 시작했다면 이런 현상을 스트레스와 휴식 부족이라고 생각하지 않고, 자신이 근시라고 생각할 것이다. 또 만약 최근에 마음이 조급해졌다면 당신은 우울증에 걸렸다고 생각하면서 정신과 의사를 찾아야 하나, 자살할 정도로 심각한 것은 아닌지 생각할 것이다. 이런 생각은 모두 스스로 '블랙스완 사건을 만났다'고 생각하기 때문이다.

물론 일정 정도 이상으로 신체에 민감한 것은 필요하다. 하지만 이런 민감함이 자기 임계점을 넘으면 필요 없는 불안을 불러올 수 있다. 블랙스완 사건은 출현을 예측할 수 없기 때문에 불안에 떨기보다는 상황을 개선하기 위해 실질적인 일을 하는 것이 좋다. 현대 스토아주의자들은 "두려움을 신중함으로, 고통을 메시지로, 오류는 계시로, 욕망은 사업으로 바꾼다."고 말했다. 이런 사고 철학은 불안 문제 해결에도 도움이 된다. '물은 배를 띄울 수도 뒤집을 수도 있다'를 거꾸로 생각하면 '물은 배를 뒤집을 수도, 띄울 수도 있다'는 것이다.

PART 2

감성의 활용:
정서소양과 정서관리

06장
분노: 악마, 방패, 무기

*

화를 내지 않는 것은 어리석은 자이고,
화를 내지 않으려는 자는 현명한 자이다.
_영국 속담

♡

정서적 감수성: 감정의 한계

루이스Lewis는 외부 지역 조사를 가까스로 끝냈다. 직업 특성상 출장을 간 동안에는 가족과 쉽게 연락할 수 없었다. 루이스는 아내와 특히 갓 세 살이 된 딸을 생각하면서 집으로 돌아가고 싶다는 마음이 더욱 간절해졌다. 긴 탑승 수속을 마치고 루이스는 집에 돌아가면 잠시 정리를 한 후 아이들을 데리고 어린이 박물관에 갔다가 저녁에 온 가족이 함께 식당에 가서 즐거운 식사를 하는 일정을 계획했다. 그런데 그때 공항 안내방송에서 탑승이 연기됐다는 소식이 들려왔다. 루이스는 이 일을 아내에게 알렸고 집에 좀 늦게 도착할 것이라고 전했다.

하지만 저녁이 되어도 비행기는 뜨지 못했다. 루이스는 어쩔 수 없이 아내와 아이들에게 다시 이 일을 알렸고 원래 계획했던 외출 일정은 취소할 수밖에 없었다. 항공사 직원은 이날 저녁 비행기가 뜨지 못할 것이라고 양해를 구하며, 승객들에게 내일 아침 항공편을 마련해 주고, 호텔에서 하루 묵을 수 있도록 할 것이라고 했다. 짐을 들고 이동하는 여행객들을 보면서 루이스도 이들과 함께 호텔로 갈 수밖에 없었다.

루이스는 이동하면서 그와 조금 전 이야기를 나눴던 한 승객이 탑승권을 들고 다른 탑승구로 가는 것을 발견했다. 루이스는 그에게 다가가 물어본 후에야, 그가 항공사에 오늘 어떻게 해서든 자신은 반드시 집으로 돌아가야 한다고 항의했다는 것을 알았다. 결과적으로 그는 항공사에서 마련해 준 다른 항공편을 통해 탑승하고 있었다. 루이스는 화가 나서 항공사에 자신은 왜 이 여행객과 같은 대우를 받지 못했냐고 뒤늦게 따졌다.

분노는 감정이 격화된 심리 상태로, 우리가 상처받고 도발당하거나 위협받고 있다고 느낄 때 흔히 발생한다. 분노는 이러한 격한 감정을 표출하는 하나의 방식이다. 화가 나면 우리의 가슴에 분노가 차올라오고, 이것은 우리의 생각을 혼란스럽게 한다. 만약 이런 분노를 제거하지 않으면 뇌가 언제 터질지 모른다고 생각할 것이다. 사람은 분노 상태에 있을 때 눈을 크게 뜨거나 근육이 팽팽해지고, 두 주먹을 꽉 쥐거나 입을 벌리는 등 외적 특징도 나타난다. 생리학적으로는 아드레날린 분비가 증가하고, 심장 박동도 증가하는 스트레스 상태가 된다.

분노 그 자체는 일반적으로 흔히 볼 수 있는 인간의 감정이다. 분노는 정도에 따라 다르지만 몇 가지 양상을 나타낸다. 어떤 사람은 마음속의 분노를 부드럽게 표출하고, 말투도 차분하게 몇 마디로 불평한다. 또 어떤 사람은 큰소리를 내거나 욕을 하면서 마음속의 불쾌감을 표출한다. 한층 더 나아가 난폭하게 행동하거나 물건을 집어 던지는 사람도 있다. 최악의 경우는 화를 내며 다른 사람에게 상처를 입히는 사람이다.

《삼국지연의》 중 '장간도서蒋干盗书'는 분노로 이성을 잃은 전형적인 예라고 볼 수 있다. 적벽대전 전날, 조조 수하 모사 장간은 자신과 주유는 동창이라며 강을 건너 주유를 설득하겠다고 했다. 주유는 조조의 의심 많고 화를 잘 내는 성격을 파악해 계책을 세웠다. 그는 조조의 수군도독인 채모가 주유에 투항했다는 가짜 항복 문서를 만들어 장간이 이를 훔쳐 가도록 했다. 장간이 이 서신을 조조에게 바치자 조조는 크게 노하며 채모와 장윤을 참살하라는 명령을 내렸고, 결국 조조는 두 명의 맹장을 잃어 적벽대전에서 패배했다.

분노는 가장 통제하고 예측하기 어려운 감정 중 하나다. 분노를 통제하기 어렵다고 말하는 이유는 분노가 더욱 심한 분노를 불러오고, 이성을 잃게 하고, 상황을 끊임없이 몰아붙여서 결국 통제할 수 없게 만들기 때문이다. 분노를 예측하기 어렵다고 말하는 이유는 분노는 한 사람의 마지노선이자 원칙의 척도이기 때문이다. 사람마다 심리적 수용 능력과 시비의 판별 지표가 다르며, 분노의 정도도 다르다. 예를 들어, 다른 사람이 자신을 놀리는 별명에 대해 A는 들으면서 웃고 넘어갈지 모르지만, B는 그것을 무례하다고 느낄 수 있다.

어떤 일이 다른 사람의 분노를 일으킬 수 있는지 계량화된 기준을 갖기는 어렵다. 사람마다 성격과 교육 배경, 걸어온 인생에 따라 정서적 감수성이 다르기 때문이다. 평생 화를 내지 않은 사람이 반드시 온화한 것은 아니다. 단지 그 사람의 감정 노선을 건드리는 일이 없었을 수도 있다. 화를 잘 내는 사람도 성질 급한 사람으로 단정할 수는 없다. 단지 그의 감정의 한계에 쉽게 닿았을 뿐이다. 이는 모두 유전자와 성장 환경 등 여러 요인에 의해 영향을 받는다.

분노의 원인은 다양하다. 단순한 농담 한마디, 눈빛 하나만으로도 분노의 불씨가 될 수 있다. 심리학자들은 우리가 하는 일이 잘 풀리지 않을 때 가장 쉽게 분노의 감정을 불러올 수 있다고 한다. 예를 들어, 아이가 장난감을 사려다가 부모님에게 거절당했을 때, 성인의 경우에는 다른 사람에게 구애를 거절당했을 때 분노의 감정을 불러일으킬 수 있다. 특히 이러한 '거부'가 다른 사람의 고의적인 행동에서 오는 것이라고 느낀다면 그 분노는 더욱 커질 것이다. 신체적 또는 심리적 피해를 느꼈을 때는 분노와 두려움이라는 두 가지 감정이 모두 나타날 수도 있고, 사람마다 각기 다른 감정이 생길 수도 있다.

분노에 대한 이론은 학파마다 다르지만, 분노라는 정서에 담긴 요소는 '과잉 인내'나 '방해를 받았다'라거나 '불편한 자극을 받았다' 등으로 귀결된다. 분노의 공통점은 우리가 하고 싶은 일이 외부의 힘이나 영향에 의해 이뤄지지 않았다는 것이다. 다양한 원인이 분노를 일으키지만 그 정도와 종류에 따라 모두 다르다. 심지어 같은 일이라고 해도 각자의 삶이나 기분에 따라 다르다. 그러므로 분노는 종잡을 수 없고, 그 유인이 변화하기 때문에 우리의 내적 감정 역시 끊임없이 변화한다.

그러나 분노한 사람들은 사고의 정체, 막말, 충동적 무모함 등과 같은 표출을 피할 수 없으며, 이러한 표현들이 우리의 판단을 그르칠 수도 있음을 알아야 한다. 사리에 밝은 사람도 화가 나면 어리석은 실수를 할 수 있다. 분노의 결과는 분노의 원인보다 더 나쁠 수 있다.

우리는 자신의 분노에 대처할 줄 알아야 한다.

우선, 우리는 자신을 이해해야 한다.

분노의 정도를 사고하고 화를 가장 잘 유발하는 원인에도 주의를 기울이는 것이 분노를 통제하는 기본 전제 조건이다. 분노가 발생할 때 자신의 반응을 이해하는 것이 분노를 다스리는 데 도움이 되고, 우리가 분노를 일으킨 상황을 객관적으로 평가해 가장 합리적인 반응을 하게 한다.

둘째, 화가 나는 생각에 대해 의심해야 한다.

우리는 분노 초기에 상대방이 고의로 그랬는지, 내가 화를 내야 하는지, 화를 내는 것이 문제를 해결할지 등에 대해 생각해야 한다. 이는 상황을 종합적으로 평가해 분노를 누그러뜨리는 데 도움이 된다.

마지막으로, 분노를 유발하는 환경에서 벗어나야 한다.

분노가 일어나는 환경에서는 신체가 부신 호르몬을 계속 분비하게 되고, 그 환경을 떠나게 되면 호르몬 수치가 정상 수준까지 떨어지게 된다. 따라서 분노하는 환경에서 벗어나면 우리는 스스로 더 빠르게 진정할 수 있다. 이것은 분노가 고조되는 것을 효과적으로 막는다.

♡

분노 조절 방법: 6초의 법칙

벤저민 프랭클린Benjamin Franklin은 "분노는 우매함에서 시작해 결국 후회하게 된다."고 말했다. 퇴근 시간이 다가와 당신이 막 사무실 의자에서 일어났을 때 상사가 자료 하나를 건네면서 "내일 제출하세요."라고 말하고 나갔다. 갑자기 업무가 늘었고, 그것은 위에서 일방적으로 내린 것이다. 하지만 당신은 오늘 저녁 여자친구와 영화를 보러 가기로 약속했다. 만약 상사가 좀 더 일찍 일을 알려 줬다면 당신은 먼저 그 일을 끝낼 수 있었을 것이다. 그러나 상사는 퇴근 시간이 돼서야 일을 줬고, 여자친구에게 약속을 깨야 한다고 말하면 화를 낼 것이라는 생각에 당신은 갑자기 화가 치밀어 올랐다.

우리는 두 가지 정도의 상황을 예상할 수 있다. 첫 번째 상황은 당신이 결국 화를 참지 못하고 평소 불만까지 섞어서 상사에게 한꺼번에 쏟아내는 것이다. 상사가 건넨 자료를 들고 상사를 찾아가서 왜 미리 주지 않았냐고 화를 낸 뒤 사표를 내고 회사를 떠난다. 두 번째 상황은 화가 났지만 결국 냉정을 되찾고 상사에게 약속이 있다고 말하는 것이다. 하지만 상사는 이건 매우 중요한 고객과 관련된 중요 사안이라며 그도 함께 남아 일을 같이한다고 말하고, 당신은 일의 경중을 고려해 여자친구에게 오늘 야근을 해야 한다고 말한다. 여자친구는 화가 났지만 결국 이해해 줬고, 당신은 일을 잘 마쳐 상사와 회사 간부들은 이에 대한 보너스를 당신에게 지급한다. 그리고 당신은 여자친구와 휴가 때 함께 가고 싶은 곳으로 여행을 떠난다.

두 가지 다른 선택은 완전히 다른 결말을 낳는다. 차이점은 화가 났을 때 어떻게 대처하느냐에 달렸다. 어떤 사람은 쉽게 화를 낸다. 화를 쉽게 내는 사람들은 삶의 좌절이나 다른 의견에 대한 초조함으로 인해 감정 수용 능력과 인내력이 부족한 정서적 특성을 보인다. 어떤 일이 일어났을 때 이들의 첫 번째 반응은 왜 항상 나를 귀찮게 하는가, 다른 사람들은 왜 항상 내 의견이 동의하지 않는가, 내가 왜 다른 사람의 의견을 받아들여야 하는가이다.

이들은 일반인과 비교했을 때 당연히 그래야 한다는 태도가 더 단호하다. 이들은 심리적 암시가 일반인보다 더 강력해서 즉각적인 만족이 필요하다. 이들은 자신들에게 그럴 권리가 있으며 상대방이 따라야 한다고 생각하고, 상대방의 행동이 예상대로 되지 않으면 무례하다고 느낀다. 이들은 자신이 부족하다고 지적받으면 자신을 돌아보는 게 아니라 상대방에게 무례를 당했다는 반응을 보이며 반격한다.

쉽게 분노한다는 것은 본질적으로 자제력이 약한 것이다. 주관적 의식이 너무 강하면서 동시에 자제력이 부족하면 감정이 잘 통제되지 않는다. 또한 분노할 때 나타나는 생리적 반응은 사람의 이성적 사고를 어렵게 한다. 우리는 어떤 아이가 요청이 받아들여지지 않았을 때 울거나 심지어 바닥에 뒹구는 것을 목격한다. 이런 아이는 부모의 맞춤형 교육이 없으면 성장 과정에서 '감정으로 사회적 교류'를 하는 습관이 생겨서 커서 쉽게 화를 내는 사람이 된다.

우리는 분노를 조절하는 방법을 배우기 전에 먼저 자신의 분노를 살펴보고 분노의 원인에 대해 생각해 보는 것이 좋다. 우리가 집에 앉아 있는데 하늘에서 분노가 내려와 갑자기 "나 화났다."고 말하지는 않을 거다. 분노는 불쾌함이나 좌절 등 특정 사건에 대한 반응이다. 예를 들어, 아이에게 7~8번이나 가르쳤지만 '2+3=5'라는 것을 모르는 경우가 이에 속한다. 하지만 우리는 화가 났을 때 감정을 사건 자체로 돌리면서 화가 나는 시간을 늦출 수 있다. 즉, 우리는 화가 났을 때 '화가 난다'에 집중하기보다 화가 난 원인을 생각해야 한다. 왜 아이가 '2+3=5'라는 것을 배우지 못했을까? 당신의 교육 방식의 문제인지, 아이의 기억력이 조금 떨어지는지, 아니면 이 문제가 아이의 연령에 비해 너무 이른 것은 아닌지 알아야 한다.

우리는 분노라는 감정이 생겼을 때 성급하게 감정을 폭발시켜서는 안 된다. 사건은 항상 겉과 함의를 가지고 있으며, 사람들은 겉에 속기 쉽고 함의를 무시한다. 심리학자들은 분노의 절정이 6초간 지속된 후 가라앉는다는 것을 알아냈다. 따라서 6초만 버틴다면 더 합리적인 방식으로 불만을 표출할 수 있고, 최악의 상황만은 피할 수 있다.

♡

분노는 일종의 방어 기제

2019년 자신의 차 보닛에 앉아 하소연하는 여성의 영상이 큰 호응을 얻었다. 이 여성은 차를 구매한 이후 엔진에 문제가 있다는 것을 발견하고 AS 매장과 여러 차례 협상했지만, 원하는 결과를 얻지 못하고 결국 직접 수리점에 가야 했다. 차 주인은 자동차 보닛 위에 앉아 감정은 격앙됐지만 차 구입 경위, 협상 불발 등을 분명하게 말했다. 논리는 치밀했고, 근거도 있었다. 억척스러워 보이는 여자는 AS 매장에서는 무시당했지만, 대중들에게는 인정받아 동정을 불러일으켰고 지지를 얻어냈다. 이 여성은 분노했지만, 분노에 휩쓸리지 않고 분노의 문제를 해결하는 데 성공했다.

이 여성이 감정이 격해져 욕설을 퍼붓고 바닥에 뒹굴었어도 대중의 지지와 동정을 얻어 목적을 달성할 수 있었을까? 모든 감정은 존재의 의미가 있다. 우리가 감성지능을 올리기 위해 훈련하고 감정을 조절하는 목적은 감정을 억제하는 것이 아니라 감정의 균형을 찾으려는 것이다. 평온한 마음, 설레는 마음, 긍정적인 마음, 부정적인 마음 등 모든 감정이 적절한 조화와 균형에 도달해야 우리 삶을 풍요롭고 재미있게 만들 수 있다.

합리적 범위 내에서 모든 감정은 정상적이고 유익하다. 몸과 마음을 건강하게 유지하기 위해서는 어떤 감정이든 통제 불능의 고위험 상태에 장기간 두면 안 된다. 생각지도 않은 분노는 듣기 싫은 소리고, 이성적인 분노는 맹호와 같다. 분노는 완전히 부정적인 감정이 아니다. 적절한 분노와 긍정적인 방향으로 유도되는 분노는 유익하다. 분노는 파괴적이고 강한 감정이지만 상대방의 요구가 합리적이지 않다는 일종의 신호이다.

분노 신호가 부족한 사람은 오히려 다른 사람에게 이용당하기 쉽고, 상황이 심각해지면 피해자가 되기 쉽다. 생활 속에서 상대방이 아무리 불합리한 요구를 하거나 모욕적인 말을 해도 전혀 화를 내지 않고 받아들인다면 일은 더 꼬일 수 있다. 사람은 모두 내면에 야비한 모습이 숨겨져 있다. 어떤 것에도 당신이 괜찮다고 한다면, 상대방은 당신을 만만하게 보고 더 무시하게 될 것이다. 그리고 당신의 권리와 이익을 침해할 것이다. 이런 상황은 우리 주변에서도 매우 흔하게 발생한다. 회사에서 무상으로 일하는 경우, 학교에서 친구가 돈을 빌리고 갚지 않은 경우, 원하지 않는 일을 어쩔 수 없이 하는 경우 등이다.

우리는 자신이나 집단의 존엄을 지키기 위해 때로는 분노에 의지해 상대방을 위협하거나 경고해야 한다. 어떤 경우에는 분노가 인간관계에서 필수적 역할을 한다. 우리가 사춘기 때, 부모님들이 허락 없이 우리의 서랍을 뒤지거나, 일기장을 훔쳐보거나, 침실에 마음대로 들어오는 것에 분노해야만 부모님들이 우리의 사생활과 독립을 존중해야 한다는 것을 깨닫게 할 수 있다.

사회생활에서도 분노는 큰 역할을 한다. 사회에서 '불의한 일'은 사람들을 분노하게 한다. 분노가 충분하게 표현될 때 이 사건은 더 많은 사람의 관심을 끌 수 있고, 이에 따라 분노는 그 목표에 도달하는 원동력이 되기도 한다. 영화 〈도가니〉의 상영은 한국을 들썩이고 분노하게 했다. 경찰은 아동 성폭력 수사 재개를 요구하는 여론에 따라 전담반을 구성해 사건을 재수사했다. 사람들은 기존 법이 범죄자를 제재할 수 없다는 사실을 알게 되자 성폭력 사건 양형 기준 상향을 요구했다. 결국 국회는 찬성 207표 기권 1표로 이른바《도가니법》을 통과시켜 미성년자 권익을 보호했다.

분노가 통제되면 분노는 유익한 분노, 다른 사람의 반감을 일으키지 않는 분노로 바뀔 수 있다. 분노를 표출하는 방법이 합리적이고 근거가 있을 때, 분노는 제대로 작용해 우리의 요구를 달성하고 이익을 보호할 수 있다.

♡

분노를 되돌리는 스위치

대부분 사람은 분노와 기쁨의 중간 상태에 있을 때가 많다. 우리가 의식하지 못할 수 있지만 우리는 감정에 대해 자기 관리를 할 수 있다. 예를 들어, 퇴근길에 노래를 듣고 동영상을 찾는 것도 무의식적인 감정 관리와 관련된 생활 속 기술이다. 분노가 빚어낸 결과는 우리의 인간관계와 일상에 많은 영향을 준다. 극단적인 감정은 약물과 전문가 치료를 병행해야 하지만, 대부분의 사람에게 감정은 자기 관리를 통해 충분히 통제가 가능하고 개선할 수 있다.

위에서 언급한 분노 시간을 지연하기 위한 '6초의 법칙'은 6초 안에 반사적인 행동을 하지 말라는 것이다. 다른 사람이 나를 때리면 바로 같이 때리고, 다른 사람이 기분 나쁜 말을 하면 같이 기분 나쁜 말을 하는 것처럼 '눈에는 눈, 이에는 이'로 맞서지 말라는 것이다. 이때 머릿속에서 숫자를 거꾸로(6, 5, 4, 3, 2, 1) 세면서 분노를 가라앉히는 것이 가장 효과적이다. 9,999부터, 혹은 100부터 등 복잡한 숫자를 선택하는 것도 좋다. 일단 이 6초만 참으면 분노의 감정을 돌릴 수 있다. 감정이 점차 평온해지면 격렬한 반사행동을 피할 수 있다.

이외에도 신체 이완, 사고의 일시 중단, 인지 변화, 환경 변화 등과 같은 몇 가지 보편적이고 효과적인 방법들도 있다. 심리학자들은 심호흡이나 명상하면서 자신과 대화를 반복해 마음을 다스리는 방법을 추천한다. 이때, 잔잔한 호수나 완만한 물줄기 등 마음을 차분하게 만드는 장면을 상상해 보는 것도 좋다.

분노의 원인은 우리가 가진 수천수만 가지 내면의 욕구와 심리 상태를 반영하는 경우가 많다. 따라서 분노를 완화하는 방법은 공통된 원칙 외에도 다른 방법을 적용해야 한다.

먼저, 자신의 감정을 정리하고 분노의 원인을 찾아야 한다.

분노의 진짜 원인을 먼저 파악함으로써 우리는 왜 화가 났는지, 그것이 긍정적 분노인지 부정적 분노인지 등을 파악해야 한다. 이렇게 분노의 특징과 성향을 파악하면 분노를 가라앉힐 수 있고, 분노를 삶을 살아가는 인생의 조력자로 만들 수 있다.

둘째, 우리의 인식을 바꾸도록 노력해야 한다.

인식을 바꾸는 것은 자기 생각을 바꾸는 것이다. 우리는 분노할 때 무의식적으로 욕설을 퍼붓고 상대방을 저주하며 분풀이한다. 그러나 이런 말다툼이 쓸모가 있었다면 모든 욕쟁이는 협상 전문가가 되었을 것이다. 에이브러햄 링컨Abraham Lincoln은 "개에게 길을 양보하고 물리지 않는 것이 좋다. 개를 죽인다 해도 물린 상처는 낫지 않기 때문이다."라고 말한 바 있다. 개는 사람을 물지만, 사람은 개를 물지 않는다. 왜냐면서 우리는 자신을 개와 같은 선상에 올려놓을 수 없기 때문이다. 그래서 상대방 언행에 처음부터 동의하지 않으면 화를 낼 필요가 없다.

사실 우리는 화가 났을 때 종종 자기 생각을 과장한다. 항상 야근시키는 사장을 두고 당신은 그가 분명히 자신을 싫어 한다고 생각할 것이다. 또 남편이 전화를 늦게 받는다면 외도한다고 생각할 수도 있다. 이런 과장된 생각은 분노의 감정을 더 강하게 만들 뿐 문제를 해결하는 데 도움이 되지 않는다. 어떻게 상황을 만회하고 변화시킬지가 더 중요한 것이다.

셋째, 특정 상황에서는 환경을 바꾸고 휴식하는 것이 낫다.

만약 당신이 계속해서 (분노의) 검을 휘두르는 상태라면 분노는 끊임없이 분출된다. 만약 상대방도 화가 났다면 서로의 감정에 영향을 미쳐 결국 대폭발로 이어질 것이다. 그래서 분노에 휩싸인 사람이 잠시 자리를 떠나 화장실에 가거나 물을 마시거나 하는 핑계를 대는 것도 화를 가라앉히는 데 도움이 된다.

이외에도 같은 일이 다른 시간에 일어났다면 다른 결과가 나올 수도 있었다는 점을 알아야 한다. 예를 들어, 퇴근 후 부부는 모두 피곤하고 배가 고프지만 아이의 숙제를 봐주고, 식사를 준비하고, 빨래도 해야 한다. 이런 피곤한 신체 상태에서 사람은 쉽게 화를 낸다. 이때는 어떤 이야기를 해도 좋은 효과를 거두지 못하고 오히려 화를 내기 쉽다.

대부분 분노는 명확한 원인을 찾으면 해결된다. 문제가 해결되지 않으면 감정이 다시 폭발하기 때문에 문제를 해결하는 것도 중요하지만 어떻게 문제에 임하고 처리하는지 분명히 해야 한다.

07장

슬픔: 항상 마음에 두는 것은 스스로를 해친다

*

적당한 슬픔은 감정의 깊이를 나타낼 수 있지만,
과도한 슬픔은 지혜의 부족을 증명한다.
_셰익스피어

♡

상실에 대한 슬픔: 우리를 이끄는 힘

고통에 대한 슬픔은 자연스럽고 합리적인 반응이다. 슬픔은 대부분 포유동물에게서 나타나는 정서적 반응이지만 인간의 반응이 가장 명확하다. 슬픔의 외적 표현은 낙담, 침묵, 눈물 등 다양하다. 감정을 반영한 얼굴 사진에서 슬픈 표정은 쉽게 식별할 수 있으며, 거의 틀리는 사람이 없었다. 인간의 슬픔은 좌절, 실패, 상실과 같은 불가항력적 변화에서 오는 경우가 많다. 우리가 가장 자주 마주하는 슬픔은 가족들의 죽음, 감정의 실패, 결혼의 종말, 갑작스러운 실업, 예기치 못한 신체적 장애 등 자신에게 의미 있는 것을 잃어버렸을 때 나타난다. 어떤 고통은 개인적인 경험이고, 어떤 고통은 천재지변에서 오는 재앙과 같은 보편적인 느낌이다.

20세기 뛰어난 심리학자 중 한 명인 폴 에크먼Paul Ekman은 감정과 표정에 대한 선구자다. 그는 분노, 혐오, 두려움, 즐거움, 슬픔, 놀라움을 인간의 여섯 가지 감정으로 제시했다. 슬픔은 모든 사람이 경험하는 것으로 절대 건강하지 않은 감정이 아니다. 어떤 사람은 쉽게 감상적이 되고, 어떤 사람은 무심해 보이지만, 차이점은 관심사가 다르다는 것뿐이다.

미국 텍사스주에서 한 엄마가 아이를 데리고 마트에 갔다. 아이 엄마는 계산을 마치고 나왔을 때 아기가 없어진 것을 알았다. 아이 엄마는 서둘러 마트 직원에게 연락해 아이를 찾는 것을 도와달라고 했다. 이후 모두가 마트에서 아이를 찾았고 다행히 아이를 실종 아동 찾기 게시판 앞에서 찾을 수 있었다. 이후 아이 엄마는 실종된 아이 게시판을 볼 때면 사진을 슬프게 바라보며 실종된 아이들이 하루빨리 가족의 곁으로 돌아갈 수 있기를 기도했다.

일반인들은 실종된 아이들의 사진을 보면 한숨을 쉬는 게 고작이다. 왜냐하면 일반인들은 이런 실종 아동 사건에 대해 딱히 할 수 있는 일이 없을 뿐만 아니라 대부분은 사건에 큰 주의를 기울이지 않기 때문이다. 하지만 만약 우리가 아이를 잃어버린 가정의 슬픔에 공감한다면 쉽게 슬픔에 빠질 수 있다.

슬픔은 거부할 수 없는 변화와 상실에 직면했을 때 발생하는 생물학적인 반응이다. 그러나 이런 반응은 개인의 경험과 환경, 교육, 나이, 성격 등에 따라 달라진다. 가족의 죽음에 대해서 어떤 사람은 평생 고통에 시달리고, 어떤 사람은 며칠 실컷 울고 난 후 다시 일상생활에 돌아올 수 있다. 단기간의 슬픔은 사람들에게 나쁜 영향을 미치지 않지만, 장기간 슬픔이 지속되면 우울해져서 임상적 우울증에 빠질 수 있다.

사람마다 슬픔에 반응하는 정도는 다르며 어떤 사람은 감정적으로 더 강렬하게 반응하고, 어떤 사람은 쉽게 누그러진다. 사람들의 슬픔에 대한 생리적 반응은 종종 호흡곤란, 무력감, 멍한 상태, 두통, 메스꺼움, 구토, 불면증, 잠에서 깨지 못하는 증세 등으로 다양하다. 심리적으로는 거의 모든 사람이 부정, 분노, 타협, 실망, 불안, 현실수용 등의 단계를 거친다. 모든 사람이 이 순서에 따르는 것은 아니지만 이런 감정들은 종종 한데 뒤엉켜 정점에 도달한 이후 점차 약화하면서 사라질 때까지 지속한다.

일단 우리의 반응은 현실을 받아들이지 않는 것이다. 우리가 누군가를 잃거나 무언가를 잃었다는 것을 알게 되면 그 순간 거부감이 생기고, 그런 일이 자신에게 일어났다는 사실을 믿지 않는다. 이후 진짜로 이런 일이 발생했다는 것을 진심으로 인정한 이후에는 매우 큰 고통을 느끼게 된다. 또 잃어버렸다는 고통은 우리를 삶에 제대로 집중할 수 없게 만들고, 뇌는 거의 사고를 하지 않는다. 그다음 뇌가 자극받아서 보호 메커니즘을 가동하게 되면 분노하는 감정이나 생각을 자동으로 만들어 낸다. 이런 보호 메커니즘은 우리가 과도한 자극을 받아 심리적으로 무너지는 것을 막을 수 있도록 한다. 마음이 조금 안정되면 불안이 뒤따르고, 잃은 것을 생각하며 앞으로 어떻게 살아야 할지 등 미래에 무력감을 느낄 수 있다.

감정이 다시 안정되면 우리는 잃어버린 사실을 천천히 받아들이게 되고, 점차 미래를 통제할 수 있다는 사실을 알게 된다. 불안은 사라지고 슬픔도 서서히 사라진다. 시간은 우리를 치유해 주고 다시 일어나는 것이 더 중요하다는 것을 알게 해준다. 그렇게 고난을 통해 우리를 앞으로 이끄는 것이다.

♡

정서적 두뇌 재교육: 고난에서 벗어나기

우리는 가슴 아픈 사건이 발생하는 것을 허리케인에 비유할 수 있다. 때때로 어떤 일들은 발생할 때 약간의 징후가 있을 수 있다. 예를 들어, 어떤 사람이 병마에 시달리는 경우 그 가족은 최악의 결과도 생각하기 때문에 그 사람이 죽었을 때 충격은 받지만, 마음이 어느 정도 준비되어 있었기 때문에 그 죽음이 치명적인 상처를 주지 않을 수 있다. 그리고 부부나 연인의 경우, 감정 파탄은 하루아침에 오지 않는다. 이들은 이 과정에서 결과에 대해 어느 정도 예상하고, 감정을 되돌리기 위해 노력하면서도 마음속으로 최악의 결과가 무엇이지 예단하기 때문에 결국 헤어지게 되어도 이들의 감정에는 상당 부분 완충 지대가 있다.

하지만 더 많은 경우 예기치 않게 우리는 사랑하는 사람이나 물건을 잃게 될 수 있다. 예를 들어, 가족이 갑자기 교통사고를 당해 죽거나 반평생 소중하게 보관했던 일기장이 불에 타 버리거나 하는 일 등이다. 이런 가슴 아픈 '비극적 허리케인'은 어떤 식으로든 찾아오며 자비 또한 없다. 그것은 순간적으로 우리의 마음을 파괴하고, 안정감을 찢어 버리고, 우리를 거친 파도 위에 몰아넣는다.

슬픔은 질병이 아니므로 어떤 약으로도 치료할 수 없다. 슬픔은 항상 생겨나지만, 사람들은 이를 어떻게 처리할지 갈피를 잡지 못한다. 많은 사람은 시간이 약이라고 믿는다. 어떤 사람은 슬픈 감정을 느끼는 것은 유치하며, 삶의 경험이 부족한 것으로 생각하지만, 막상 그들이 마음이 찢어지는 일을 겪고 나면 비로소 그것은 사실이 아니라는 점을 깨닫는다.

댄 밀먼Dan Millman은 고교 시절 미국 체조연맹 트램펄린 종목에서 우승했다. 이어 UC버클리에 입학하고, 1964년 미국대학스포츠협회인 NCAANational Collegiate Athletic Association 도마에서 우승했고, 2년 뒤 마카비아 경기Maccabiah Games(유대인 국제종합 경기) 체조 종목에서 4개의 금메달을 땄다. 그러나 얼마 후 밀먼은 교통사고를 당했다. 정상인처럼 걸을 수 있도록 대퇴골에 쇠못을 박았는데 이는 운동선수인 그에게 치명적 타격이 됐다. 밀먼은 "고난은 발생하기 어려운 일에 대한 심리적 저항이다. 사고는 신체적 고통을 만들 수 있지만 사건 자체가 고난을 초래하지는 않는다. 마음속으로 저항할 때 스트레스가 생긴다."고 말했다.

사건 자체가 우리에게 슬픔을 주지는 않는다. 문제는 사건에 대한 우리의 태도일 뿐이다. 우리는 상실에 직면해 통제할 수 없는 상황에서 어떻게 해야 할까? 어떤 사람은 사랑을 잃고 난 후 그 고통에서 벗어나기 위해 충분한 노력을 했다고 생각하지만, 여전히 벗어나지 못한다. 그리고 나중에야 사실은 고난에 굴복했을 뿐 진정으로 현실을 받아들이지 못했다는 것을 발견한다. 굴복과 수용은 모두 현실을 직시하는 것 같지만 굴복은 내가 저항할 수 없다는 것을 알고 순응하고 있을 뿐이고, 수용은 무슨 일이 일어났는지 알고 자신을 속이지 않고 보다 나은 삶을 위해 노력하는 것이다.

아픔을 겪은 밀먼은 슬픔을 어떻게 다뤄야 할지 배웠다. 모두가 그의 커리어가 끝났다고 했을 때 그는 더 빛나는 모습으로 세상에 나왔다. 그는 부상을 입었다는 사실을 받아들이고 적극적으로 재활을 해서 1년 뒤 수술을 통해 쇠못을 제거했다. 그리고 2년 뒤 NCAA 체조 선수권 대회에서 우승을 차지하고, 이후 더 많은 분야에서 성과를 거뒀다.

고난은 어디에나 있다. 당신은 자신이 세계에서 가장 큰 고통을 겪었다고 생각할 수 있지만 사실 더 고통스러운 미래가 기다릴 수도 있다. 인생의 밑바닥을 헤매고 있다고 생각하지만 실제로 인생은 더 나락으로 떨어질 수도 있다.

뇌가 고난에만 초점을 맞추는 것을 못 하게 한 다음, 고난에서 의미를 찾고, 삶이 주는 다른 것들에 관심을 가질 때 비로소 고통이 사라지고 우리는 슬픔에서 벗어날 수 있다. 고난이 누군가를 쓰러뜨리는 것이 아니다. 만약 당신이 쓰러진다면 그것은 단지 당신이 저항하기를 포기하고 꿈을 잃었기 때문이다.

♡

박탈당한 슬픔: 슬퍼하도록 허락하라

델Dell은 아내와 이혼 절차를 밟고 있다. 두 사람은 부부의 공동재산과 양육비, 양육권 등 문제에 대해 합의점을 찾지 못했다. 델은 변호사가 보낸 서류를 보고 평생 모은 돈이 변호사 비용으로 나가고 있음을 알았다. 그는 이혼에 대해 아이들에게 어떻게 설명하고 어떻게 달래야 할지 몰랐다. 어떻게 해야 그들에게 가해지는 피해를 최소화할 수 있을지도 몰랐다.

어느 주말, 델은 병원에 입원 중인 어머니를 찾았다. 어머니는 암에 걸려 첫 항암치료를 마친 상태였다. 그는 병실로 들어가기 전 얼굴을 비비며 가벼운 미소를 짓기 위해 노력했다. 그는 슬픈 감정을 조금도 내비칠 수 없었다. 왜냐하면 어머니가 슬퍼하실 것이기 때문이다. 그는 어머니와 가벼운 대화를 나눴지만, 이혼에 대해 말할 수 없었다. 병원에서 나와 집에 돌아와도 그는 환한 미소를 지으며 아이들과 장난치려고 했다. 그는 이혼도, 어머니가 위독한 일도, 아이들에게 알릴 방법이 없었다. 마치 슬퍼할 권리도 없는 것 같았다.

국제적으로 유명한 상담 및 심리치료사인 케네스 도카Kenneth Doka는 1989년 '박탈당한 슬픔'이라는 개념은 제시했다. 그는 "개인이 상실감으로 겪는 슬픔을 인지하지 못하고 공개적으로 애도하지 못하거나 사회적 지지를 받지 못할 때 이를 박탈당한 슬픔이라고 한다."고 말했다.

어떤 사람의 슬픔은 다른 사람들에게 받아들여질 수 있다. 그 사람들이 자신을 불운하다고 느끼며 슬퍼하는 것은 당연한 일로 받아들여진다. 슬픔의 영역에서 이러한 '권리 부여'는 이들이 '상실에 대한 반응'을 표현할 권리가 있다는 것이고, 상실감에서 오는 감정과 반응이 사회적으로 인정받고 지지받을 수 있다는 것을 의미한다. 하지만 어떤 사람들은 고통을 겪어도 다른 사람들로부터 가치가 없다는 식의 시선을 받아 억눌릴 수밖에 없다.

심리학에서 '박탈당한 슬픔'은 다섯 가지 상황으로 요약한다.

1. 관계가 인정되지 않는 경우

심리학에서 슬픔을 겪은 사람과 죽은 사람의 관계가 사회적으로 인정받는 가족이 아니면 그 친밀감은 사회적으로 받아들여지지 않는다. 이들은 눈에 띄게 자신의 슬픔을 공개할 수 없다. 가족들이 슬픔을 표현하는 것은 자연스럽지만 친구, 이웃, 동창, 룸메이트 등 사회적으로 죽은 사람과 교감이 깊은 가족과 다름없는 이들은 죽은 사람에 대해 가족처럼 슬픔을 표현하지 못한다.

2. 상실 사건이 인정되지 않는 경우

어떤 일들은 개인이 봤을 때는 중요하지만 다른 이들에게 중요하지 않을 수 있으며, 심지어 사회적으로 중요한 것으로 정의되지 않을 수 있다. 예를 들어, 애완견을 잃어버리거나, 노화가 일어나거나, 아이를 유산하거나, 병에 걸리거나, 해고를 당하거나 하는 등의 '상실'은 개인의 주관적 경험으로 자신의 슬픔을 공개하고 위로받기는커녕 비아냥거리는 소리를 듣게 되면 오히려 자신의 감정을 억누르는 선택을 하게 된다.

3. 슬픈 사람에서 배제되는 경우

어떤 사람은 사회로부터 슬픔이 없는 심리적으로 미성숙하거나 불완전한 사람으로 여겨지는데, 너무 어리거나 늙은 사람, 심리적 질병과 장애가 있는 사람 등이 여기에 속한다. 또 어떤 사람은 사회적으로 다른 사람보다 이성적이고 쉽게 슬퍼하지 않아야 한다고 생각되는 역할을 맡는 사람도 있다. 예를 들어, 부모, 경찰, 의사 등이 여기에 속한다. 이들도 사회적 역할을 떠나 피와 살이 있는 사람이지만 이들의 슬픔은 사회적으로 인정받지 못하거나 감정 표출의 권리를 박탈당한다.

4. 죽음의 형식이 사회적으로 받아들여지지 않는 경우

범죄자, 자살자, 중독자 등 일부 사망자는 사회적으로 배척되고 비난받는다. 이들의 죽음은 사회적으로 인정받지 못하고, 이로 인해 관련자들도 슬퍼할 권리를 박탈당한다. 이런 사람들의 죽음에 대한 애정과 추모는 반사회적 행위가 된다. 따라서 이들에 대한 애도는 신중하고 조심스럽게 된다.

5. 슬픔을 표현하는 방식이 박탈당하는 경우

심리학자들은 개인이 슬픔을 표현하는 방식에서도 슬픔을 빼앗길 수 있나고 본다. 어떤 이는 고통의 경험을 사람들에게 공유하고 공개적으로 이야기해 슬픔을 표현하거나 특정 행동을 통해 슬픔을 표출한다. 죽은 남편을 그리워하는 부인은 겉으로 울지 않지만 매일같이 찻주전자를 닦는다. 이 주전자는 남편이 생전 가장 아끼는 것이었다. 슬픔의 박탈은 사회적 태도를 대변하는 것으로 어떤 사람은 가치의 시선으로 남을 본다. 다른 사람의 장례식에 참석하는 것을 거부하거나 장례식에 가는 사람의 휴가를 허가하지 않거나 장례식에 필요한 요구를 충족시키지 못하게 하는 유무형의 방식으로 개인이나, 가족, 단체의 슬픔을 표현하는 방식을 부정하는 것이다.

사회적으로 인정받지 못하는 슬픔은 사람에게 보이지 않는 상처를 준다. 슬퍼할 권리를 박탈당한 사람은 자신의 슬픔이 타인에게 이해되지 않기 때문에 내면의 감정을 스스로 감당해야 하지만 이는 시간이 지나면 심신 건강에 좋지 않은 영향을 미치고, 사회적 기능을 저하해 문제를 낳게 된다. 슬픔 사람은 감정을 표현할 권리를 박탈당하면 분노, 죄책감, 무력감 등 부정적인 감정 반응을 일으킬 수 있다. 또 내가 왜 슬퍼해야 하는지, 정말 그럴 만한 가치가 있는지 자기 회의에 빠지기도 한다.

우리는 모든 사람에게 슬퍼할 권리가 있다는 것을 인식해야 한다. 모든 사람의 슬픔은 독특하다. 슬픔이 가치가 있는지에 대한 기준은 없다. 만약 당신이 슬프다면 스스로 슬퍼하도록 허락하고, 세상 사람들에게 받아들여지지 않아도 슬픔을 풀어낼 권리를 자신에게 줘야 한다.

♡

슬픔에 맞서기: 강인함에 대한 연습

상실과 죽음은 하늘에 있는 태양과 같다. 우리는 그것이 있다는 것을 알면서도 똑바로 바라볼 엄두를 못 내기 때문에 다양한 방법으로 탈출을 시도한다. 한 노인의 아내가 중병에 걸렸다. 노인은 신을 향해 아내의 병을 치료해 달라고 기도했다. 신은 "나는 너의 아내를 치료해 줄 수 있다. 한 명도 죽은 사람이 없는 집을 찾아서 물을 한 잔 가지고 와 네 아내에게 마시게 하면 네 아내는 나을 것이다."라고 했다. 이 노인은 전 세계를 돌아다녔지만, 죽은 사람이 없는 집을 찾을 수 없었다.

결국 노인은 이것이 도저히 완성할 수 없는 임무이며, 신이 이를 통해 죽음이 모든 생명의 종착지라는 것을 알려 준 것임을 깨달았다. 사실 사람이 성공하든 실패하든, 부유하든 가난하든, 삶은 이런 자연 회귀의 여정이다. 당신은 절대 외롭지 않다. 수천만 명이 이미 경험하고, 경험했고, 미래에 겪을 일에 불과하기 때문이다.

만약 당신의 시선이 본인에게만 있고 자신의 불행과 슬픔만 본다면 당신은 더욱 슬퍼질 뿐 아니라 '왜 나만 이렇게 재수 없는지, 왜 다른 사람이 더 행복한지'라는 생각에 점점 더 세상이 원망스러워질 것이다. 그래서 당신은 더 많은 사람, 더 큰 세상을 바라봐야 한다. 감정적인 실패, 늙어 보이는 얼굴, 가족의 죽음 등이 보편적임을 알아야 한다. 다른 사람의 고난을 보면서 강인함의 아름다움을 알게 될 것이다. 또한 다른 사람의 강인함을 발견하면서 자신의 힘뿐만 아니라 진정한 위로도 얻을 수 있을 것이다.

슬픔은 피할 수 없는 만큼 태연하게 정면으로 맞서야 한다. 슬픔은 단기간에 나을 수 있는 질병도 아니고 특별한 치료 수단이 있는 것도 아니다. 슬픔에 대한 치료법은 사람마다 다르지만, 공통적으로 효과적 몇 가지 방법이 있다.

1. 부정하지 않는 것

슬픔은 대부분 상실에서 비롯되기 때문에 긍정적인 슬픔을 가지려면 상실을 반드시 이해하고 존중해야 한다. 상실을 피하면 슬픔은 더욱 커진다. 남의 슬픔을 공감하고 경청할 뿐만 아니라 자신의 슬픔도 공감해야 슬픔과 함께 평화롭게 살 수 있다. 슬픔이 있어야 우리의 정신은 무너지지 않는다. 슬픔은 상실을 경험했을 때 나오는 정상적인 반응이다. 고통도 애써 치유할 필요 없이 마음으로 보살피면 된다. 사랑이 있기 때문에 우리는 슬퍼하는 것이다. 슬픔도 사랑의 한 형태다. 당신이 사랑을 직면해야 할 문제가 아니라고 생각한다면 슬픔도 문제가 아니다.

2. 슬픔의 공격에 대처하는 것

연구결과에 따르면 사람이 울면 부교감 신경이 활성화돼 스트레스와 부정적인 감정을 줄일 수 있다. 울면 체내 엔도르핀을 방출할 수 있고, 이는 모르핀, 아편과 같은 진통 효과를 생성해 기분을 나아지게 할 수 있다. 물론 울고 싶지 않으면 억지로 울지 않아도 된다. 음악을 듣는 것도 운동하는 것과 마찬가지로 기분을 가라앉힐 수 있다. 또 운동은 집중력을 높여 슬픈 일에 대한 관심에서 벗어날 수 있도록 해준다. 연구에 따르면 사람은 미간을 찌푸릴 때 감정이 더 긴장된다. 따라서 슬플 때 웃는 모습이 나쁜 감정을 완화하는 데 도움이 된다.

3. 새로운 생활에 대한 적응 노력

우리가 슬픔을 겪을 때 가장 중요한 것은 '상실'에 대처하는 법을 배우는 것이다. 상실을 겪으면 삶의 질서가 흐트러지고, 마음의 질서가 파괴되고, 모든 것이 낯설어지기 때문에 우리는 어떻게 상실감을 마주하고, 어떻게 살아갈지 다시 배울 필요가 있다. 무엇인가를 잃는다는 것은 인생의 필연적 경험이고, 이별은 모든 것의 끝이 아니다. 잃는다는 것에 얽매이기보다는 새로운 삶을 마주하는 법을 배워야 한다. 상실, 슬픔, 이별은 우리에게 고통, 충격, 파괴뿐만 아니라 새로운 기회를 주며 오래된 관계와 사물을 정리하고 새로운 성장을 위한 공간을 마련한다.

4. 부정적인 경험에서 긍정적인 의미 찾기

상실은 우리에게 인생에서 가장 중요한 것이 무엇인지 깨닫게 한다. 예를 들어, 결혼에 실패한 사람은 그 경험에서 새로운 것을 배운다. 그가 배우자와 함께 어울릴 줄 몰랐는지, 상대방의 성격이 그와 맞지 않았는지, 아니면 그가 결혼에서 해야 하는 마땅한 의무를 다하지 않은 것은 아닌지 등을 말이다. 가족이 병에 걸려 세상을 떠난다면 건강에 더 많은 관심을 기울이고, 주변의 모든 사람을 소중히 여겨야 한다는 것을 상기시켜 준다.

5. 사랑의 추억을 간직하기

어떤 사람은 슬픔에서 벗어나는 데 오랜 시간이 걸리고, 어떤 사람은 그렇지 않다. 어떤 사람은 상실에 대해 비교적 완만하게 반응하고, 또 어떤 사람은 격렬하게 반응한다. 그러나 상황이 어떻든 슬픔을 어떻게 다루든 그것을 어떻게 표현하든 잃어버린 것에 대한 사랑의 양을 가늠할 수는 없다. 어떤 슬픔은 상황이 좋아지면 슬픈 경험만 남길 수 있고, 어떤 슬픔은 당신을 평생 따라다닐 수 있다. 이런 슬픔은 비록 당신이 그것들을 떠올리면서 미소를 지을 수 있어도, 사실 내면의 감정은 여전히 그 사건이나 인물들과 연결되어 다른 방식으로 공존한다. 우리는 무엇인가를 잊으려고 노력할 필요가 없다. 정말 그 감정을 내려놓는다는 건 완전히 잊는 게 아니라 당신이 더 이상 꺼리지 않는다는 것이다. 아픔이 사라지고 마음이 평온해지면 우리는 사랑에 관한 추억을 더 잘 간직할 수 있을 것이다.

08장
후회와 죄책감: 가장 좋은 치유는 내면의 자유

*

인생의 과정에서 경관은 계속 바뀌고
앞으로 나아가면 처음과 다른 경관을 볼 수 있고
다시 나아가면 새로운 모양이 된다.
_쇼펜하우어

♡

죄책감이 지닌 긍정적 효과

엘Elle은 젊고 예쁘고 일도 잘하며, 부모님과도 사이가 좋고, 친구들과 잘 어울린다. 그녀에게는 큰 키에 잘생긴 남자친구도 있다. 하지만 최근 엘은 남자친구와 가까워질수록 일종의 불편함이 느껴졌고, 바빠야만 이런 종류의 감정을 잊을 수 있었다. 엘은 나중에야 마음속 불편함이 '양심'이라는 것을 깨달았다.

모든 것은 한 번의 만남에서 비롯됐다. 엘과 나사는 어렸을 때부터 같이 자란 소꿉친구로 나사Nasa는 편부모 가정에서 자랐고, 가정을 빨리 꾸리고자 하는 집착에 가까운 열망을 가지고 있었다. 엘도 나사가 좋은 사람을 만나기를 바랐다. 그러던 어느 날 나사는 엘에게 인터넷에서 로데즈Rhodes라는 남자와 이야기를 나눴는데 잘 맞았다며 주말에 만나 함께 식사하기로 했다고 말했다. 나사는 태생적으로 불안해하는 성격이라 엘에게 함께 가자고 부탁했다. 하지만 식사 자리에서 로데즈는 엘에게 첫눈에 반해 나사가 아닌 엘에게 구애하기 시작했다. 엘은 처음에는 로데즈를 거부했지만 결국 로데즈는 엘의 남자친구가 됐다. 그 후 엘은 나사를 마주칠까 두려웠고, 나사와 점점 멀어졌다. 엘은 친구의 남자친구를 빼앗았다는 죄책감을 느꼈다. 그녀는 자기 행동에 부끄러움을 느꼈고, 이것은 로데즈와의 관계에도 부정적인 영향을 줬다.

죄책감은 당사자의 가치관과 관련된 전형적인 도덕적 감정이다. 예를 들어, 친구의 남자친구를 사랑하는 것이 어떤 사람에게는 용서할 수 없는 죄책감을 느끼게 하고, 또 어떤 사람에게는 전혀 죄책감을 느끼게 하지 않는다. 죄책감을 유발하는 것은 사실 옳고 그름에 관한 판단에 따른 것이다. 죄책감이 생기는 것은 스스로 자신이 잘못한 일을 했다고 생각하기 때문이다. 예를 들어, 다른 사람의 부탁을 들어주지 못한 것, 다른 사람에게 상처를 준 말을 한 것, 사회규범을 어긴 것, 다른 사람을 무시한 것, 다른 사람의 정당하고 합리적 부탁을 거절한 것 등에 대한 자신의 판단이다. 즉, 죄책감은 자신이 정한 행동 준칙이나 사회 보편적 도덕 기준에서 벗어난 자신의 신념이나 이해로 생기는 인식과 정서, 즉 양심이 비난받는 것이다. 죄책감은 우리 자신의 도덕적 정체성에는 영향을 미치지 않는 나쁜 행동에 대한 것이다. 내 도덕적 기준에는 문제가 없다고 생각했지만 내가 이를 어겼기 때문에 죄책감이 생긴 것이다.

미국의 심리학자 마틴 L. 호프만Martin L. Hoffman은 죄책감을 한 사람이 '남의 고통에 대한 감정적 반응'과 '남의 고통을 일으킨 원인에 대한 인식'의 결합이라고 봤다. 사회 심리학자인 로이 바우마이스터Roy Baumeister는 한 사람의 죄책감은 공감 작용에서 일어난다고 봤다. 우리는 다른 사람이 자신의 말과 행동에 고통받는 것을 바로 알아차린다. 이 고통은 자신이라는 원인에 의해 발생한 것이기 때문에 공감 능력이 강한 사람일수록 죄책감을 느끼기 쉽다.

죄책감을 느낀 후 하는 행동 경향은 '보상'이다. 죄책감은 결국 앞으로 우리의 행동에 긍정적인 영향을 줄 것이다. 죄책감이 없는 사람은 어떤 일을 하든지 규칙과 한계를 깨뜨리고, 자기 행동이 초래하는 결과를 무시한다. 이는 실수를 반복하고도 조정하고 개선할 수 없다는 것을 말한다. 죄책감은 도덕적 감정으로 죄책감이 생기면 당사자들은 다른 사람을 돕고, 피해자에게 보상하고, 사과하려는 의지와 행동을 갖게 된다. 이것이 죄책감의 긍정적인 효과다.

물론 죄책감에도 도덕적 강요와 같은 부정적인 의미가 있다. 한 사람이 다른 사람에게 도움을 요청했는데, 상대방이 도와주지 않으면 그가 자비심이나 공감심이 없다는 이유로 죄책감을 느끼게 한다. 예를 들어, 부모가 아이에게 엄마·아빠는 이렇게 열심히 일하는데 공부를 안 하면 되느냐며 아이에게 도덕적 강요를 하는 경우이다. 이처럼 죄책감은 때로는 남을 조종하는 도구가 된다. 분노는 '자신이 모욕당했다'고 느끼기 때문이고, 죄책감은 '자신이 다른 사람을 모욕했다'고 느끼기 때문이다. 만약 죄책감이 해소되지 않으면 그것은 우리 마음속을 파고들어 정신건강을 해칠 것이다. 이것은 치명적이지는 않지만 부담이 된다.

♡

후회: 일종의 자기 책망

우리는 여러 가지 일로 인해 후회한다. 지난번에 어떤 일로 후회를 했는지 기억할 수 있는가? 공부를 열심히 하기로 하고 밤새 휴대전화를 본 것이나 괜한 말을 해서 사랑하는 사람을 화나게 한 것 등 이런 행동들은 자신에게 영향을 미쳤을 수도 있고, 다른 사람에게 영향을 미쳤을 수도 있다. 요컨대 후회는 일종의 자기 책망이다.

일반적으로 후회는 다음과 같은 단계가 있다. 일단 우리는 일의 결과를 받아들일 수 없고, 그 일을 마주하고 싶지도 않으며, 머릿속으로 이 모든 것이 거짓일 뿐이라고 바라는 것이다. 그다음에는 왜 그랬는지 스스로 묻는다. 어떻게 이 일이 발생했는지, 내가 그때 무엇을 하고 있었는지, 그때 그 결정을 내린 내가 진짜 나라는 것을 이해할 수 있는 이유를 찾기 위해 노력한다. 그다음 단계가 제일 어려운 단계로, 쇼핑을 즐기는 사람들이 자신의 손을 때리는 것처럼 우리는 자신의 입을 때리거나 벽에 머리를 박고는 한다.

후회는 이 세 단계가 끊임없이 반복되면서 우리를 자책, 후회, 죄책감, 초조함 등의 감정에 가두고 끊임없이 공격한다. 우리의 머릿속은 온통 "아니야.", "이럴 리가 없어." 등으로 가득 찬다. 미국 작가 미뇽 머클로플린Mignon Mclaughlin은 "진정한 후회는 결과에 대한 후회일 뿐 아니라 동기에 대한 후회"라고 했다.

후회는 선택에 관한 것이기도 하다. 한 가지 일이 일어나기 전에 우리는 A, B의 행동을 선택할 수 있다. 일단 당신의 선택으로 예상치 못한 결과가 나오면 당신은 후회라는 감정을 가지게 된다. 후회는 만약 그렇다면 그러나 안타깝게 그렇지 못했다는 작용의 결과이다. 종종 우리는 '만일 ~했으면 좋았겠다'라는 소리를 듣는다. 여기에는 두 가지 핵심 요소가 있다. 첫째, 우리는 이미 어떤 선택을 했고, 그에 따라 행동이 발생했다. 둘째, 우리는 끊임없이 선택한 순간을 회상하고 자신이 다른 행동을 선택했다면 어떤 결과가 나올지 상상한다. 우리가 다른 행동을 선택했다면 더 나은 삶을 살 수 있다고 생각하는 것이다.

만약 당신이 배가 고픈 상태고, 그 앞에 삶은 달걀이 하나밖에 없다면 당신의 배를 채우기 위해 그것을 먹는 것을 주저하지 않을 것이다. 하지만 만약 당신 앞에 삶은 달걀과 달걀부침이 있고 둘 중 하나를 선택하라고 했다면 당신이 달걀부침을 선택했고 맛이 없었다면 당신은 그 선택을 후회할 것이다. 게다가 앞에 삶은 달걀, 달걀부침 등 선택지가 많아졌고, 그중 하나를 선택하라고 했다면 상황은 더 복잡해진다. 선택의 폭이 넓어질수록 후회하는 느낌 역시 강해지기 때문이다.

후회는 잘못을 바로잡고 다시는 이런 일이 일어나지 않도록 해야 한다는 생각을 갖게 한다. 만약 당신이 어떤 일에 대해 후회하고 종종 자기 잘못을 알아차린다면 다음에는 만회하려고 시도할 수도 있고, 자신의 결점을 고칠 수도 있기 때문에 후회는 긍정적 의미가 있다.

♡

죄책감과 후회에서 벗어나는 방법

차를 몰고 고속도로를 달리다가 목적지를 향해 교차로에서 빠져나가야 하는 상황에서 당신은 실수로 잘못된 교차로로 나갔다. 당신은 조금 전 좌회전을 하지 않은 것을 후회하면서 자신을 비난하기 시작할 것이다. 사실 인생은 도로 주행과 같아서 잘못된 길로 내려와도 이동 경로를 알고 모퉁이를 돌면 다시 원래 주행 경로로 갈 수 있다. 다만, 시간이 조금 더 걸릴 뿐이다. 다시 원래의 길로 돌아가지 못한다고 해도 새로운 길을 떠나볼 수도 있다. 당신이 더 좋은 풍경을 볼 수 있는 다른 길이 없다는 것을 어떻게 확신할 수 있겠는가?

우리는 어떤 일에 대해 반드시 해야 한다거나 하지 말아야 한다는 사고가 뿌리 깊게 존재할 때 죄책감과 후회가 생기기 쉽다. 예를 들어, 6시에 집에 도착해야 한다거나, 화내지 말아야 한다거나, 단어를 외워야 한다거나, 누군가에게 상냥해야 한다는 등의 생각이다. 과거의 잘못에 대해 끊임없이 자책하고 죄책감을 느끼는 것이 언뜻 보기에는 일종의 미덕일 수도 있지만, 우리는 후회와 죄책감을 느끼고 있어도 대부분 수정, 개선, 보완하지 않는다는 것을 잘 알고 있다. 우리는 실질적인 문제에서 벗어나기 위해 말만 하고 시늉만 하는 것일 뿐이다. 그때그때 상황을 객관적으로 따져 보고 새로운 자기와 대화해야 후회와 죄책감에서 벗어날 수 있다.

과거를 받아들이고, 현재를 좋아하고, 미래를 바꾸는 4가지 방법이 있다. 이는 우리가 한때 잘못했던 일과 잘못했던 자신을 받아들이고 부정적인 감정에서 벗어날 수 있도록 해준다.

1. 정지

우리에게 후회나 죄책감이 생겼을 때 이를 방치하면 안 된다. 이런 감정은 당신이 과거의 잘못을 깨닫고 있다는 것을 의미하며, 이제 당신이 해야 할 일은 이런 감정의 원인이 되는 사건에 주의를 기울이는 것이다. 부정행위를 하다가 붙잡힌 학생이 후회하는 것은 공부를 제대로 하지 않았기 때문이 아니고 감독관에게 들켰기 때문이라고 생각할 수 있다. 그렇기 때문에 우리는 무엇이 잘못된 일인지 분명히 해야 한다. 물론 잘못을 인정하기는 어렵고, 책임을 회피하기 위해 우리는 다양한 핑계를 댄다. 독설을 퍼붓기 좋아하는 사람은 "상대방이 나를 자극하지 않았다면 나도 그렇게 듣기 싫은 말은 하지 않았을 것"이라고 말한다. 하지만 진정한 잘못은 우리가 상대방을 존중하지 않은 것이지 자극을 받아 말하는 것이 아니다. 자기 잘못을 깨닫고 용감하게 책임을 진 다음에야 비로소 이런 잘못이 재발하지 않도록 할 수 있다.

2. 학습

"지난 일은 탓할 수 없지만 닥칠 일은 따라갈 수 있다."라는 말을 우리는 반드시 깨달아야 한다. 무의미한 자책과 후회는 현실에 아무런 도움이 되지 않는다. 차라리 과거의 경험에서 배우고, 다음에 다시는 같은 일이 일어나지 않도록 하는 것이 죄책감과 후회의 긍정적인 의미일 것이다. 부모에게 효를 다한 적이 없다면 돌아가신 아버지를 가슴에 품고 오래 간직하기보다는 살아계신 어머니를 사랑하고 가족에게 시간을 할애하는 것이 좋다.

3. 용서

용서는 어렵다. 타인의 용서를 구하든 자기의 용서를 구하든 말이다. 우리는 모든 사람에게 용서를 구할 수는 없다. 매번 다른 사람에게 용서받을 기회가 있는 것은 아니지만 당신이 용서를 구한다면 죄책감과 후회에서 벗어나는 가장 중요한 발걸음을 내딛는 것이다. 만약 상대방이 당신의 사과를 받아들이지 않는다면 왜 상대방이 그러는지 물어봐야 한다. 자신이 덜 간절한지, 아니면 진짜 잘못이 무엇인지 깨닫지 못하고 있는 것인지, 아니면 자신이 잘못을 진지하게 깨닫고 용서를 구하지만, 상대방이 여러 가지 사정으로 받아들이지 못하는 것이라면 그 결과를 받아들이는 법도 배워야 한다. 그다음 당신은 자신을 용서하고 스스로 자신이 틀렸다는 것을 알고, 자기 행동에 대한 결과를 깨달았다고 말해야 한다.

4. 전진

이런 다음 당신은 당신의 삶을 계속 살아야 한다. 당신의 행동이 상대방에게 평생의 상처가 됐을지라도, 만약 당신이 정말로 회개하고 있나면 용서를 받을 수 없더라도 당신은 과거를 버리고 앞으로 나아가야 한다. 후회는 우리가 잘못을 저지르고 느끼는 고통이다. 이런 고통은 우리가 실수를 반복하게 하지 않도록 한다. 우리는 잘못으로부터 귀중한 경험을 얻고 스스로를 변화시켜 더 나은 자신이 될 수 있다.

09장
쓸쓸함과 열등감: 그림자처럼 따라다닌다

*

고독은 사람을 유능하게도 할 수 있고,
바보같이 할 수도 있다.
_위고

♡

쓸쓸함: 사회적 결핍 상태

혹시 이런 느낌을 받아본 적이 있는가? 당신은 친구도 많고 입담도 좋아서 누구와도 말이 잘 통하지만, 당신은 자신이 다른 사람들과는 다르다고 생각한다. 당신은 털어놓고 싶은 말들이 많지만, 아무도 귀 기울여 들어줄 거 같지 않고, 사실 당신도 그렇게까지 털어놓고 싶지는 않다. 다른 사람이 당신의 마음에 들어오지 않으면 당신도 다른 사람의 마음속으로 들어가지 않는다.

이런 느낌은 '고독함' 혹은 '쓸쓸함'이라고 한다. 우리는 모두 고독하거나 쓸쓸하다는 것을 성급하게 부인하지 말아야 한다. 어떤 사람은 평생 고독하거나 쓸쓸할 수 있고, 어떤 사람은 어느 순간에만 그런 감정에 빠질 수 있다. 고독하거나 쓸쓸한 것은 결코 부끄러운 것이 아니다. 고독하거나 쓸쓸한 것은 어른들의 세상에서는 매우 흔하다. 하지만 고독함이나 쓸쓸함에 장기간 노출되면 정신 건강에 영향을 미칠 수 있고 인지장애나 심지어 생리적 질병도 일으킬 수 있다.

미국 샌디에이고 캘리포니아 대학의 연구에 따르면 연구 대상자 4명 중 3명이 다양한 정도의 고독함 혹은 쓸쓸함을 느꼈다고 한다. 사회에서 '성공'으로 정의되는 사람들, 즉 결혼했으며, 원만한 대인관계를 유지하고, 경제적 스트레스가 없는 사람들조차 다양한 정도의 고독함이나 쓸쓸함을 경험했다.

고독함이나 쓸쓸함은 성별과는 상관없지만 나이와는 관련이 있었다. 연구에 따르면 사람은 일생에서 세 번, 즉 20대 말, 50대 중순, 80대 말에 고독함 또는 쓸쓸함이 최고 절정에 달하고, 이 세 정점을 지나면 고독함이나 쓸쓸함이 줄어든다.

미국 데니슨대 심리학자 로버트 웨이스Robert Weiss는 "고독함이나 쓸쓸함은 뚜렷한 증상이 없어서 과거 이를 연구했던 학자들 대부분은 응답자들의 내적 경험에서 나오는 자술을 참고했지만 고독함은 대부분 사람에게 난감하고 말하기 어려운 경험이라 연구를 더욱 힘들게 만들었다."고 밝혔다. 그렇다면 고독함이나 쓸쓸함은 도대체 무엇일까? 그것은 또 어떻게 생겨났을까? 고독함이나 쓸쓸함은 인류 문학에서 오랫동안 탐구해 온 주제이자 심리학 연구의 주요 방향이기도 하다. 이런 감정에 대해 사회학자나 심리학자의 입장이 다르기 때문에 아직 통일된 규범은 없다. 심리학 교수인 레티샤 앤 페플로Lettitia Anne Peplau와 대니얼 펄먼Daniel Perlman은 1980년 이전 학자들이 고독함이나 쓸쓸함에 내린 정의를 통합하면서 이는 모두 사회적 결핍 상태에 대한 사람들의 불쾌한 감정적 반응이라는 공통적 특성을 도출했다.

| 고독함과 쓸쓸함에는 세 가지 방향이 있다.

1. 이런 감정 발생은 개인과 사회관계 단절에서 비롯된다.
2. 이런 감정은 주관적인 경험이지 객관적인 사회적 고립이 아니다.
3. 고독함이나 쓸쓸함은 불쾌하고 괴로운 감정이다.

| 2011년 심리학자 아미 로카치Ami Rokach는 고독함과 쓸쓸함의 세 가지 특징을 다시 정리했다.

1. 고독함 또는 쓸쓸함은 보편적으로 존재하는 현상으로 거의 모든 인간이 가질 수 있는 정서다.
2. 본질적으로 고독함 또는 쓸쓸함은 주관적인 감정이며 개인의 심리 및 외적 상황에 따라 변화한다.
3. 고독함이나 쓸쓸함의 발생 원인은 다원적으로 복잡하다. 고뇌와 괴로움을 유발하며 사람마다 느낌과 정도가 다르다.

앞에서 언급한 바와 같이 고독함과 쓸쓸함은 부정적인 정서적 경험이며 사회적, 심리적, 정서적, 신체적 요인을 포함해 다양한 원인이 있음을 알 수 있다. 예를 들어, 어린 시절에 부모가 이혼했거나 너무 바빠서 아이를 돌볼 수 없었거나 이혼은 안 했지만 사이가 좋지 않아서 가족의 따뜻함이 부족했던 경험이나 친구, 동창, 배우자, 직장동료 등으로부터 따돌림을 받는 등 사회적으로 소외되었던 경험, 그 밖에 사회문제로 인해 외로움을 느꼈던 경험 등이 포함된다.

현대사회는 인구 이동 속도가 매우 빨라서 이전 어느 때보다 우리는 더 많은 사람과 알고 지내지만, 충분한 인간관계를 구축하지 못하는 경우가 많다. 정보와 기술의 발달로 우리는 더 많은 시간을 기계에 소비하게 됐고 사람들과 진정한 인간관계를 맺지 않게 됐다. 이런 것들로 인해 현대사회에서 고독함이나 쓸쓸함을 느끼는 사람들이 점점 많아지고 있다. 원론적으로 말하자면 고독함이나 쓸쓸함은 일종의 정서적 결핍에서 비롯된다.

로버트 웨이스는 종속적인 인간 욕구, 사회통합적 욕구, 양성 및 훈련의 기회, 가치의 긍정, 신뢰할 수 있는 동반자, 충고의 지도라는 6가지 인간관계의 욕구를 제시했다. 어떤 종류의 욕구도 충족되지 않을 때 우리는 결핍을 느끼게 된다. 인간은 사회적 동물로 집단에 대한 자연적인 갈망이 있으며, 우리는 이러한 갈망이 충족되지 않을 때도 결핍을 느낀다. 고독함이나 쓸쓸함은 서로 다른 사회의 인간관계 부족에서 비롯된다. 이런 상태를 바꾸려면 자신이 이런 상태가 된 원인을 찾아내고 그 대체 대상을 찾아 심리적 결핍을 보충해야 한다.

일부 학자는 정서적 고독함이나 쓸쓸함은 개인의 만족스러운 친밀감이나 관계 부족에서 오고, 사회적 고독함이나 쓸쓸함은 개인의 만족스러운 사회적 소속감 부족에서 온다고 보았다. 친밀한 상대가 없어 고독함이나 쓸쓸함을 느낄 때는 친밀한 대상을 찾거나 잃어버렸던 친밀한 대상을 다시 찾아야 하는 것이다. 사회적 고독함이나 쓸쓸함은 결국 제대로 된 소셜네트워크를 구축하지 못했기 때문이다. 해법은 충분한 사회적 관계를 발전시키는 것이다.

♡

고독함: 혼자 있는 가치와 보람

철학자 쇼펜하우어Arthur Schopenhauer는 《인생론》이라는 책에서 혼자 있을 때만 완전히 자신이 될 수 있고, 혼자 있는 것을 좋아하지 않는 사람은 자유를 사랑하지 않는 것이며, 혼자 있는 것은 정신이 뛰어난 사람이라고 했다. 외로움은 부정적인 감정인데, 왜 '혼자'라는 찬사가 나오는 것일까? 혼자 있는 것과 외로움을 느끼는 것은 전혀 다른 의미가 있기 때문이다.

미국의 사회심리학자 지크 루빈Zick Rubin은 "외로움은 고통스럽지만 고독함은 가치와 보람을 느낄 수 있다."고 했다. 여기에서 고독함은 바로 '혼자 있는 것'을 말한다. 외로운 사람이 반드시 고독하다고는 할 수 없다. 외로움은 우리의 주관적인 감정에서 부정적인 감정을 강조하는 반면, 혼자 있는 것은 마음의 공간을 비우고 긍정적인 감정을 무한하게 증폭하는 상태다. 외로움은 사람을 아프게 하지만 혼자 있는 것은 외로움을 치료하는 약이다.

혼자 있는 것이 슬픈가? 혼자 있는 것이 창피한가? 그렇지 않다. 현대사회에서는 혼자 있는 것에 대한 편견이 있다. 많은 사람이 사람은 풍부한 인간관계 속에 있어야 하며, 우리는 어떤 관계에 있을 때 비로소 외로움을 느끼지 않는다고 생각한다. 누군가 옆에서 우리를 응원하고 격려해 주는데 어떻게 외로울 수 있을까? 하지만 때로는 다른 사람과 접촉해도 쓸쓸한 마음을 떨쳐 버릴 수 없다.

사람은 혼자 있을 때 혼자서도 자신의 정신세계를 지지할 수 있다는 것을 깨달아야 진정한 외로움을 피할 수 있다. 내면의 독립은 외부의 동반보다 더 중요하다. 혼자 있는 법을 배우지 않으면 많은 사람과 함께하는 것도 헛수고라고 할 수 있다. 혼자 있는 것은 우리가 사람들을 멀리하는 것이 아니라 혼자 있는 것을 두려워하지 않는다는 것이다. 혼자서 밥을 먹든, 영화를 보든, 쇼핑하든, 결코 자신에게 부정적인 감정을 불러일으키게 하지 않으며, 오히려 복잡한 인간관계에서 벗어나 해방감을 느끼게 한다.

복잡한 대인관계로 인해 현대사회에서 우리는 종종 과중한 부담을 느낀다. 과도한 대인 접촉은 우리에게 과도한 자극을 줌으로써 생리적, 심리적 긴장감을 유발할 수 있다. 우리는 타인 속에 너무 오래 있게 되면 타인의 욕구로 능동적 또는 수동적으로 자신을 무시하기도 한다. 혼자 있으면서 타인으로부터 자신을 떼어 놓아야만 우리는 내면의 진정한 자신을 볼 수 있고, 자신의 진정한 생각과 하고 싶은 바를 알 수 있으며 마음의 평화를 이룰 수 있다.

혼자 있는 것은 일종의 개방된 상태로, 우리는 긍정적이거나 부정적인 다양한 정서적 경험을 할 수 있다. 그것은 능동적일 수도, 수동적일 수도 있다. 능동적으로 혼자 있는 것은 한 사람이 스스로 자신을 고독한 환경에 두는 것이고, 수동적인 것은 객관적인 상황에서 수동적으로 혼자 있는 것이다. 능동적으로 혼자 있으면 정서적으로 긍정적인 효과가 있다. 이때 우리는 주변 환경과 감정을 더 쉽게 통제할 수 있고, 그로 인한 즐거움을 경험할 수 있다. 작자 저우궈핑周国平은 "나는 혼자 있을 때가 가장 홀가분하다."고 했다.

현대 심리학에서는 이런 '혼자' 있는 상태가 심리 치료 기능이 있다고 본다. 미국의 심리학자 리드 라슨Reed Larson의 연구에 따르면 청소년과 성인은 혼자 있다가 군중에 들어갈 때 더 활기차고 경각심이 강해진다고 한다. 동시에 우리가 혼자 있을 때 평온한 정서적 체험을 많이 할수록 심리적으로 건강해지고 정서적 발달이 성숙해진다고 했다. 또한 혼자 있을 때 느슨한 상태는 사람의 창의력과 집중력을 크게 향상해 혼자 있을 때 많은 위대한 작품이 탄생했다.

리처드 에블린 버드Richard Evelyn Byrd는 탐험가로 1926년 북극을 비행했고, 1929년 남극을 비행해 미국 최고 명예 훈장을 받았다. 그는 "외로움이 얼마나 아름다운지 온전히 느끼고 싶다."고 말했다.

2005년 여자 운동선수 엘렌 맥아더Ellen MacArthur는 71일 14시간 18분 33초를 기록으로 세계 1인 요트 기록을 깼다. 그녀는 이 성적으로 영국에서 '경'으로 책봉되었다. 미국의 작가 헨리 데이비드 소로Henry David Thoreau는 2년 2개월 동안 혼자 밭을 일구며 내면의 고요함, 갈망, 충동 등을 글로 응축해《월든》이라는 소설을 썼다.

사람은 혼자 있는 법을 알면 알수록 세상을 보는 법을 더 잘 알 수 있다. 우리가 혼자 있을 때 마치 자신을 충전하는 것처럼 문자, 음악, 자연, 명상에 빠져든다. 반면 수동적으로 혼자 있는 것은 부정적인 정서 경험을 유발할 가능성이 크다. 비자발적 독서는 사람의 정신을 긴장시키고 외로움, 우울감 등을 낳을 수 있다. 비록 외부 요인으로 우리가 혼자 있을 수밖에 없는 상황을 만든다고 해도 부정적인 감정이 자신을 갉아먹도록 내버려 두지 말고 이 상황을 기회로 삼아 능동적인 것으로 바꾸면 놀라운 성과를 창출할 수 있다.

♡

열등감: 자신에 대한 의심

'그녀'가 다시 한번 친구의 모임을 거절했을 때, 그녀는 다시는 친구들이 자신을 초대하지 않을 것으로 생각했다. 그녀의 마음속은 시원했지만, 한편으로는 상실감도 있었다. 그녀는 올해 29살이고 아주 평범한 일을 하며 부모님과 좁은 집에서 함께 살고 있다. 그녀는 자신을 볼품없는 사람으로 여기고, 자신의 모든 것에 열등감을 느끼고, 남 앞에 서기를 꺼린다.

사실 우리는 모두 그녀처럼 자신을 부정할 때가 있다. 부정은 자신이 가지고 있는 미흡한 것에 대한 콤플렉스다. '열등감'이란 무엇일까? 심리학자 알프레드 아들러는 한 사람이 감당할 수 없는 문제에 직면했을 때 결코 그 문제를 해결할 수 없다는 감정을 '열등감'이라고 했다. 열등감은 다른 사람이 좋아하도록 노력하고, 다른 사람에게 발견되기 싫은 부분이자, 일종의 자기혐오다. 또한 다른 사람이 그 때문에 자신을 싫어한다고 느끼는 것이다.

열등감을 느낄 때 사람이 어떤 모습인지 상상해 보라. 아마도 그 사람은 아무도 없는 구석을 찾아 가장 깊은 곳에서 웅크리고 있을 것이다. 누군가 밖에서 자신을 부를 때 그는 자신을 더 작게 만든다. 밝은 곳으로 나가면 다른 사람이 자신의 열등감을 발견할까 봐 두려워한다. 그는 사람들이 떠나고 자신이 혼자 남는 것이 지금처럼 웅크리고 있는 것보다 낫다고 생각할 것이다. 침묵은 열등감에 대한 우리의 일반적 태도다.

열등감은 소속감의 결핍을 유발한다. 어떤 면에서는 자신이 부족하기 때문에 스스로 부끄럽게 여기고, 사랑받을 가치가 없으므로 사회적으로 받아들여질 가치가 없다고 생각하는 매우 형편없는 경험이다. 사람들은 결함이 있는 사람만 열등감을 느낀다고 생각하는데, 사실 모든 사람이 어느 정도 모두 이런 심리를 가지고 있다. 왜냐하면 모든 사람은 자기 자신에게 만족하지 못하는 부분을 가지고 있기 때문이다. 외모와 가족, 출신, 업무 성격, 결혼 배우자까지 다양하지만, 이런 불만은 외부에서 강요되는 경우가 많다.

현대사회에서는 과도한 정보와 자극이 주는 획일화된 가치를 피할 수 없게 한다. 모든 사람이 세속에 의해 정의된 성공을 갈망하는 것은 아니지만 사회문화 콘텐츠는 끊임없이 같은 기준을 주입해 나 자신이 원하는 것이 아니라 '해야 한다'는 생각을 갖게 한다. 현대사회에서 우리는 개개인에게 각기 다른 역할과 특징을 부여한다. 예를 들어, 남자는 키 180cm 이상, 균형 잡힌 몸매, 좋은 학벌, 경제적 기반이 탄탄해야 하고, 인기 있는 여성은 날씬한 몸매, 이해심 많은 성격, 다방면의 지혜가 있어야 한다. 좋은 학생은 부모와 선생님을 만족시켜야 하고, 이를 위해 스스로 공부해야 하며, 문제를 일으켜서는 안 된다.

사람들과 함께 살아가야 하는 한 사람으로서 우리는 사회에 융합하고 싶어 하는 욕망을 타고났다. 우리는 사회에서 받아들여지고 존중받기를 원하기 때문에 사람들과 교류에서 열등감은 쉽게 분출된다. 우리는 항상 자신과 사회가 기대하는 역할을 끊임없이 비교하면서 어떤 면에서 결함을 발견하면 그것을 자신의 문제라고 생각한다. 이런 좌절을 겪을 때 우리의 뇌는 '이건 나의 문제다'라고 생각하도록 하며 우리의 열등감을 가중한다. 사실 가장 고통스러운 것은 다른 사람의 시선이 아니라 자기가 보내는 자신에 대한 부정이다.

열등감은 완벽함에 대한 비현실적인 추구에서 나온다. 한 사람이 열등감을 느끼는 것은 흔히 자신의 장점을 보지 못하거나, 부족함을 확대해서 보기 때문이다. 세상이 다채로운 이유는 누구나 유일무이하기 때문이다. 하지만 외모, 집안, 재력 등 우리가 통제할 수 없는 분야들이 있다. 우리를 괴롭게 하는 것은 이런 통제할 수 없는 것들로 인한 현실의 괴리를 넘지 못할 때다. 이런 것들로 놀림을 받거나 소외될 경우 열등감, 즉 자신에 대한 의심을 막기 어렵다.

열등감이 생기면 진실한 자아와 동떨어져 자신의 진실한 능력을 발휘할 수 없게 된다. 열등감에서 벗어나려면 무엇보다 자신이 바꿀 수 있는 것은 바꾸고, 바꿀 수 없는 것은 받아들여야 한다. 완전한 사람은 없다. 부족한 점이 있다고 해서 가치가 없는 것은 아니다. 만약 당신이 자신이 충분하지 못하다고 생각한다면 그것은 당신이 자신의 장점을 보지 못했기 때문이다.

♡

열등감과 평화롭게 공존하기

이 세상이 원하는 대로 따라 한다고 해서 열등감을 없앨 방법은 없다. 인간은 복잡하고 다양한 존재로 열등감을 없애는 적절한 지침 또한 없다. 사실 우리가 열등감을 없애는 '효과적인' 방법을 쓰려고 하면, 우리는 오히려 단기간에 효과가 보이지 않는다고 스스로 좌절하게 되고, 이를 자신의 문제로 여겨 더 열등감을 갖게 된다. 열등감이 있다고 해서 인생이 암울해지는 것은 아니다. 우리는 열등감을 가진 많은 사람들이 여전히 어떤 분야에서 괄목할 만한 성과를 거둔다는 것을 알고 있다. 우리를 약하게 하는 감정이 우리를 강하게 하는 것이다.

오스트리아 빈에서 태어난 알프레드 아들러는 네 살 때야 비로소 걸음마를 배웠다. 그는 "내가 기억할 수 있는 가장 이른 기억은 내가 구루병에 걸려 붕대에 묶인 채 의자에 앉아 있고, 건강한 형들이 내 맞은편에 앉아 있었던 것이다. 그들은 자유롭게 뛰어다녔지만 나는 움직일 때마다 긴장되고 힘들었다. 저마다 최선을 다해 도와줬고, 부모님은 더 열심히 잘해 줬다."고 말했다.

아들러는 6명의 형제와 2명의 자매가 있었다. 서열 3위인 그는 평생 '훌륭한 형님'의 그늘에서 살았다. 어려서부터 구루병을 앓아 폐렴에 걸렸었고, 두 차례의 교통사고로 몸이 쇠약해져 거동이 자유롭지 않았다. 그래서 아들러는 늘 자신을 부끄럽게 생각했다. 그는 자신의 어린 시절은 허약함에 대한 분노로 가득 차 있었다고 말한 적이 있다. 다행히 아들러 집은 의료와 교육을 제대로 제공해 줄 수 있는 정도로 넉넉했다.

질병에 시달리며 아들러는 의사가 될 생각을 했다. 하지만 학교에 입학했을 때 그는 성적이 좋지 못했다. 그래서 그는 열등감 극복을 위해 남들보다 더 열심히 공부할 수밖에 없었다. 아버지의 격려와 성원으로 아들러의 성적은 하위권에서 상위권으로 올랐고, 특히 수학은 뛰어났다. 열등감이 컸지만, 사람들과 거리를 두지 않고 다양한 사회 활동을 하면서 친구를 사귀려고 애썼다.

1895년 아들러는 빈 의과대학에서 박사학위를 받았다. 그는 신체적 결함을 행동의 동력으로 바꿨고, 의사가 된 아들러는 환자가 사망하는 것을 보고 깊은 무력감에 신경학과 공부를 시작했다. 이후 1899년 아들러는 빈 정신분석학회 핵심인 프로이트Sigmund Freud의 초청을 받아 학회의 핵심 인물이 됐다. 그러나 두 사람의 학문적 이념은 점점 엇갈렸다. 아들러의 열등감은 그를 권위에 굴복시키는 대신 권위에서 벗어나게 함으로써 자신만의 학설을 발전시키게 했다. 1921년 아들러는 인본주의심리학을 주창했고, '현대자아심리학'의 아버지로서 이후 서양 심리학 발전에 중대한 영향을 미쳤다. 아들러는 세계적으로 유명한 심리학자가 된 후에도 형들이 항상 자신보다 낫다고 생각했다.

열등감은 근본적으로 해소할 수는 없지만 열등감과 성공은 서로 양립할 수 있다. 열등감을 극복하고 자기 능력으로 바꾼 사람들은 종종 자신의 열등감을 인식하고, 열등감이 생기는 원인을 알고, 그에 맞는 사고를 하며, 자기 성장을 통해 자아를 유지한다. 열등감은 제거되지 않지만, 외부와의 교류와 접촉을 거부하지 않는다면 그들은 열등감과 평화롭게 공존할 수 있으며, 자신의 열등감에 관해 이야기하는 것을 두려워하지 않는다.

《손자-모공》 편에서는 '지피지기 백전백승知彼知己百戰百'이라는 글귀가 있다. 이는 열등감이 있는 사람에게 적용할 수 있는 말이다.

열등감을 극복한 사람은 그것을 없애는 것이 아니라 열등감이 생기는 이유를 안다는 것이다. 우선, 우리는 열등감이 어디서 오는지부터 알아야 한다. 예를 들어, 우리가 일을 할 때 보이는 긴장, 불안감, 위축 등이 자기 능력 부족에서 오는지 아니면 열등감에서 오는 것인지 알아야 한다.

둘째, 열등감이 객관적인지, 주관적인지, 바뀔 수 있는 것인지, 바뀔 수 없는 것인지 알아야 한다. 세상의 많은 기준이 외부에서 우리에게 강요된 것임을 알기 때문에 외부 기준이나 기대에 미치지 못할 때 우리는 이성적인 사고를 해야 한다. 이것이 나의 문제인지, 아니면 외부 문제인지, 또 우리가 '다른 사람의 생각 속의 나'를 너무 의식하는 것은 아닌지 아니면 '내가 정말 부족한 것인지'를 생각해야 한다.

미국의 16대 대통령 링컨은 남북전쟁에서 승리했다. 그는 노예제 폐지 외에 연방정부 권력을 늘리고 미국 경제를 현대화했다. 체계적인 교육을 받지 못한 링컨은 독학으로 거의 모든 지식을 습득했고, 책을 찾아다니며 문학계의 고전을 많이 읽었다. 링컨은 23살 때 자신의 정치 인생 시작을 알리며 출마했다. 그를 옹호하는 유권자도 많았지만 못생겼다는 평가도 많았다. 키는 대략 193cm로 앉아 있어도 일어선 듯했고, 돈도 없었으며, 집안 배경도 없었다. 그는 선거에서 패배했지만, 자신의 정치 행보를 포기하지 않고, 자기 외모를 비웃으면 자조적으로 풀어내는 독특한 매력이 있었다.

1885년 링컨과 판사 스티븐 A. 더글러스Stephen Arnold Douglas는 주

상원의원으로 출마해 '노예 합법성'을 두고 설전을 벌였다. 더글러스는 링컨에게 양면성이 있다고 지적했다. 링컨은 청중들에게 내게 다른 얼굴이 있다면 이런 꼴사나운 얼굴을 하겠냐고 반문했다. 더글러스조차 링컨의 말에 웃음을 터트렸다. 당시 노아 브룩스Noah Brooks 기자는 링컨에 대해 "첫 등판에서 뉴욕 관중에게 이런 인상을 준 사람은 없었다."고 평가했다.

링컨은 어머니가 일찍 돌아가시고 실의에 빠져 우울증에 시달렸다. 그는 명문대라는 학력이나 집안의 뒷받침이 없었지만, 바꿀 수 있는 조건은 무조건 바꾸고, 바꿀 수 없는 것은 받아들이려 했다. 그는 군 복무를 마친 후 선거에 계속 출마했으며, 이 기간에 우체국장, 측량사, 변호사 등 많은 종류의 일을 했다. 이 기간에도 그는 갈증처럼 독서 습관을 유지했고, 2년 뒤에 두 번째 의회 경선에서 성공했다. 2년 뒤 링컨은 변호사 자격증을 따고 훌륭한 변호사가 됐다. 부단한 노력을 한 링컨은 미국 역사상 위대한 대통령 중 한 명이 되었다.

열등감이 무서운가? 그것은 매우 무섭다. 실제로 열등감은 한 사람이 나아가는 길을 파괴할 정도로 무섭다. 열등감이 무서운가? 그것은 그렇게 무섭지 않다. 그것을 이용할 수 있다면 자기 성장에 도움이 될 수 있다.

10장
미루는 것은 시간이 아닌 당신의 문제

*

시간은 사람을 속이지 않는다.
모든 사람에게 24시간이다.
_헉슬리

♡

일을 미루는 것은 당신만이 아니다

일을 미루는 문제를 토론하거나 비판하기 전에 긴장을 풀고 미루는 사람들의 이야기를 들어 보는 것도 좋다. 먼저 어니스트 헤밍웨이Ernest Miller Hemingway의 이야기다. 20세기 최고의 소설가 중 한 명인 헤밍웨이는 대표작《노인과 바다》로 1952년 퓰리처상, 1954년 노벨 문학상을 받았다.

1939년부터 1960년까지 헤밍웨이는 쿠바에 정착했다. 1948년 《코스모폴리탄지》는 헤밍웨이에게 전후 문학의 미래에 대한 글을 의뢰했다. 원고료를 지불한 지 6개월이 지났지만, 편집자는 한 글자도 받아 보지 못했고, 그래서 그는 쿠바로 향했다. 헤밍웨이는 평론은 그의 전문 분야가 아니라며, 대신 두 편의 소설을 쓰겠다고 했다. 편집자는 1942년 12월 말까지 헤밍웨이가 잡지사에 원고를 제출하는 계약을 다시 체결했다. 1949년 초 헤밍웨이는 잡지사에 한 편은 썼지만, 자신은 그 작품에 만족하지 못했다고 전했다. 사냥하다가 다리가 부러져 원고를 낼 수 없었다고 변명하기도 했다. 반년이 지나자 헤밍웨이는 편집자를 쿠바로 초청해 《강 건너 숲속으로》라는 소설의 초반 몇 장을 보여 줬다. 결국 이 소설은 1950년에야 세상에 나왔다.

'폴링워터Falling water'라는 건축물은 1943년 미국의 건축가 프랭크 로이드 라이트Frank Lloyd Wright가 설계했다. 이 건축물은 폭포 위에 걸쳐 있는데 완공 직후 《타임지》는 이를 '라이트의 최고 걸작'으로 칭송했으며, '미국 역사상 가장 위대한 건축물'로도 불렸다. 또한 《스미스소니언지》는 평생 가봐야 할 28개 장소 중 하나로 꼽았다. 실제로 라이트는 설계 의뢰를 받은 뒤 9개월 동안 별로 급하지 않은 것처럼 아무 일도 하지 않았다. 그는 상대방이 설계한 것을 보고 싶다고 연락한 후에야 작업에 들어갔고 두 시간 만에 설계를 마쳤다.

중국의 문학가 호적胡适 선생도 원고를 마무리하지 않는 사람으로 유명하다. 그는 카드놀이에 빠져서 일상생활에도 문제가 많았다. 그는 일기에서 어느 해 카드놀이를 더 이상 하지 않겠다고 서약하고, 7월까지 '헨리 8세'를 열심히 공부하겠다고 했지만, 보름이 지나도록 여전히 카드놀이로 시간을 보냈다. 7월 16일 호적 선생은 마침내 깨달음을 얻고, 일기에 '후스, 너는 어떻게 이렇게 타락할 수 있니?'라고 썼지만, 이런 참회 일기를 쓴 후에도 이틀 동안 다시 카드놀이를 했다.

다윈의 이야기도 다시 해보자, 그는 에든버러대학에서 의학 공부를 하는 동안 자연사에 흥미를 느껴 케임브리지대학에서 신학을 공부했다. 그는 영국 해군이 남아메리카 해안을 탐사하기 위해 마련한 배인 비글호HMS Beagle의 선장 로버트 피츠로이Robert Fitzroy의 파트너가 돼 5년 동안 항해에 참여했다. 다윈은 항해 중 관찰한 생물과 화석 분포에 혼란을 느꼈고, 종의 전환에 대한 연구를 시작했다. 1838년 다윈은 그가 들고 다니는 가죽 공책에 '모든 종은 변한다'라고 썼고, 9월에는 '자연선택'이라고 부르는 종의 진화 현상을 발견했다. 그러나 다윈의《종의 기원》은 1859년에야 출판됐다. 다윈은 20년 동안 이 이론을 한쪽에 두고서 저술 활동을 하지 않았다.《종의 기원》은 세상에 나오자마자 큰 논란을 일으켰고, 다윈으로 하여금 명성을 얻게 했다. 다윈은 이 이론의 형성부터 책 출간 지연에 대해 스스로 곤혹스러워했다.

미루기병(지연증) 환자들은 동기부여 이야기를 가장 즐겨 본다. 미루기는 게으름을 상징하지도, 인생의 실패를 상징하지도 않는다. 우리는 일을 완성할 수 없는 게 아니라 단지 지금 당장 완성하고 싶지 않은 것이다. 사실 이렇게 이야기하는 것은 자신이 일을 미루고 내버려 두라는 것이 아니라 미루는 사람이 당신만이 아니라는 것을 알고 좀 더 편하게 생각하라는 것이다.

타성적 사고와 만족 지연의 모순

우리가 말하는 미루기의 가장 중요한 요소는 주관적인 자발성이다. 나는 오늘 이 일을 할 수 있지만 나에게 시간이 있는 이상 마지막 1분까지 기다려야 시작할 수 있다는 것이다. 미루기는 불필요한 자발적 지연으로 결과를 뻔히 알면서도 해야 할 일을 뒤로 미루는 것이다. 이 세상 사람은 누구나 다소 미루는 지연증을 가지고 있다. 해외 설문조사에서는 미루기를 좋아하는 사람일수록 개인적인 성취를 얻기 더 어려운 것으로 나타났다. 전혀 이상하지 않은 결과다. 미루기는 일을 훌륭하게 수행할 수 없다는 것을 의미한다는 것을 우리는 모두 잘 알고 있다.

우리는 종종 A라는 일을 해야 할 시간에 우리가 좋아하는 다른 B나 C, D를 한다. 이론적으로는 마음의 즐거움을 얻었지만 결과는 그렇지 않다. 미루기를 통해 우리가 얻은 것은 부정적인 감정과 건강상의 문제다. 미루기는 우리에게 죄책감, 불안, 공황을 가져온다. 일을 하는 것보다 오히려 더 피곤해져서 건강에 악영향을 미치고 면역체계를 파괴한다. 다이어트를 하는 사람들이 오늘 감자칩 하나를 먹고 내일부터 살을 뺀다고 하지만 내일은 계속 반복된다. 우리는 스스로 향상할 수 있는 시간을 낭비하고, 거리낌 없이 미루는 것은 일이 아니라 우리의 삶이다.

우리가 무언가를 성취하려고 결심했을 때 항상 이상한 일들이 생겨서 우리를 산만하게 하는 것을 경험했을 것이다. 대릭 로스Derrick Rose는 매우 계획적인 사람이었다. 그는 크고 작은 일을 모두 메모장에 적었다. 그는 모든 일을 계획대로 하면 해낼 수 있다고 생각했지만, 계획은 변화를 따라잡지 못하고 무슨 일이든 할 때마다 갑자기 다른 일이 생겨 방해받았다. 예를 들어, 사장이 오늘 PPT를 만들어 내일 제출하라고 해서 바로 일을 시작하면 다른 책임자가 와서 고객을 방문하라고 지시했다. 그는 집에 와서 PPT를 완성하려고 했지만, 또 다른 일들로 지연됐다.

로스처럼 계획이 자꾸 늦어지는 것이 지연증처럼 보이지만 실제로는 계획이 지연되는 것이다. 인생은 항상 변수가 있어서 우리는 이런 일시적 돌발을 예측할 수 없다. 이런 비주관적 계획 지연 문제를 해결하기 위해서는 계획에 미리미리 (시간의) 양을 늘려 두면 된다. 계획을 세울 때 돌발 사건을 위한 시간을 남겨 두면 돌발 사건이 생겼을 때 허둥대지 않고 계획이 심각하게 지연되지 않게 할 수 있다. 만약 그날 돌발 상황이 없다면 휴식을 취하거나 일을 앞당기는 데 쓸 수 있다.

주관적인 미룸이든, 객관적인 강요에 의한 미룸이든 시간 관리를 잘해서 미루기병에서 벗어나면 우리는 일을 더 효율적으로 할 수 있다. 우리에게 거부감을 주는 과제에 직면했을 때는 그것에 맞서고 항의하는 대신 협력하고 스스로 격려해 자신에 대한 긍정적인 면을 강화하는 것이 좋다. 예를 들어, 연간 총결산을 쓰는 것을 좋아하지 않는다면 자신에게 주어진 시간을 제한하고, 일을 마친 후 자신이 좋아하는 일을 할 수 있도록 한다. 이 방법은 타성적인 사고와 지연된 만족 사이에 모순을 조화시켜 내가 일을 잘한다는 인상을 줄 뿐 아니라 목표를 달성한 성취감을 즐길 수 있게 한다.

♡

미루고 싶은 일은 시작이 가장 어렵다

캐나다 심리학자 피어스 스틸Piers Steel은 일을 미루는 데에는 성공에 대한 자신감 부족, 거부감이 들게 하는 업무, 산만함과 충동, 요원한 목표와 보수 등 네 가지 주요 원인이 있다고 말했다. 하지만 미루기의 원인을 이해하는 것만으로는 미루기를 극복하기에 부족하다. 이해하는 것과 행동하는 것은 별개의 일이기 때문이다. 자신이 명확한 의지를 갖추고 행동으로 옮기지 않는 한, 우리는 조만간 미루기병(지연증)의 말기 환자가 될 것이다.

성공을 갈망하고 실패를 두려워하는 것은 인지상정이다. 어떤 사람은 결과가 두려워 시작하는 것에 겁을 내기도 한다. 이런 사람들은 일의 결과와 자기 능력을 밀착시키고, 그 결과로 자기 자신을 평가한다. 우리는 늦장을 부리면서 항상 이런 생각을 한다. 실패하면 어떡하지? 잘하지 못하면 어떡하지? 내 실력이 그렇게 대단하지 않다는 걸 남들이 알면 어떡하지? 결과가 엉망이면 어떡하지? 이것이 바로 피어스 스틸이 말한 '성공에 대한 자신감 부족'이다.

경기에 출전하든, 회담에 참여하든, 시험에 응시해서 심사받든, 우리는 그 결과에 너무 집착하고 실패를 받아들이지 못해서 끊임없이 핑계를 찾아 시간을 끌려고 한다. 만약 결과가 좋다면 자기 능력이 뛰어나기 때문에 이렇게 짧은 시간 내에 이렇게 좋은 결과를 얻을 수 있었다는 것이 증명되는 것이고, 결과가 만족스럽지 못하다면 자기 자신에게 "준비할 시간이 너무 짧았어. 만약 조금 더 일찍 시작했다면 결과는 날라졌을 거야!"라며 여지를 주려고 하는 것이다. "내가 못 하는 게 아니라 시간이 없을 뿐이야. 나는 능력 있는 사람이야."라고 자신을 위로하면서 말이다.

실패를 두려워하는 또 다른 사람들은 완벽주의자들이다. 그들은 어떤 일에든 '완전무결함'을 추구한다. 만약 결과가 완벽하게 예측되지 않는다면, 그들은 꾸물거리며 손을 대지 않고, "조금 더 나중에 시작하자. 준비가 다 되면 꼭 해야지."라고 입버릇처럼 말한다. 완벽을 추구하는 사람들은 원하는 결과가 나오지 않을 거라면 기대에 미치지 못하는 결과를 받을 바에야, 차라리 그 일이 일어나지 않는 쪽을 선택한다.

성공과 완벽함에 대한 갈망은 본래 자신에 대한 동기부여가 되어야 하지만, 나중에는 행동에 대한 장애가 되기도 한다. 이런 사람들은 실패에 대한 공포를 극복해야만 미루기병에서 벗어날 수 있다. 영국의 시인 존 밀턴John Milton은 "누군가 자신의 열정, 욕망, 두려움을 통제할 수 있다면, 그는 왕보다 낫다."라는 말을 한 적이 있다. 따라서 일이 끝난 후 자기 위안을 하기보다는 일을 시작하기 전에 적극적으로 자신에게 암시하는 편이 낫다. 적어도 후회와 상상보다는 진정한 성공에 더 도움이 될 테니 말이다.

체코슬로바키아 출신 남자 테니스 스타인 이반 렌들Ivan Lendl은 1980년대 초반 ATP(남자프로테니스) 투어 단식에서 여러 차례 우승을 차지하고, 첫 번째 그랜드슬램 달성하기 전 이미 40여 번의 우승을 했다. 하지만 1983년에서 1984년까지 프랑스오픈French Open 전날 저녁 테니스 거장인 존 매켄로John McEnroe를 마주치고, 그와의 경기에서 연거푸 패하게 된다. 오랜 시간이 지나도록 매켄로와의 경기에 두려움이 생겼지만, 실패로 쓰러지기 싫었던 렌들은 정신과 의사를 찾아 도움을 청한다. 정신과 의사는 그에게 '자기암시요법'을 통해 다시 한번 용기를 키우고 자신감을 증강하면 그의 공포심을 효과적으로 없앨 수 있다고 했다. 그렇게 렌들은 매일 자신의 노트에 "나는 매켄로와의 경기가 기대된다."라고 적어 나갔다.

1984년 프랑스오픈 남자 단식 결승에서 렌들은 3 대 2로 존 매켄로에게 역전승하고 생애 첫 그랜드슬램을 달성했다. 1980년대 중후반, 렌들은 존 매켄로를 대체하며 프랑스오픈 남자 테니스계를 제패했다.

우리도 매일 약간의 시간을 내어 자기암시를 하고, 그걸 자신만의 고유한 사고방식으로 변화시킬 수 있다. 이는 공포심을 극복하는 데 큰 도움이 된다. 만약 자신을 '칭찬'하는 말하기가 어렵다고 느껴진다면 펜을 들고, "나는 올바른 행동을 할 것이다.", "나는 실패를 무서워하는 사람이 아니다.", "나는 매일 훈련하고 있으니, 성공할 수 있다.", "나는 자신 있다." 등 격려와 긍정의 문장을 써 내려가도 된다. 이러한 생각과 마음가짐이 형성된다면, 더는 미루기를 빌미로 현실에서 도피하지 않게 될 것이다.

또 다른 미루기는 목표로 하는 임무에 거부감을 느끼기 때문이다. 인간은 세상을 살며 자기 마음대로 살거나 자신이 좋아하는 일만 할 수는 없다. 우리가 흔히 말하는 것처럼 취미가 직업이 되면 또 다른 일이 된다. 우리는 매일 같이 좋아하지 않지만 어쩔 수 없이 해야 하는 일들을 하며, 종종 도망치는 쪽을 선택한다. 더는 미룰 수 없을 때까지 미루다가 눈 딱 감고 반발심을 가진 채로 일을 마무리한다. 하지만 우리는 우리가 그러면서 얼마나 많은 시간을 낭비하고 있는지 의식하지 못하고 있다.

태도는 즉 결말이다. 어떤 일을 준비하기 전에 그 태도를 명확히 해야 한다. 그 일을 하기 원하는지, 그렇지 않은지, 만약 원하지 않는다면 그 일에 대해서 아무리 많이 이해하고 있어도 다 소용없는 일이다. '당신이 원하기만 하면'이란 말은 우리에게 목표를 갖게 하고, 이어가게 하고, 그 방법이 효과가 있도록 하는 중요한 말이다.

그렇다면 하기 싫은 일을 하고 싶은 일로 바꿀 방법은 무엇일까?

시작이 반이란 말이 있다. 어떤 일이든 시작하기만 한다면, 주관적인 심리로든 객관적인 사실로든 그 뒤는 편해지기 마련이다. 일단 시작하면, 우리는 그 일이 상상만큼 어렵지 않다는 것을 깨달을 수 있다.

《도덕경道德經》에 "아름드리나무도 털끝 같은 싹에서 자라나고, 9층 누각도 한 줌의 흙에서 비롯되며, 천 리 길도 한 걸음에서 시작된다."라는 말이 있다. 어떤 일을 하든 조금씩 시작하면 된다. 작은 것에서 큰 것으로, 적은 것에서 많은 것으로, 양에서 질로 변하게 되고, 그것이 바로 '시작'하는 것에서 비롯되는 자연스러운 과정이다.

♡

미루기병, 이렇게 하는 것이 맞다

현대사회에서는 우리의 집중력을 분산시키는 일이 매우 많다. 아이는 말할 것도 없고 어른들도 강력한 의지가 있어야만 휴대전화, 컴퓨터, 게임 등의 유혹을 뿌리칠 수 있다. 이런 것들은 쉽게 우리를 산만하게 하고 주의력을 한쪽으로 쏠리게 한다. 때때로 우리는 영어 단어를 검색하려고 했지만 결국에는 전혀 상관없는 웹페이지에서 몇 시간을 소비하기도 한다.

이런 미루기가 출현하는 것은 우리의 목표가 모호하기 때문이다. 대부분 목표의 구체적인 내용이 없다. 예를 들어, 살을 빼야 한다거나 영어를 배워야 한다는 목표는 너무 크거나 비현실적이다. 어떻게 살을 뺄 것인가로 해야 한다. 영어를 배우는 것 역시 외국인과 대화를 나눌 수 있을까 아니면 간단한 영어를 읽을 수 있을 정도인지 등 목표를 명확하게 해야 한다. 목표가 명확하지 않기 때문에 우리는 행동하기 전에 다른 일들로 주의가 분산될 수 있다. 왜냐하면 그런 작은 일들이 더 쉬워 보이고, 하고 나면 더 많은 심리적 만족감을 얻을 수 있기 때문이다.

이런 미루기병을 개선할 수 있는 몇 가지 방법이 있다.

1. 진정한 목표를 꿰뚫어 보고 계량화하기

일을 시작하기 전에 우리는 진정한 목적이 무엇인지 분명히 해야 한다. 함부로 결심해서는 안 된다. 만약 당신이 항상 결심했는데 하지 못하면 '나는 미루기병 환자'라는 함정에 스스로 빠지기 쉽다.

일본인 사업가 이나모리 가즈오稲盛和夫는 "예상할 수 있는 일이라면 성공할 수 있다. 또 목표가 보이면 얻을 수 있지만, 목표가 보이지 않으면 얻을 수 없다."라고 했다. 그래서 목표는 매우 중요하다. 자신이 원하는 게 무엇인지 모르는데 어떻게 노력하겠나?

다이어트를 결심한 사람은 오늘 친구에게 비아냥거리는 말을 듣고 자극을 받았기 때문인지, 아니면 몸이 건강까지 해칠 정도라서 인지, 자신의 진짜 목적을 찾고 내용을 구체적으로 계량화해야 한다. 예를 들어, 매일 20분 요가를 하는 것 등이다. 이런 구체적인 목표는 실천하기가 쉽다. 행동하는 과정에서 우리가 얼마나 많이 부족한지 발견하기 쉽고, 실패하면 원인도 찾기 쉽기 때문이다. 자신이 좋아하고 달성할 수 있는 목표를 세우면 긍정적인 행동을 하는 좋은 습관도 기를 수 있다.

2. 목표 분할, 단계별 행동

송나라 엄우嚴羽는 《창랑시화》에서 "목표가 크면 클수록 노력할 수 있는 공간이 커지고, 얻을 수 있는 성과는 높아진다."고 했다. 그러나 목표가 원대하다는 것은 난도가 높아진다는 것을 의미한다. 우리가 목표를 찾았지만, 너무 어려워서 할 수 없을 때 조작하고 집행하기 쉽도록 단기간에 성과를 볼 수 있는 몇 가지로 나누는 것이 좋다. 이 작은 목표들은 당신의 능력 범위 내에 있어야 한다. 목표를 달성하기가 너무 어렵다면 목표를 수행하는 과정에서 자신감이 무너져 그다음 단계에서 포기할 수 있고, 너무 쉬우면 자만해질 수 있다.

예를 들어, 논문 한 편을 80페이지 정도 써야 하는데 목표만 크다면 하나하나 뜯어 제목을 정하고 자료를 찾는 것이 좋다. 이후 목록을 만들어 한 장을 하나의 목표로 완성하는 것이 좋다. 한 장은 몇천 자로 쓰라는 것이 몇만 자를 쓰라고 하는 것보다 쉽게 완성할 수 있다.

3. 명상을 통해 목표를 생각하기

우리가 어떤 목표를 달성하려고 할 때 '실패하거나 비웃음을 사면 어떻게 하지?'라고 생각하기 쉽다. 이런 부정적인 생각들은 당신의 동력을 감소시키고 행동을 지연시킨다.

일이 너무 까다로울 때 우리는 그것을 피하고 함부로 손을 대려고 하지 않을 것이다. 미루고 싶은 일은 시작이 가장 어렵다. 일단 당신이 이 일을 시작하면 오랫동안 시달릴 가능성이 높다고 생각하기 때문에 더 시작하려 하지 않는다. 우리는 이런 때 명상을 시도해 보고 마음을 가라앉히고 자신이 이루고 싶은 목표를 먼저 생각해야 한다. 자신이 성공했을 때의 상황을 생각하면 자신감을 높일 수 있고 심지어 예상치 못한 수확도 가져올 수 있다.

4. 자신에게 집중할 수 있는 시간 설정하기

만약 일을 나눌 수 없다면 시간을 분할해야 한다. 예를 들어, 15분이나 30분으로 일정 시간을 정해서 이 시간 내에는 외부의 간섭을 배제하고 일에만 집중해야 한다. 그런 다음 자신에게 약간의 보상을 주고 긴장을 푼다. 이어서 다음 작업을 진행한다. 하루 종일 일에만 전념하라는 것은 어렵지만 30분 정도면 심리적으로 부담도 덜 하고 일에 더 집중할 수 있다. 이런 자율 통제 훈련은 시간 지연을 줄이는 데 매우 효과적이다.

예를 들어, 책을 몇 페이지 읽지도 않고 휴대전화를 만지작거리는 사람은 책을 보는 시간 동안 휴대전화를 꺼서 보이지 않는 곳에 두거나, 인터넷이 되지 않도록 하거나, 사람이 없는 공간 등을 찾는 등 일에 방해받지 않는 장소를 찾아 정신을 집중해야 한다. "됐어, 책 보기 전에 잠깐 쉬자.", "어차피 잠깐이야."라는 생각을 하면 중도 포기에 익숙해질 수 있다. 버틸 수 없을 때까지 버텨야 한다. 스스로 몇 분만 더 버티면 된다고 격려해야 한다.

한두 번의 행동을 통해 자기 집중력의 한계를 발견하고 그에 따라 시간을 연장하거나 단축하도록 조정해야 한다. 주어진 시간 내에 일을 완수할 수 있을 때, 한 가지 일에 집중할 수 있는 시간을 늘릴 수 있다. 예를 들어, 당신이 설정 시간이 20분이면 20분 동안 일을 마친 후 계속할 수 있다면 5분 더하면 된다. 이런 훈련을 통해 우리는 점차 집중력을 기를 수 있고 업무 능률도 올릴 수 있다. 작은 목표와 짧은 30분을 무시하면 안 된다. 우리가 분산된 것을 집중시키기 시작할 때 우리는 인생을 지배할 수 있다.

PART 3

인간관계의 기술:
당신이 보는
세상이 당신의 세상

11장

인간관계는 무한히 팽창하는 구체와 같다

*

사람은 혼자 살아갈 수 없다.
그러므로 인간은 반드시 어느 집단에 속해 살아간다.
비록 그 집단에서 안식을 찾지 못할지라도
마음의 평온과 신변의 안전은 얻을 수 있다.
_괴테

♡

인간관계: 개인의 자산

영화 〈5번가의 폴 포이티어Six Degrees of Separation, 1993〉에 "미국의 대통령이든 베네치아의 곤돌라 사공이든 5명만 거치면 그들과의 연락도 가능하지."라는 대사가 있다. 이것이 바로 '6단계 분리 이론'이다. '6단계 분리 이론Six Degrees of Separation'은 서로 모르는 두 사람이 최소한의 인맥으로 서로 연결될 수 있다는 이론이다. 하버드대 교수 스탠리 밀그램Stanley Milgram은 1967년 '6단계 분리 이론'에 따라 편지를 전달하는 방식으로 평균 6명을 거치면 서로 모르는 두 사람이 서로 연결된다는 시험을 한 적이 있다. 실험의 조건이 되는 요소들을 지속해서 조절한 결과, 편지가 제대로 전달될 확률은 처음 5%에서 97%까지 증가했다. 실험에 영향을 준 요인에는 인종과 사람의 마음속 편지나 소포에 대한 가치 등이 포함되었다.

이는 두 사람이 반드시 6단계를 거쳐야 연결된다는 것이 아니라, 인류 사회에서 생면부지의 두 사람이 일정한 방식을 통하면 항상 연결될 수 있다는 매우 중요한 개념을 말하는 것이다. 물론 상황이나 시대가 달라졌으니 최종적인 효과, 속도, 실현의 기회 등은 달라질 수 있다.

키이스 페라지Keith Ferrazzi는 미국 페라지 그린라이트Ferrazzi Greenlight의 창설자이며 CEO이자 베스트셀러 작가이다. 페라지는 미국 펜실베이니아주 남서부 시골 출신으로 그의 아버지는 그곳의 철광산에서 일을 하며 주말에는 건설 현장의 노동자로 일했다. 그의 어머니는 집 근처의 변호사와 의사 집에서 청소부로 일했다. 페라지는 집안의 셋째 아이이자 부모가 가장 애정을 쏟는 아이였다. 그의 부모는 페라지가 더 좋은 교육을 받을 수 있길 바라며 현지의 사립학교에 입학시켰다. 다른 아이들은 모두 명품 브랜드 옷을 입고, 고급 세단을 타고 등하교했지만, 페라지는 엄마의 낡은 자동차를 타고 집과 학교를 오갔고, 값싼 옷으로 종종 아이들의 놀림거리가 되었다. 페라지는 이곳에서 처음 부자와 가난한 사람의 경계를 느끼고 성공을 갈망하게 된다.

페라지는 어릴 때 부자들이 다니는 컨트리클럽의 캐디로 일한 적이 있는데, 그때 왜 어떤 사람은 성공하고, 어떤 사람은 성공하지 못하는지에 대해서 생각하기 시작했다. 그리고 그는 골프를 치러 오는 부자들을 관찰하며, 그들이 단지 골프장에서 시간을 소모하는 것이 아니라는 것을 발견했다. 그들은 골프를 치며 서로 감정을 공유하며 비즈니스 기회를 잡고 있었다. 동시에 그들은 자신의 후대를 위해 적절한 자리를 찾았고, 이렇게 되풀이되는 사회 활동을 통해 성공한 사람은 영원히 성공한다는 결론을 얻었다.

성공한 사람들은 마치 보이지 않는 클럽에 속해 있는 것 같았는데, 그것은 바로 그들의 친구와 동료 간의 인맥이었다. 이에 따라, 페라지는 가난은 금전의 부재뿐 아니라 인간관계의 결핍을 의미한다는 것을 깨달았다. 성공을 도와줄 인간관계만 형성된다면, 그것은 이미 성공의 범주에 들어선 거나 마찬가지였다.

사교의 중요성을 모르는 사람은 없지만, 현실에서 사람과 사람 간 진정으로 접촉할 기회가 갈수록 줄어들고 있다는 것 또한 모두 알고 있다. 과학기술의 발달은 우리가 전자기기를 통하여 인간관계를 유지하게 했고, 우리가 떠올리는 지인은 피와 살로 만들어진 사람이 아니라 종종 휴대전화 속의 프로필 사진이나 닉네임이 되기도 한다. 기술이 발달할수록 우리는 가상 세계에서 존재하는 시간이 길어지고, 인간관계는 점점 퇴화하고 있다.

이베이eBay(세계적인 오픈마켓이자 인터넷 쇼핑 사이트)의 CEO였던 맥 휘트먼Meg Whitman은 "사물 간의 연계는 확실히 존재한다. 우주의 모든 것은 그 자신과 기타 사물의 관계 속에서만 존재한다. 혼자 존재할 수 있는 건 아무것도 없으며, 우리는 절대 각각 독립된 개체가 아니다."라는 말을 한 적이 있다.

우리는 타인에게 영향을 받고, 또 영향을 준다. 우리의 눈빛, 표정 하나하나가 감정을 전달하며, 인간관계의 향방을 결정하는 데 도움을 준다. 우리는 무엇을 하든 주변 사람들과 멀어질 수 없다. 학생회장으로 출마하고 싶든, 어떤 회사에서 몇 명을 관리하고 싶든, 성공에는 다른 사람의 도움이 꼭 필요하다. 더욱 정확히 말하자면 적격한 사람의 도움이 필요하다는 것이다. 성공에 대한 강한 열망이 있는 사람은 자신의 주변에서 가장 성공한 사람을 멘토이자 롤모델로 삼고, 그들에게 도움과 지도를 구하려는 경향이 있다. 더 높은 곳에 올라서야 우리의 시야도 더 넓어지기 마련이다.

미국의 42대 대통령인 빌 클린턴William Jefferson Clinton은 16세에 공직에 입문하기로 결심하고 이후 인생 내내 그 목표를 위해 노력했다. 그는 대학 시절부터 항상 수첩을 몸에 지니는 습관을 들이고, 다양한 신분의 사람들과 만나기를 즐기며, 매일 밤 그날 만난 사람들의 이름과 관련 정보를 모두 다 기록했다고 한다. 훗날 클린턴이 정치를 하면서 만난 많은 사람이 클린턴이 자신의 이름을 알고 있을 뿐 아니라, 정치적인 관점과 심지어 관심사에 대해서도 재빨리 알아차리는 것에 매우 놀라워했다. 클린턴은 단시간 내에 상대방에게 친근함과 편안함을 느끼게 하는 특별한 매력을 가지고 있었다.

서양에는 "사람의 성공 여부는 무엇을 아는가가 아닌, 누구를 아는가에 달려 있다."는 속담이 있다. 이 문장은 인간관계의 중요성을 깊이 있게 보여 주고 있다. 성격이 도도한 어떤 이는 인맥을 형성하는 것이 이욕을 좇는 거라며 경시하기도 한다. 그들이 보기에 권세에 빌붙어 이익만을 좇는 사람만이 타인의 비위를 잘 맞추고, 아첨하여 이룬 관계에는 품격이 없다는 것이다. 물론 우정이라는 허울을 쓰고 자신의 이익만을 좇는 교제는 정말 참을 수 없지만, 친구를 사귀는 것이 꼭 그들을 이용하기 위해서가 아니라는 것을 이해해야 한다. 친구를 찾아 서로의 가치를 나누고 성취하는 것 또한 일종의 생활방식이다. 우리의 삶은 근본적으로 타인과 함께 살아가는 것인데, 더 나은 사람과 함께하는 것을 선택하지 않을 이유가 무엇인가?

♡

감정 표현과 감정의 전염

우리의 감정은 늘 주변인들로부터 쉽게 영향을 받는다. 우리가 타인과 접촉할 때 상대방이 부정적인 감정을 전달하면 우리의 감정도 그에 따라 반응하게 된다. 이처럼 감정은 전달되는 성질을 갖고 있다. 우리는 시시각각으로 타인과 어떤 형식으로든 교류하게 되는데, 그저 길에서 스쳐 지나가는 전혀 교집합이 없어 보이는 낯선 사람에게서도 실제로는 감정의 영향을 받게 된다.

출근길에 마주친 낯선 사람이 미소를 띤 채 걸어오고 있는 상상을 해보자. 당신은 상대방에게 받은 호의적인 느낌에 하루 종일 기분이 좋아질 수도 있다. 하지만 만약 난폭운전을 하는 기사가 당신을 향해 미친 듯이 경적을 울린다면 당신의 분노도 쉽게 표출될 수 있다. 화를 억눌러도 억울함은 가시지 않을 거고, 출근해서도 기분은 하루 종일 엉망이고 일에 집중하기도 힘들 것이다.

물론 일상생활에서는 그런 낯선 사람의 영향이 절대적이지 않다. 우리는 각자 인간관계 속에서 만나는 사람들과 끊임없이 접촉하고 감정 교류를 하게 된다. 좋은 감정이 '수익'이고, 부정적인 감정이 '손실'이라면, 인간은 타인과의 교류 중 저마다의 손익이 생기기 마련이다. 하지만 부정적인 감정은 간접흡연과 같아서, 타인이 강제 피해를 보게도 한다.

미국의 심리학 전문지인 《사이콜로지 투데이Psychology Today》에 "생활 속 일면의 분노와 좌절은 다른 무고한 사람(혹은 반려동물)에 대한 공격으로 이어질 수 있다."는 관점의 기사가 실린 적이 있다. 이런 표현을 '전위 공격성displaced aggression'이라고 하는데, 통칭 '걷어차인 고양이 효과Kick the cat effect'라고도 한다.

'걷어차인 고양이 효과'는 보통 직원들이 자기 동료를 책망하고 욕하면서 스트레스를 풀고, 감정의 연쇄반응이 일어나는 현상을 설명하는 데 자주 사용된다. 상사가 부하를 문책하면, 그 부하는 더 아랫사람을 나무라게 되는데, 이런 일련의 감정 전달의 연쇄반응은 결국 욕을 먹은 사람이 키우는 고양이에게까지 봉변당하게 한다는 것이다.

이러한 반응은 가정에서도 자주 나타난다. 예를 들어, 상사가 아빠에게 화를 내면, 아빠는 퇴근 후 엄마에게 성질을 낸다. 그럼 억울한 엄마는 아이에게 인내심이 부족해지고, 큰아이는 작은아이를 때리고, 작은아이는 반항 능력이 없는 반려동물이나 장난감에 그 화를 표출하게 되는 것이다. 이것이 바로 전형적인 부정적 감정의 전염이다.

어느 한 사람이 부정적인 감정을 전달하면, 그것을 전달받은 사람의 뇌 뉴런neuron과 편도체amygdala는 자동으로 경보를 작동시킨다. 위험에 처했을 때 즉각적인 반응을 하는 것이 인간과 동물의 본능이라는 것을 알고 있을 것이다. 뇌는 복잡한 계산을 통해 위험에 직시할지 아니면 회피할지를 결정한다. 편도체는 '공포 회로'를 컨트롤하는 기능을 맡고 있는데, 뇌에서 경보를 내리면 우리의 주의력과 모든 감각기관은 친절하게도 경보를 유발한 사물에 집중하게 된다. 관찰 대상의 표정과 동작을 통해 우리는 그 의도와 자신이 처한 상황에 대해서 분석하고 더욱 예민해지며, 만약 관찰 대상의 감정에 이상 기운이 느껴지면 우리는 응답자로서 그에 상응하는 감정을 갖게 된다. 이는 전통적으로 서비스업계에서는 고객들이 편안하고 즐거운 마음을 갖도록 종사자들이 미소를 띠고 응대하는 반면, 경찰이나 군인 등은 차가운 표정을 하고 응대함으로써 사람들에게 두려움을 느끼게 하는 것과 같다.

감정의 전염은 매우 미묘해서 우리 자신도 깨닫지 못할 때가 많다. 우리는 아이들의 천진난만한 미소를 보며 자신도 모르게 미소 짓게 되지만, 낙담하고 슬퍼하는 사람을 보면 마음이 같이 무거워지는 것도 그런 경우다.

미국의 제2대 대통령인 존 애덤스John Adam는 "남의 도움을 받지 않을 수 있는 사람은 없다. 우리는 수천수만의 지지 아래 자신을 이루었다. 누가 우리를 돕거나 격려했든 우리의 개성과 사상에 그들이 기여했고, 우리 성공의 한 부분을 형성했다."라는 말을 한 적이 있다. 감정의 전염력은 사회생활에서 큰 무기로 작용한다. 좋은 인간관계를 유지하고 싶다면 자신의 감정을 조절할 줄 알아야 한다. 긍정적인 감정은 우리와 접촉하는 사람들에게 좋은 감정을 경험하게 해준다. 그런 경우 비즈니스가 됐든 감정적 교류가 됐든 적은 노력으로도 좋은 결과를 얻는 효과를 거둘 수 있게 된다.

♡

조화로운 인간관계

조화로운 인간관계는 항상 사람들이 추구하는 것으로, 사람들은 그로 인해 심신의 즐거움과 스트레스의 해소에까지 도움을 받는다. 어떤 인생이 즐거운 인생일까? 미국의 심리학자 마틴 셀리그만Martin E. P. Seligman은 '행복 공식'을 제시한 바 있다.

하버드대학에서 진행한 '성인발달 연구'는 아마도 지금까지 이루어진 개인의 생애에 대한 연구 중에서 가장 오래 지속된 연구일 것이다. 1938년부터 75년간, 연구원들은 724명의 남성을 추적 연구해

| 행복 공식은 H=S+C+V 이다.

H : Happy, 행복의 총지수를 말한다.

S : Set range, 50%를 차지하는 생물학적 설정값이다. 행운이 찾아왔을 때의 기쁨이나 가족을 잃었을 때 고통스러운 감정이 사라진 후, 기본 상태에서 행복의 기준점이다. 즉, 감정의 원점을 뜻한다.

C : Circumstances, 10%를 차지하는 외적 환경이다. 예를 들어, 안락하고 풍족한 환경에서 생활하는 사람들은 일반인보다 행복지수가 높다.

V : Voluntary activities, 40%로 스스로 통제가 가능한 요소들이다. 사람마다 다르겠지만 영화, 독서, 운동, 쇼핑, 섹스, 음식, 그림, 음악 등 우리의 몸과 마음을 즐겁게 해주는 것이라면 모두 여기에 포함될 수 있다. 우리는 이런 일을 하면서 만족감과 행복을 느끼고, 자기 잠재력을 발휘하며, 몰입감이 폭발하기도 한다. 즉, 선천적인 요인을 제외하면 최소 40%의 행복은 스스로 통제가 가능하다는 것이다. 의미 있는 일을 하고, 더 나은 인간관계를 만드는 것 등은 모두 우리에게 오래 지속될 즐거움을 줄 수 있다.

왔다. 연구진은 실험 대상을 하버드대의 학생과 보스턴 빈민층의 아이들의 2개 그룹으로 나누었는데, 이들 대상자에게 건강검진을 진행했을 뿐 아니라, 그 부모들을 인터뷰하기 위해 각 가정을 방문하기도 했다. 실험 대상자들의 일부는 노동자, 변호사, 의사, 미장공이나 미국의 대통령이 된 사람도 있었고, 일부는 술에 취해 싸움하고, 심지어 정신병에 걸린 이도 있었다.

그렇다면 75년 동안 지속된 이 연구에서 얻어진 결과는 과연 무엇일까? 어떤 비밀을 발견했을까? 이 연구의 네 번째 디렉터이자 정신과 의사인 로버트 월딩어Robert Waldinger가 세상에 공표한 연구결과는 "좋은 인간관계가 사람들에게 행복과 건강을 가져다준다."는 것이다. 그냥 그렇게 간단한 것이었다.

| 인간관계와 관련하여 연구진들은 세 가지 결론을 내렸다.

1. 사회적 관계는 인간에게 유익하다. 고독이나 외로움은 건강에 해롭다. 가족구성원, 친구, 이웃 등과 좋은 관계를 맺는 사람들이 더 건강하고 즐겁다.
2. 인생에 영향을 주는 진정한 인간관계는 양보다는 질이 우선시된다. 조화로운 인간관계가 건강에 더 유익하다.
3. 행복한 결혼 생활은 우리의 신체를 보호할 뿐 아니라 우리의 뇌도 보호한다. 노년에 이른 사람 중, 조화로운 혼인 관계가 있는 사람들의 신체 상태는 양호했고, 기억력 또한 쉽게 감퇴하지 않았다.

캘리포니아대 리버사이드 캠퍼스의 사회심리학자 로버트 로젠탈Robert Rosenthal 박사는 연구를 통해 조화로운 인간관계는 상호 관심, 공동의 긍정적 감정, 일치화(혹은 동기화)의 세 가지 상호작용 요소가 필요하다는 것을 발견했다.

공통된 흥밋거리에 관심이 있는 두 사람이 지각적 일치, 즉 보통 '의기투합'이라는 단계까지 도달하면, 두 사람은 마음을 열고 서로를 받아들이게 된다. 나와 의기투합이 가능한 사람은 필연적으로 내가 공감하는 행동을 하고, 내가 느낀 감정을 이해해 준다. 또 내가 말하고 있을 때 함부로 나의 말을 끊지 않고, 나의 하소연에 진심으로 귀를 기울이며, 편안함을 느낄 만한 대답을 한다. 이는 상대가 나를 이해하고 나를 받아들이고 있다고 느끼게 해준다.

우리가 타인을 무성의하게 대하면, 상대방 역시 곧바로 그런 마음을 알아차리게 된다. 상대방에게 집중할 때만 상대의 기분을 감지하고 감정을 이해할 수 있는데, 상대방도 그와 동시에 나의 관심을 느낄 수 있다. 공감 능력을 활용하면 이른 시간 안에 나의 감정을 상대방의 감정에 맞출 수 있다. 상대방은 자신의 감정이 공감받았다고 느끼면 방어심을 쉽게 풀고, 두 사람의 교류는 더욱 순조로워져 상대방이 나에게 갖는 인상 또한 더욱 좋아진다.

레다Leda는 병원에서 가장 인기 있는 간호사인데, 그녀는 항상 웃는 얼굴로 환자들을 대하고, 환자들의 속마음을 잘 헤아려 많은 환자가 레다의 보살핌을 받고 싶어 했다. 한 번은 나이 어린 부부가 신생아의 예방접종을 위해 병원에 왔을 때였다. 레다는 그들과 화기애애한 분위기를 이끌고 처음 엄마가 되었을 때 자신의 흑역사를 이야기하면서 초보 부모의 고충을 공감해 주었다. 큰 병에 걸린 환자가 재진을 왔을 때는 미소를 감추어 환자가 비웃음당한다는 생각이 들지 않게 했고, 환자의 병이 낫길 진심으로 기원해 주었다. 레다는 이렇게 많은 새 친구를 사귀었다. 그녀가 희망하는 학교의 교내 간호사로 일하고 싶었을 때는 교장의 추천서를 받아 순조롭게 이직할 수 있었는데, 교장 역시 레다가 보살핀 적 있는 환자였다. 그렇다면 조화로운 인간관계를 위해 주의해야 할 것은 무엇일까?

우선, 사람들과의 교류에 너무 이욕을 따지지 말아야 한다.

개인과 개인 간 혹은 개인과 단체 간에 서로 영향을 주는 행위를 '인간관계'라고 부른다. 현대인의 인간관계가 이미 물질주의적 양상을 띤다는 것을 부정할 수는 없지만 물질주의 경향을 지닌 관계는 그 연결고리가 매우 약해서, '이 사람은 내가 이용할 수 있겠다'라는 생각으로 친구를 사귀는 것으로는 건강한 인간관계를 이루기 불가능하다.

그 다음, 사람과 사람 사이에는 적당한 거리가 유지되어야 한다.

우리가 타인과 인간관계를 맺을 때, 타인의 생활에 함부로 간섭할 것이 아니라 적정 거리를 유지해야 하며, 서로 교류하는 빈도에도 절제가 필요하다. 상대방의 의사를 고려하지 않고, 굳이 그와의 교류를 강행하는 것은 바람직하지 않다. 상대방의 취향, 배경을 이해하는 것이 상대방을 알아가는 데 큰 도움이 되는 것은 물론이지만, 지나친 교류는 타인의 사생활을 침해하는 것이 될 수 있다.

마지막으로, 진실하게 사람을 대하는 것이 가장 좋은 방법이다.

중국에 "한 번의 거짓말이 백 가지 거짓말로 이어진다."는 말이 있다. 가식과 거짓으로 맺어진 인간관계는 오래 유지될 수 없다. 한 사람이 모든 시간과 모든 장소에서 모든 사람을 속일 수는 없는 법이다. 거짓말로 타인의 신뢰를 얻었다고 할지라도 일단 거짓말이 들통나기 시작하면 그 신뢰에는 금이 가기 마련이다. 이어졌던 관계는 곧 끊어질 것이고, 고심하여 얻어진 인맥은 금세 화가 되어 돌아올 것이다. 신용으로 맺어진 관계만이 오래도록 건강하게 유지될 수 있다.

♡

인간관계와 네트워크 소통

현대사회에서는 '인맥'을 '인간관계로 형성된 사람과 사람 사이의 관계망'이라고 정의한다. 여기에서의 '관계망'은 복잡하게 얽히고 사방으로 트여 있는 도로를 떠오르게도 하지만 현대사회에서는 "인맥은 현금이다."라는 말처럼 실리적이면서 현실적이다.

인간관계에서의 교류는 세 가지 방면으로 살펴볼 수 있다.

첫 번째로 개개인은 각각 독립된 행성이라고 볼 수 있다.

바깥은 단단한 껍데기로 싸여 있고, 내부가 차가운지 뜨거운지 다른 이들은 알기 어렵다. 사람과 사람의 교류는 처음에는 표면에서부터 시작된다. 낯선 도시에 처음 왔을 때 앞집의 이웃, 아래층의 편의점 점원, 회사 정문의 경비원 등은 앞으로 몇 년 동안 자주 마주치게 될 테니 아주 낯선 사람들이라고 말하기는 어렵다. 굳이 그들에게 다가가 그들을 알아가지 않는다면 그들 또한 당신을 익숙하게 생각하지는 않을 것이다. 이렇듯 많은 사람이 아주 낯설지 않은 낯선 이들과 인사를 나누는 정도의 안면을 쌓는다. 당연히 이런 표면적 교류에는 간단히 고개를 숙여 인사할 뿐 아니라 날씨 이야기, 교통 이야기에 대한 언어적 교류도 있을 것이다. 하지만 이런 화제는 가볍지만, 예의 있고 깊은 뜻이 없으며 사람들에게 어떤 영향도 주지 않는다.

두 번째는 직장생활과 직장에서 쌓게 되는 인간관계다.

만약 당신이 변호사라면 소송을 진행 중인 의뢰인이나 법원의 직원 등 변호사 업무와 관련된 사람들과 접촉하게 될 것이고, 기자라면 업무상의 이유로 각계각층의 사람들과 다양한 관계를 맺게 될 것이다. 이런 종류의 교류는 개인적보다는 업무적으로 관계를 맺게 된다.

마지막은 진정한 의미의 대인 교류로, 인맥으로 연결할 수 있다.

첫 단계의 교류에서 우리는 반드시 '진정한 나'를 보여 주어야 한다. 성실함과 솔직함은 견고한 인간관계를 쌓을 수 있는 전제 조건이다. 어떤 사람은 자신에게 광산이 되어줄 사람을 찾기 위해, 어떤 사람은 돌발 상황에서 도움을 줄 구조대를 찾기 위해 인맥을 쌓는다. 인간관계망의 본질은 바로 '개인 자산'이라는 것을 모두 알고 있지만, 이러한 자산은 원한다고 해서 바로 얻을 수 있는 것이 아니다. 대인 교류의 본질은 상호 간의 이익이고 일종의 능력 교환이다.

아래의 몇 가지를 주의한다면 보다 효과적인 인적 교류와 인맥을 쌓는 목적을 달성할 수 있을 것이다.

1. 자신의 인맥을 개척하려고 할 때 타인의 요청은 기회가 된다.

먼저 유용한 사람이 되어야 한다. 타인에게 '이용'될 수 있어야 또한 그들을 '이용'할 수 있게 된다. 하루 종일 다른 사람에게 이것저것 도움을 청하면서도 상대방에게는 도움이 되지 않는다면, 상대방은 자신의 테두리에서 당신을 제거할 것이다. 그래서 기본적으로 당신은 가치 있는 사람이 되어야 하고, 주의 깊게 주변 사람들을 살피면서 힘이 닿는 데까지 도움을 주며 자신의 가치를 창출해야 한다. "남에게 신세를 지면 원칙을 고수하기 어렵다."는 말이 있다. 즉, 타인은 도움을 받으면, 그 역시 이후 어떻게 보답할지 항상 기억할 것이다. 그러니 잠깐의 이해득실을 따질 필요는 없다. 일상에서 남들에게 준 도움은 저금통 속 동전처럼 차곡차곡 쌓여, 언젠가는 꺼내 쓸 수 있게 되니 말이다.

2. 상대방이 직면한 위험과 이득에 대해서 공감하라.

지미Gimi는 아들의 축구 교실에서 또 다른 아이의 아빠인 로데브Rodev를 알게 되었다. 두 사람은 아르헨티나 축구팀의 골수팬으로 금방 친해지게 되었다. 대화를 통해 지미는 로데브가 한 학교의 교장직을 맡고 있다는 것을 알 수 있었다. 사무용품 공급업자인 지미는 학교의 교장인 로데브를 알게 된 것에 기뻐하며, 학교 사무용품의 도급을 맡고 싶다는 제안을 했다. 하지만 로데브는 지미의 말에 그저 예의 있는 미소로 답할 뿐이었고, 지미는 곧 로데브가 일부러 자신을 멀리한다는 것을 알아챘다. 지미는 로데브에게는 별거 아닐 텐데 왜 자신을 도와주지 않는지 이해할 수 없었다. 사실 지미는 자신의 이득만을 생각했지, 상대방이 감수해야 하는 위험과 이득에 대해서는 고려하지 않은 것이다. 이에 로데브는 지미가 불순한 동기로 자신에게 접근했을 가능성이 크다고 보고, 진심으로 자신을 대한 것이 아니라고 생각하는 것이 명백했다.

3. 상호 간 이득이 있어야만 우정이 더 오래갈 수 있다.

사람과 사람이 교류하는 데 보답을 바라지 않고 오로지 베풀기만 하는 관계는 부부와 부모 자식 간에도 유지되기 어렵다. 어떤 관계에서든 한쪽의 일방적인 헌신은 오래가기 어렵다. 세상에는 절대적으로 이타적인 사람은 없다. 일단 타인과 관계를 맺으면 우리는 자신이 손해 보길 원하지 않으며, 남을 위해 끊임없이 자신을 희생하지도 않는다. 따라서 인간관계에서 상대방에게 필요한 것을 주고, 그다음 내가 필요한 것을 얻으며 각자의 이익을 최대화하는 것이 그 관계를 건강하고 오래 지속할 수 있도록 보장하는 것이다. 상호 이해라는 발판 위에서 인맥은 더욱 견고해질 수 있다.

4. 닫혀 있는 울타리에서 벗어나라.

만약 우리가 항상 한 울타리 안에서만 활동한다면, 우리는 언제나 같은 부류 혹은 같은 업종 사람들만 만나게 될 것이다. 하지만 우리의 생활이나 일에는 무수히 많은 영역이 존재한다. 그러니 자신을 어떤 울타리 안에 가둬 두지 말고 의식적으로 빠져나와 다방면으로 인맥을 넓힐 필요가 있다.

12장

인간관계 어떻게 시작할 것인가

*

가끔 제삼자가 없는 곳에서 대화하며 속세의 위선을 완전히 벗어던졌을 때,
상대방의 움직임 하나, 말 한마디, 눈빛 하나가
당신 앞의 깊은 심연을 밝혀 줄 수도 있다.

_발자크

♡

대인기피증의 극복

비록 우리가 "세상사에 통명한 것은 학문을 닦은 덕이고, 처세에 능한 것 또한 글을 읽은 덕이다."라고 교육을 받았지만, 일부 타고난 외교가들은 일반인들이 사람들 앞에 서서 말하려면 얼마나 큰 노력을 해야 하는지 상상하기 어려울 것이다.

부모들은 이런 유형의 사람들에게 어릴 때 "부끄러워서 그런 거야. 자라면서 괜찮아질 거야."라고 말했을 것이지만, 그들은 어른이 되어서도 다른 사람들과 정상적으로 소통할 수 없었다. 사실 그들은 대인기피증에 시달리고 있을지도 모른다.

'대인기피증'은 심리학에서 '사회불안장애social anxiety disorder, SAD' 라고도 불리며, 불안장애의 한 유형이다. 조사 결과에 따르면 대인기피증 유병률prevalence rate은 여성은 대략 9%, 남성은 대략 7%이고, 평생 유병률은 최소 13%라고 한다. 대인기피증은 흔히 두 종류로 나누는데 그중 하나가 '특정 공포증specific phobia'이다. 이 유형의 사람들은 대부분의 사회 활동에서는 큰 문제가 없지만, 연설해야 할 때나 관중 앞에서 노래를 부를 때, 혹은 낯선 사람과 식사할 때 등 특정 상황에서 공포가 유발된다.

또 다른 하나는 '범불안장애generalized anxiety disorder'인데, 이 부류의 사람들은 불안을 느끼는 상황이 매우 많다. 이들은 사람들과 교류가 필요한 자리에 참석할 때 언제나 불안감을 느낀다. 이들은 모든 사람이 자신을 주시하고 있다고 느끼면서 심한 스트레스를 받고, 그런 불편한 경험으로 인해 사람들과 만나야 하는 사회적 상황을 피한다. 이들은 세월이 흐를수록 마음을 닫고, 점점 정상적인 사회 활동을 이어갈 수 없게 된다.

실제로 물 만난 물고기처럼 대인관계에 재능을 타고난 사람은 많지 않다. 마찬가지로 사회생활이 두려워 집 안에만 갇혀 외부와의 관계를 끊어 버리는 사람도 많지 않다. 대부분 사람은 그 중간 어디쯤 자리한다. 이들은 그 긴장의 강도가 다를 뿐 공공장소에서의 활동에 모두 어느 정도 긴장한다. 어떤 사람은 심하게 긴장하고, 어떤 사람은 그보다 적게 긴장하지만, 이러한 긴장감이 사회 활동을 하는 데 큰 영향을 주지는 않는다. 물론 우리가 사회 활동을 함에 있어 그런 감정을 마음대로 통제하기가 쉬운 일은 아니다.

만약 누군가가 다른 사람과 금방 친해지거나 대중 앞에서 당당하고 차분할 수 있다면, 그것은 타고난 능력이라기보다는 연습의 연습을 통해 얻은 것이 분명하다. 사교 활동의 긴장감으로 얼굴이 붉어지고, 떨리고, 말을 더듬고, 가슴이 답답해지고, 두근거리고, 숨이 가빠지는 건 아주 많은 사람이 경험한 적 있는 생리 현상이다.

'질병'의 언급을 꺼리는 시대는 이미 지나갔다. 사람들은 갈수록 "나는 병에 걸렸어."라고 말하기를 좋아하고, 심지어 광고하듯 '미루기병', '게으름병', '병적인 남성우월주의', '대인기피증' 등을 언급한다. 하지만 정말 병에 걸린 사람이 얼마나 될까? 혹시 차라리 나에게 어떤 병명을 붙이고, 그걸 핑계 삼아 내가 직면해야 할 문제를 피하려는 건 아닐까? 아픈 사람에게는 '병을 앓을 권리'가 있으니, 나는 초조하고, 괴팍하고, 미루기병이 있기 때문에 어떤 일을 잘못 처리해도 그건 나의 잘못이 아니라 '병'에 걸렸기 때문이라고 주장하려는 것은 아닐까? 혹시 진짜 병에 걸렸다고 하더라고, 그건 '마음의 병'일 뿐이다. 이러한 변명 뒤에는 자신의 문제를 직면하기 꺼리고, 미래에 대한 통제력이 부족해서 주저함과 망설임이 있는 것이다.

사람들과의 대화는 사회생활을 시작하는 첫걸음이자 가장 중요한 한 걸음이다. 많은 사람이 사회생활을 할 때 규칙과 테크닉에 대해서 알고 있지만, 문제는 그 첫걸음을 내딛으려 하지 않는다는 것이다. 자신의 문제를 의식했다면, 자신을 유심히 지켜보고, 문제가 얼마나 심각한지에 대해 생각해 보는 건 어떨까? 의사를 찾아가거나 약물 치료가 필요한 단계까지 이르렀을까? 아니면 자신의 노력으로 개선될 수 있는 단계일까? 만약 사람을 만났을 때 공포감에 질식할 정도로 심각한 정도는 아니고, 그저 긴장되고, 얼굴이 붉어지고, 가슴이 두근거리며, 말이 매끄럽게 나오지 않는 정도라면 사실 그렇게 걱정할 필요는 없다. 대부분 사람이 이런 경험을 하는데, 상황에 따라 다를 뿐이다.

마음을 가라앉히고 자신을 초조하게 하는 것이 어떤 상황인지 잘 생각해 보자. 공공장소에서 연설인지, 낯선 사람과 어떻게 대화해야 할지 모르는 것인지, 아니면 아는 사람과 마주하고 있지만 그들과 말하고 싶지 않은 상황인지 생각해 보는 것이다. 더 깊이 파고들어, 공공장소에서 연설하는 것이 두렵다면 대중들의 시선이 두려운 건지 망신을 당할까 봐 두려운 건지, 아니면 자기 자신에 대한 믿음이 없는 건지, 또는 모르는 사람과 이야기하는 것이 싫은 건지, 남에게 부탁하는 게 싫은 건지를 생각해 보자. 만약 좋아하는 게임이나 영화 이야기를 해도 초조한 마음이 들까?

자신의 문제가 무엇인지 찾았는가? 사회적 공포심은 자기 자신에 대한 부정에서 오는 경우가 많다. 어떤 사람은 완벽주의자로서 실패와 좌절이 받아들일 수 없어 차라리 마음을 닫아 버린다. 시작하지 않으면 좌절할 필요도 없기 때문이다. 또 어떤 사람의 문제는 자기혐오와 비하인데, 남들이 자기를 어떻게 보는지, 어떻게 평가하는지 너무 신경 쓰는 데 문제가 있다. 다른 사람의 시선 하나에도, '내가 뭘 잘못했을까? 나 같은 사람은 정말 비호감이겠지?'라고 끊임없이 생각하고 반성한다. 하지만 근본적인 원인은 자기 자신을 진정으로 받아들이지 못하기 때문이다.

세상에 완벽한 사람은 없다. 우리는 모두 이런저런 결점과 부족함이 있기 마련이다. 자신을 받아들여야 다른 사람의 시선에도 침착할 수 있다. 긍정적인 사고를 활성화하고, 비현실적인 예단을 멈춰라. 그리고 자신에게 쏟는 신경을 다른 곳으로 옮겨 보자. 평생을 함께할 진정한 친구를 사귀는 것은 쉽지 않다. 인연이 더해져야 할 뿐 아니라 서로 끊임없이 관계를 유지해야 한다. 하지만 보통의 사회생활에서라면 생각만큼 그렇게 어려운 것은 아니다. 단, 인연은 닫힌 방 안의 천장에서 떨어지지 않고, 다른 사람과의 만남에서만 나타날 수 있다.

좋아하거나 익숙한 것에서부터 바꾸기 시작하라! 독서를 좋아한다면 책을 공유하는 것부터 시작하고, 영화를 좋아한다면 영화 이야기를 나누는 것부터 시작하라. 처음부터 장황한 이야기를 늘어놓을 필요는 없다. 차근차근 남의 이야기를 듣는 것부터 시작해서 한마디 한마디 자신의 표현 능력을 키워 나가다 보면, 점차 사람들과 대화하는 리듬을 더 잘 파악할 수 있게 될 것이다.

♡

잡담하는 올바른 방식

송나라 시인 방악方岳의 시 중에 "내 뜻대로 되지 않은 일은 열에 여덟아홉인데, 말할 수 있는 건 두셋도 되지 않네."라는 말이 있다. 부부, 자녀, 부모와 자식, 상사와 부하직원, 나아가 낯선 사람과의 관계까지, 인생 대부분의 고민은 인간관계에서 오지만 그럼에도 인간은 무리 생활을 해왔던 만큼 타인과 함께 생활해야 한다. 또 인간관계에서 오는 고민은 대부분 소통의 문제로 인해 생긴다.

내가 말하고 싶은 것은 상대방이 듣기 싫어하거나 무슨 뜻인지 모르고, 상대방이 말하는 내용은 뜻대로 전달되지 않아 무슨 의미인지 알아들을 수 없어 오해가 생기기도 한다. 상대방이 말하는 진의를 알 수 없을 때, 우리는 자신의 추측에만 의지하여 대화를 완성할 수밖에 없다. 결과는 뻔하다. 영양가 없는 '어색한 대화' 외에는 오해가 더욱 깊어지거나, 만남은 썰렁하고 불쾌하게 마무리된다.

수다는 기술이며 학문이다. 그저 입을 벌려 유창하게 말한다고 사교의 목적에 달성할 수 있는 것이 아니다. 많은 사람이 수다가 시간을 죽이기 위해 하는 잡담이라고 생각하기 때문에 자기가 무슨 말을 했는지 신경 쓰지 않고, 상대방의 반응도 마음에 두지 않는다. 이렇게 두서도 없고, 규범이랄 것도 없는 수다는 감정을 다지고, 정보를 주고받는 역할을 하지 못할 뿐 아니라 오히려 상대방에게 거부감을 줄 수도 있다. 너무 제멋대로 말하고, 끝도 없고, 선을 지키려는 자기 통제도 없이 말을 가려 하지도 못하는 잡담은 다른 사람의 미움을 살 수도 있다. 더 최악인 것은 대인관계에서 우리의 이미지가 이렇게 볼품없고 사소한 잡담을 통해 정해진다는 것이다. 일단 '빅마우스', '나팔', '문 없는 입', '허풍쟁이', '경박' 등의 꼬리표가 붙으면 대인관계에서 손해를 볼 것이고, 사업에도 지장이 생기게 된다.

잡담은 별 쓸모가 없어 보이지만, 오히려 지인과의 관계를 유지하는 일종의 수단이며, 낯선 사람과 관계를 맺고 더 깊이 이해할 수 있는 첫걸음이기도 하다. 잡담을 통해 우리는 상대방에 대한 초기 탐색과 분류를 할 수 있다. 사교 모임에서 모르는 사람을 대할 때 잡담이 바로 어색한 분위기를 풀어 줄 일종의 방식이다. 어떤 사람과 잡담을 시도할 때, 상대방이 '이 사람은 친절하고, 나와 적극적으로 소통할 생각이 있다'라는 메시지를 받는다면, 그건 아주 좋은 신호라고 할 수 있다. 특히 비즈니스 활동에서의 잡담은 인맥을 넓혀 주는 중요한 방법이다.

잡담은 '심각한 주제를 거절하는 이유'가 되기도 한다. 어떤 사람과 심각한 주제에 관해 이야기를 나눌 때 더 이상 이야기를 계속하고 싶지 않거나, 상대가 더 이상의 대화를 이어 나가고 싶지 않아 한다는 것을 깨달았을 때, 급하게 대화를 끝내는 것은 상대방에게 무례하거나 민망한 느낌을 준다. 그때 소소한 잡담은 조금 전의 화제를 부드럽게 마무리하고 난감할 수 있는 상황을 잘 풀어 줄 수 있다.

잡담은 상급자와 부하직원 간의 관계를 수립하고 매끄럽게 해주는 역할을 하기도 한다. 부하직원이 야근해야 한다는 소식을 들었을 때 순간적으로 불만과 위화감이 생길 수 있는데, 만약 상사의 말투가 딱딱하고 엄하다면 부하의 불만은 더욱 가중될 것이다. 하지만 야근 소식을 전한 후 상사가 축구 경기나 아이들에 대한 가벼운 몇 마디를 한다면 긴장된 분위기가 풀리고, 부하직원은 격려받는다고 느낄 수 있다.

잡담은 보통 어떤 목적이 없이 당시의 환경이나 사람들의 관계 등에 따라 임의로 시작된다. 그러나 잡담을 시작할 수 있는 몇 가지 효과적인 방법이 있다.

우선, 잡담인 만큼 심각한 표정을 지어서는 안 된다.

감정은 전염되기 때문에 자기 자신부터 편안하고 좋은 기분이 된다면, 상대방 역시 그런 느낌을 받게 된다.

둘째, 이야기를 나눌 때의 거리와 보디랭귀지에도 주의해야 한다.

친한 사람들일수록 이야기할 때 서로 간의 거리는 더욱 가까워진다. 미국의 인류학자 에드워드 홀Edward T. Hall은 사람들의 관계가 다르면 그 거리도 달라진다고 주장하면서 밀접한 거리, 개인적 거리, 사회적 거리, 공적 거리 등의 네 종류로 분류했다.

밀접한 거리는 0~18인치(0~0.5미터 상당) 사이로, 보통 가족, 연인 간의 거리를 말한다. 이 거리에서의 관계는 서로 호흡 소리까지 들을 수 있고, 피부와 신체의 접촉이 있을 수 있는 매우 친밀한 사이이다. 개인적 거리는 1.5~4피트(0.45~1.2미터 상당) 사이로, 일반적으로 친구 관계에 해당한다. 서로 간 신체 접촉은 거의 없지만, 마주 보며 대화하고, 악수 등 비교적 친밀한 행동이 가능할 만큼의 거리이다. 사회적 거리는 4~12피트(1.2~3.5미터 상당) 사이로, 사적인 관계가 아닌 공적인 관계에 적합하다. 사람들의 생활 속 대부분의 사회적 혹은 업무적 성격의 교류가 여기에 해당한다. 예를 들어, 동료 간, 의사와 환자 간, 직원과 고객 간의 거리가 그렇다. 공적 거리는 12~25피트(3.5~7.5미터 상당) 사이로, 공개 강연에서 청중과의 거리인데, 그 거리는 25피트 이상까지 확대할 수 있다.

잡담할 때, 그 상대와의 거리를 조절하는 것은 매우 중요하다. 서로의 관계를 명확히 하고, 상대와의 관계를 넘어서는 거리 안으로는 함부로 들어가지 않는 것이 좋다. 상대방에게 침범당했다고 느끼게 하지 않는 것이 좋은 대화의 전제 조건이다. 사람들과의 거리 두기 외에도 우리는 보디랭귀지에도 주의할 필요가 있다. 타인과 잡담할 때 휴대전화를 꺼내지 않는 것이 좋다. 만약 수시로 고개를 숙여 휴대전화를 본다면, 상대방은 "나 지금 바빠. 너랑 잡담할 시간이 없어."라는 신체의 메시지를 받게 될 것이고, 상대는 당연히 그걸 알아차려 더 이상의 대화를 이어 나가지 않을 것이다.

셋째, 대화의 주제는 신중히 골라야 한다.

많은 연구결과에 따르면, 날씨, 스포츠 경기, 영화 등이 안전한 주제라고 하는데 특히, 날씨의 경우가 그렇다고 한다. 일부 금기로 여겨지는 주제로는 정치, 수입, 타인의 험담 등이 있다. 날씨와 관련된 주제는 이야기를 시작하기에 매우 좋지만, "오늘 날씨 좋네요."나 "오늘은 너무 추워요." 등의 말을 건네면, 상대방이 "그렇네요."라고 대답한 이후 딱히 할 말이 생각나지 않는 경우도 많다. 말하자면, 이런 대중적인 대화 주제는 이어서 이야기할 거리가 준비되지 않았다면 지속되기 힘들다는 것이다. 따라서 이어 나갈 대화의 주제 또한 매우 중요하다. 그 예로 "오늘 날씨 좋네요. 어제는 너무 추웠어요. 작년 이맘때에는 그래도 아직 따뜻해서 어디론가 여행도 갈 수 있었는데 말이죠." 라는 말은 상대방에게 잡담할 수 있도록 문을 열어 주는 것과 같다. 상대방에게 계속 이야기를 하고 싶다는 욕망을 갖게 해서, 날씨 이야기가 여행 이야기로, 다시 어느 지역의 풍속 이야기나 여행에서의 에피소드 등 다른 주제로까지 이어지게 할 수 있는 것이다.

'촌스러운' 날씨 이야기 외에도 자신의 관찰을 통해 대화를 시작할 수 있는데, 상대의 안색, 외모, 옷차림 등에서부터 시작하는 것도 괜찮다. 당연히 우리는 '아름다움'을 잘 찾아낼 수 있는 눈이 필요하고, 상대방의 반짝이는 면을 찾아낼 수 있어야 한다. 새로운 헤어스타일, 신발, 가방, 옷 등 모든 것에서 대화의 문이 열린다. 우리의 칭찬 한마디는 미약하더라도 상대방에게 좋은 기분을 선사해 줄 수 있다. 그 누구라도 잘 모르는 사람과 무겁고 부정적인 이야기를 하고 싶지는 않을 것이다. 그러니 최대한 가벼운 주제를 찾아내는 것이 잡담의 중요한 원칙이다.

이야기가 시작된 뒤, 더 깊은 대화를 나누려면 상대방과의 공통점을 찾아내는 것이 필요하다. 여기에서 '공통점'이란 같은 게임을 좋아한다거나 스티븐 킹Stephen Edwin King의 소설을 좋아한다거나 혹은 철학을 공부하기 좋아한다는 등의 뜻이 아닌 서로 이어질 수 있는 대화의 주제를 찾아야 한다는 것이다.

다음으로, 경청하는 것이 말하는 것보다 중요하다.

이야기하는 본인은 신나게 이야기하고 있지만, 듣고 있는 쪽은 흥미가 떨어져서, 결국 대화는 어색하게 마무리되는 상황을 흔히 볼 수 있다. 그러니 대화할 때 급하게 자신을 보여 주려고 하지 말고, 듣는 것에 집중해야 한다. 귀담아들을 때, 우리는 상대방이 어디에 흥미를 느끼는지, 혹은 상대가 대화 중 어떤 반응을 보이는지를 관찰할 수 있다. 이런 관찰을 통해 우리는 어떤 말을 해서 상대방과의 연결고리를 만들어야 하는지 알 수 있게 되고, 대화에 대한 반응과 주제를 적절히 조정할 수 있다.

마지막으로, 잡담의 시간을 컨트롤할 줄 알아야 한다.

잡담은 특정한 목적 없이 어색한 분위기를 끝내거나, 시간을 죽이거나, 사교의 워밍업 등의 상황에서 이루어진다. 그렇기에 잠깐이면 족하다. 상대방이 피로감이나 싫증을 느끼기 전에 정중하게 마무리해야 하며, 상대방에게 유쾌한 대화를 나눌 수 있었던 점에 감사를 표하면 된다. 만약 상대가 우리에게 관심이 있다면, 다음번에 다시 만날 것을 청할 것이다. 하지만 서로 말이 잘 통하지 않더라도, 상대방이 거부감을 느끼기 전에 이야기를 끝낸다면 오히려 상대에게 좋은 인상을 남길 수 있다.

♡

진정한 대화의 고수는 언제 침묵할지 안다

많은 사람이 타인과 이야기를 잘 나누지 못하는 이유가 자신의 화술이나 학식이 부족하기 때문이라고 생각한다. 하지만 이야기를 잘하지 못하는 것이 화술이 부족해서일까? 이야기를 잘하는 데 정말 선천적 조건이 필요한 걸까? 우리가 사람들과 이야기를 나눌 때는 종종 두 가지 결과로 나뉜다. 하나는 편안하게 상대방과 대화를 이어나가는 것이고, 다른 하나는 아무리 방법을 생각해도 말이 막히고, 할 말이 없는 상황이 되는 것이다. 그럼, 입담이 좋다는 그 사람들은 도대체 어떤 사람들일까?

사실 우리는 이야기에 소질이 없는 것이 아니라 아직 적당한 이야기 방식을 찾지 못한 것뿐이다. 사람과 사람의 교류에서 가장 중요한 수단은 바로 '말'이다. 말하기를 배우는 것은 모든 사람의 필수과목이라고 할 수 있기에 우리는 '어떻게 말해야 하는가?'에 모든 집중력을 투자했다. 말하기의 많은 기술을 공부했고, 자신을 유머러스하게 보이도록 노력했지만, 그 효과는 그리 좋지 않다. 우리가 일장 연설을 늘어놓을 때, 상대방은 애매모호한 표정을 짓거나 정신이 다른 곳에 가 있는 경우가 많았을 것이다. 그런 교류가 바로 '무의미한 교류'이다.

사람과 사람의 교류를 '소통'이라고도 하는데, 소통의 본래 뜻은 '사물이 막힘없이 서로 잘 통한다'라는 뜻이지만 현대에서는 일반적으로 사람 간 생각의 교류를 가리킨다. 소통을 통해서 사람들은 정보와 생각을 나누고 동시에 정을 얻기도 한다.

좋은 소통은 양방향이어야 한다. 말하는 사람은 정확하고 명료한 말로 자기의 입장을 전달하고, 듣는 사람은 최선을 다해 상대방의 관점을 이해하려고 노력해야 한다. 만약 두 사람 모두 말을 하려고만 한다면, 그건 막힘이 없는 것이 아니라 오히려 막혀 버린 것과 같다. 두 사람 모두 이슈를 주도하려고만 한다면, '소통'이라는 목적을 이룰 수 없다. '경청'을 배우는 것만이 진정한 소통을 이룰 수 있는 것이다.

헤밍웨이는 "말을 배우는 데는 2년이 걸렸지만, 침묵을 배우는 데는 60년이 걸렸다. 말이 많아질수록 서로의 거리는 더욱 멀어지고 갈등도 늘어나는 것이 대부분이다. 소통할 때 대다수 사람은 자기 말을 하고 속마음을 털어놓기에만 급급해 상대방을 전혀 이해하지 못한다. 아는 것에든 모르는 것에든 말을 아끼고, 마음이 심란하거나 평온하거나 항상 말을 천천히 하고, 진짜로 할 말이 없다면 말하지 말라."라는 조언을 남겼다.

사실 경청이야말로 '말하기'에서 가장 중요한 핵심이다. 경청을 통하여 우리는 상대의 기분과 말로써 전달되는 생각을 이해할 수 있다. "내가 말을 못 하지, 듣기를 못 할까? 듣기는 귀 한 번 팔아 버린 셈 치면 되는 거 아닌가?"라고 생각하는 사람들이 많을 것이다. 하지만 '듣기'는 단순히 듣는 행위가 아닌, 진심으로 노력해서 효과적으로 듣는 것을 말한다.

연구결과에 따르면, 인간은 서로 교류하는 과정에서 60%의 시간을 듣고 있지만, 실제 기억할 수 있는 내용은 25%에 불과하다고 한다. 뇌 과학자들은 사람들이 자신과 관련된 일을 이야기할 때 뇌에서 도파민이 분비되고, 이 물질이 즐거움을 느끼게 한다는 것을 발견했다. 많은 사람이 일단 말문을 열면 끝도 없이 이야기하고, 계속 자기 일에 관해서 이야기하는데 그 이유가 바로 뇌에서 분비되는 도파민 때문이다.

유명 저널리스트 마이크 윌리스Mike Wallace는 "사람들이 인기 없는 이유 중 하나는 남의 말을 주의 깊게 듣지 않아서이다. 사람들은 대부분 자신이 어떻게 말할지 관심을 기울이고, 남이 어떻게 말하든 상관하지 않는다. 하지만 세상의 대다수는 사람의 말에 귀를 기울이는 사람을 좋아하지, 자기 말만 하는 사람은 좋아하지 않는다."라고 말했다.

사람들은 다른 사람에게 끊임없이 이야기하면 자기 생각이 상대방에게 전해지고, 상대방이 자기 생각을 이해하며 그 생각에 따라주고, 또 자기 생각에 따라 변화한다고 믿는다. 하지만 그때 상대방이 어떻게 느끼는지에 대해서는 전혀 알지 못한다. 바로 '말이 너무 많고, 듣지는 않을 때'가 가장 소통이 되지 않을 때다. 상대방에게 집중할 때 비로소 상대방의 기분을 포착하고, 상대방이 전하려는 메시지를 분석할 수 있는데, 상대방에게 받은 메시지에 따라 적절하게 상대방에게 호응해 주는 것이 바로 '효과적인 좋은 소통'이라고 할 수 있다.

| 경청할 때 가장 금해야 할 것

1. **귀를 그저 장식품으로 삼는 것:** 상대방이 도대체 무슨 말을 하는지 귀를 기울이지 않고 듣는 척만 하거나 마음은 이미 허공을 떠다니며 딴생각할 때 우리들은 자신의 정신이 딴 데 팔린 걸 상대방이 모를 거라고 생각하겠지만, 사실 상대방은 우리가 그저 예의로 경청하는 흉내를 내고 있다는 것을 금방 알아차릴 수 있다.
2. **각자 자기 말만 하는 것:** 상대방의 말을 듣고는 있지만 사실 주의 깊게 듣지 않고, 상대의 말이 끝나자마자 바로 상대방이 말한 내용과는 전혀 다른 주제로 이야기를 시작할 때가 그렇다.
3. **부정적으로 듣지 않기:** 상대방이 무슨 말을 하든, "당신 말은 틀렸어요. 그게 아니라…."라는 식의 부정적인 마음으로 남의 이야기를 듣는 것은 그저 그 사람에게 반박하고, 그를 설복시키고, 상대방을 자기 의견에 따르게 하기 위한 경청이 될 뿐이다.

진정한 경청이란 상대방이 말하는 내용을 이해하기 위한 것일 뿐만 아니라 상대방의 기분과 느낌을 이해하는 것을 뜻한다. 진심으로 경청하는 태도는 사람의 마음을 끄는 일종의 보디랭귀지로 상대방의 마음을 쉽게 움직일 수 있게 해준다.

어떻게 하는 것이 진심으로 경청하는 것이라고 할 수 있을까? 앨런 아이비Allen E. Ivey 박사와 필립 모스Philip Morse는 《Face to Face: 학교에서의 의사소통과 갈등 해결Face to Face: Communication and Conflict Resolution in the Schools》이란 책에서 "적극적으로 경청한다는 것은 그저 묵묵히 듣는 것만이 아니라, 적시에 개방형 질문을 하고, 격려하고, 의역하고, 감정을 반영하고, 요약하는 등의 몇 가지 중요한 요소가 반드시 포함되어야 한다."고 말하고 있다.

1. 열중하기

다른 사람과 이야기할 때, 열심히 듣는 것은 그 사람에 대한 가장 기본적인 존중이다. 적절한 눈빛 교환과 그에 맞는 보디랭귀지는 상대방이 대화를 이어 나가도록 격려하는 것과 같고, 상대방의 눈을 똑바로 바라보는 것은 상대방이 자신이 말한 내용을 모두 이해하며 듣고 있다는 확신을 주게 된다. 물론 똑바로 바라본다는 것은 상대방을 노려보는 것이 아니라, 상대방이 불편함을 느끼지 않는다는 전제로 눈빛 교환을 하는 것을 의미한다.

적절한 보디랭귀지는 말하는 사람에게 격려받는다고 느끼게 한다. 예를 들어, 고개를 끄덕이고, 무릎을 말하는 사람 쪽에 두고, 생각하는 표정을 짓는 등의 몸짓은 이야기하는 화자에게 상대방이 자신의 이야기를 열심히 듣고 생각한다는 느낌을 받게 한다. 이런 몸짓은 대화를 나누는 양쪽 모두를 편안하게 해주고, 대화가 계속 이어질 수 있도록 흥을 불러일으킬 수 있다.

2. 다른 사람이 말할 때 끼어들지 않기

다른 사람이 말할 때 끼어들지 않아야 한다. 너무 직설적으로 들릴 수 있겠지만, 이는 매우 중요한 대화 예절이기도 하다. 대화가 진행되지 않고, 심지어 말다툼으로까지 번지는 가장 큰 원인 중 하나는 자기 관점을 드러내려고만 하고 다른 사람의 의견을 존중하는 것을 소홀히 하기 때문이다. 우리는 자신의 의견에 "동의하지 않는다."라는 말을 들었을 때, 그에 반박하는 말을 나오는 대로 해대거나 자신과 상대방의 생각이 일치한다는 것을 보여 주기 위해 "알고 있어요. 나도 겪어 본 적이 있어요." 등의 마음에도 없는 말을 하게 된다. 하지만 이렇게 이어지는 대화는 어떠한 교류나 친해지려는 목적을 달성하지 못하고, 오히려 대화 예절이 없거나 주관도 없는 사람으로 보일 수 있다.

조금만 공감 능력을 이용한다면 다른 사람이 말할 때 끼어들어 자기 의견을 말하고 싶은 충동은 이겨낼 수 있다. 결국 아무도 자신 말이 끝나기 전에 다른 사람이 끼어드는 것을 원하지는 않을 테니 말이다. 상대방에게 자기 생각을 알려 주고 싶다면 반드시 상대방의 말이 끝날 때까지 기다려야 한다. 만약 상대방이 의견을 묻지 않는다면 제멋대로 자기 의견을 말하는 것은 피하는 것이 좋다.

3. 개방형 질문

만약 그저 묵묵히 듣고만 있다면 상대방은 우리가 그가 말한 내용에 대해서 얼마나 이해하는지 알 수 없다. 그래서 우리는 상대방이 말한 내용에 대해서 개방형 질문을 하는 법을 배우고, 상대방이 계속 주제에 대해서 깊이 이야기할 수 있도록 해야 한다. 질문의 내용은 상대방이 말한 주제와 관계있는 것이 가장 좋고, 조금 전 대화에서 이해하지 못한 부분에 관해서 묻거나 상대방이 말한 어떤 부분에 대해서 구체적으로 설명해 달라고 부탁하는 것도 좋다.

4. 긍정적인 피드백

대화가 어느 정도 진행된 후에는 그에 대한 피드백을 주는 것이 좋다. 상대방의 일부 견해를 반복하거나 혹은 상대방이 말한 핵심 내용을 정리하고 재확인하며 자신의 의견을 표현하는 것도 괜찮다. 이때 상대방의 견해에 찬성하거나 반박하는 것 모두 긍정적인 피드백이라고 할 수 있다. 이는 상대방에게 우리가 그의 이야기에 대해 깊이 생각했다는 것을 알려 줄 수 있기 때문이다. 하지만 앵무새처럼 상대방의 말을 그대로 반복하는 것이 아니라 재구성하는 것이 중요하다. 그리고 상대방의 말을 급하게 결론짓지 말고, 대화가 깊어질수록 상대방을 더 잘 이해할 수 있다는 것을 명심해야 한다.

칭찬: 인간관계에서의 원동력

겸손은 일종의 미덕이고, 우리는 어릴 때부터 선생님과 부모님에게 이런 교육을 받아왔다. 그래서 다른 사람에게 칭찬받았을 때 항상 조건반사적으로 그 칭찬을 부정하며, 겸손하지 않으면 행실이 좋지 못한 거로 생각한다. 하지만 겸손에도 때와 장소가 구분되어야 한다. 어떤 경우에는 자신을 낮추는 것이 오히려 다른 사람의 마음을 부정하는 것처럼 보이기도 한다.

"앤디, 오늘 스커트가 너무 예쁘네요!"

"아니에요. 그냥 평범한 거예요."

"집 인테리어 새로 한 것도 너무 고급스럽던데요."

"아니에요. 별말씀을요."

상대방을 진심으로 칭찬하는 순간, 상대방이 이렇게 '겸손'한 반응을 보인다면 어떤 느낌이 드는가? '정말 척하는 인간이네! 너무 가식적이야. 설마 내 평가를 거부하는 건가?'라고 생각하지는 않는가? 다른 사람이 앤디의 스커트를 칭찬한 것은 앤디의 변화에 주목했다는 것 외에도 앤디의 미적 감각을 인정했다는 뜻이기도 하다. 하지만 그 칭찬을 정중히 거절했다는 것은 그 사람에게 "보는 눈이 없네요.", "눈이 삐었네요.", "당신 말 못 믿어요."라고 말하는 것과 다름없다. 사실 "고맙습니다."라는 간단한 한마디에도 상대방은 앤디의 긍정과 고마움을 느낄 수 있었을 것이다. 이때 이야기를 적절히 확장한다면, 조금 더 깊은 대화가 시작될 수 있고, 그 칭찬을 상대방에게 돌려줄 수도 있다.

"집 인테리어 새로 한 것도 너무 고급스럽던데요."

"고마워요! 제가 모던하고 심플한 스타일을 좋아하거든요. 평수가 좀 작아서 그렇게 인테리어 하면 공간이 좀 더 커 보이거든요. 당신 집은 지중해 스타일이었던 걸로 기억해요. 맞다. 댁의 TV 쪽 벽 색깔이 너무 예뻤어요."

"맞아요. 기억하실 줄 몰랐어요!"

칭찬은 인간관계에서의 원동력이다. 듣기 좋은 말은 누구나 좋아한다. 하지만 우리는 오랫동안 다른 사람을 늘 칭찬하다가는 '아첨꾼'으로 보일 수 있다고 생각해 왔다. 칭찬을 받는 쪽 역시 그 칭찬에 당황하거나 가슴을 졸인다. "이유 없이 잘해 주는 건 사기꾼 아니면 도둑놈이다."라는 말도 있지 않은가? 가정교육을 시킬 때도 부모들은 아이들이 쉽게 교만해질까 봐 늘 비판과 꾸짖음으로 칭찬을 대신해 왔다.

칭찬은 다른 사람의 우리에 대한 일종의 긍정이며, 부정과 풍자적 의미를 동반한 칭찬이 아니라면 사람들은 모두 기분이 좋아진다. '적절하고 효과적인 칭찬'을 하는 것 역시 학습을 통해 배울 수 있는데, 마음 가는 대로 하는 '인사치레'로는 긍정적 효과를 기대할 수 없다.

다음으로 어떻게 타인을 칭찬할지 알아보자.

우선, 칭찬은 적시에 하되 그 내용은 구체적이어야 한다.

칭찬은 아첨하거나 아부 떨거나 비위를 맞추는 일이 아니다. 오히려 상대방의 빛나는 점을 발견하고, 그 빛남을 묘사하고 강조하는 것이다. 칭찬할 때는 내용이 없어서는 안 된다. '최고다', '대단하다'와 같은 만병통치약 같은 칭찬도 유용할 수 있지만, 늘 그렇게만 말한다면 상대방은 그 말의 신빙성을 의심하게 될 것이다. 칭찬이 구체적일수록 상대방은 진심을 느끼게 된다.

칭찬은 실제 상황에 적용해야 한다. 부하직원을 칭찬할 때는 "잘했네."라고 간단하게 말할 게 아니라 고효율, 새로운 아이디어, 원가절감, 실적향상 등 어떤 점에서 잘했는지를 짚어 주고, 상대방의 노력과 성과를 정확히 알고 있다는 점을 부각하면서 그에 대한 감탄과 격려를 표현하는 것이 좋다.

칭찬의 내용은 상대방의 의상, 장식, 헤어스타일, 향수 등 외적인 면이나 어떤 변화된 행동 등으로 구체적이어야 한다. 상대방이 가져다준 즐거움 역시 "너랑 이야기하는 건 정말 즐거워.", "고맙습니다. 이번 대화를 통해 얻은 게 많아요." 등으로 칭찬할 수 있다. 간단한 칭찬은 대화를 완벽하게 마무리해 주는 동시에 다음번 대화를 위한 좋은 포석이 되기도 한다. 이런 근거 있는 칭찬은 믿을 만한 가치가 있다.

다음으로, 비판은 칭찬으로 시작하고, 칭찬으로 끝내야 한다.

누군가 분명 노력했지만, 여전히 기대에 부응하지 못한다면 어떻게 해야 할까? 사실 이럴 때 가장 하고 싶은 건 상대에 대한 비난과 질책, 심지어 욕설일 수도 있다. 그렇게 자신의 감정을 발산하는 게 미래에 도움이 될까? 그렇지 않다. 오히려 상황만 더 악화시킬 수 있다. 비난을 받은 쪽은 가슴에 억울함이 맺히고 오히려 반항심이 생길 수도 있다.

이럴 때는 '칭찬-비판-칭찬'을 하는 YNYyes-no-yes 방식으로 소통하는 것이 필요하다. 예를 들어, 아이가 시험을 못 봤다면, "왜 이렇게 멍청하니?", "왜 똑바로 공부하지 않아." 식의 거친 비판 대신에 "저번보다는 좋아졌지만, 엄마 생각에는 네가 삼각함수를 조금 더 공부한다면 다음에 수학은 좀 더 잘 볼 수 있을 것 같아."라는 식으로 바꿔 말할 수 있다. 이런 표현은 상대방에게 '내가 너의 노력을 알고 있고, 부족함도 알고 있다'는 것을 알려 줄 수 있으면서도, 상대방이 변화하려는 동력을 잃지 않게 할 수 있다. 이러한 칭찬은 타인을 격려할 수 있고, 타인이 발전할 수 있도록 도와줄 수 있는 동시에 상처를 주지 않을 수도 있다.

마지막으로, 우리 자신도 칭찬할 줄 알아야 한다.

자신을 칭찬하는 것은 행복을 얻는 방법의 하나이다. 우리는 자신을 알고 부족한 점에 대해서도 알아야 하지만, 자동차에 기름을 넣듯 자기 자신을 칭찬하는 것도 배워야 한다. 자신을 칭찬하는 것은 자기 장점을 발견하는 것이고, 이는 생활과 일에 흥미를 불러올 수 있다. 결점을 들추는 대신 칭찬을, 비판 대신 긍정을, 큰소리를 내는 대신 품어 줄 수 있다면 우리의 인간관계는 더욱 아름다워질 것이다.

13장
좋은 사람이 되면 좋은 인연이 있을까

*

자연계에서 물질은 결합을 통해 강해진다.
인간과 인간관계에서는 그렇지 않겠는가?
_프랜시스 베이컨

♡

모두에게 좋은 일은 존재하지 않는다

이른 아침, 레나Lena는 부랴부랴 아이의 학교 준비물을 챙기고, 숙제를 다 했는지 검사하고, 일기예보를 보면서 오늘 옷을 어떻게 입혀야 할지 살피고 있었다. 이때 휴대전화에 문자 한 통이 도착했다. 보지 않아도 누가 보낸 건지 알 수 있었다. 분명 이웃인 밀레이Millay가 또 아이 등교를 도와 달라는 것이다. 이번 달 들어서만 벌써 16번째였다. 문자를 열어 보니 역시나 밀레이였다. "아이 아빠가 아침에 회의가 있어서 아이를 등교시킬 수가 없어요. 좀 도와주세요."

레나는 짜증이 났다. 가끔 밀레이를 대신해 아이를 학교에 바래다주는 것이라면 별거 아니라고 생각하겠지만, 밀레이는 자기 아이와 레나의 아이가 같은 학교에 다닌다는 것을 알게 된 이후로, 끊임없이 자기 아이를 바래다 달라고 부탁하고 있었다. 두 집이 이웃이기는 했지만, 레나가 차를 몰고 코너를 돌아가야만 밀레이의 집에 도착할 수 있었다. 지각하지 않기 위해서는 평소보다 10분은 더 일찍 집을 나서야 했고, 안 그래도 바쁜 아침에 더욱 허둥지둥하게 되었다. 어떤 때는 방과 후, 레나가 이미 자신의 아이를 픽업했음에도 다시 시간을 들여 학교에 가서 밀레이의 아이를 데리고 와야 했다.

"비가 오네요. 아이 픽업 좀 부탁해요!"

"아이 아빠 야근 때문에, 오늘은 데리러 갈 수가 없어요. 부탁 좀 드려요!"

"오늘 몸이 좀 안 좋네요. 아이 픽업 부탁 좀 할게요!"

나중에는 핑계도 대지 않고 "오늘 아이 좀 데려다주세요."라고 말하기도 했다. 레나는 이 상황이 지긋지긋했지만, 이웃이기 때문에 부탁을 거절하면 민망한 상황이 될까 봐 어쩔 수 없이 참고만 있었다.

이날, 레나는 몸이 좋지 않았는데, 밀레이는 또 다시 자기 아이를 픽업해 달라는 문자를 보내면서 "오늘 헬스 수업이 있어서 아이 픽업을 못 가요."라고 했다. 레나는 화가 났다. 자신은 병이 났어도 아이를 데리러 가야 하는데, 밀레이는 레나의 상황은 조금도 생각해 준 적이 없었다.

레나는 해열제를 먹고 머리가 조금 무거웠다. 그리고 집으로 돌아오는 길에 반응속도도 늦어져서 다른 차와 추돌하게 되었다. 다행히 차 안의 사람들에게 큰 피해는 없었지만, 두 아이는 경미한 상처를 입게 되었다. 소식을 들은 밀레이는 매우 화를 냈고, 레나를 위로하기는커녕 그녀가 운전에 집중하지 않았다고 탓했다. 그리고 레나에게 자기 아이가 전체 건강검진을 받을 수 있게 검진 비용을 내달라고 요구했다.

몸의 상처보다 레나는 더 큰 마음의 상처를 받았다. 왜 우리는 다른 사람의 요구를 다 들어주면서도 그 사람에게 인정받지 못하고 상처와 비난을 받게 되는 걸까? 사실 사람들은 처음부터 이런 종류의 일은 거절해야 한다는 것을 알면서도 늘 남을 생각해서 그런 요구를 거절하지 못한다. 바로 레나처럼 말이다. 레나는 밀레이 집에 차가 한 대뿐이고, 남편이 출근하면 아이를 버스에 태워 학교에 바래다줘야 한다는 것을 알고 있었다. 게다가 밀레이는 조금 더 어린아이까지 한 명 더 키우고 있었기 때문에, 그녀가 너무 고생한다고 생각해서 밀레이의 요구를 언제나 들어주었다.

남을 위해 가끔 하는 약간의 수고로움은 생활에 영향을 끼치지 않는다. 하지만 일단 그런 도움이 일상이 되면 상대방은 그걸 당연한 일이라고 생각하게 된다. 잘 도와주지 못하거나 계속 도움을 주지 못하게 되면 오히려 나쁜 사람이 되고 만다. 레나는 이미 생활에 영향을 받고 있었다. 어쩔 수 없이 일찍 일어나 남의 아이를 데리러 길을 돌아서 가야 했고, 방과 후에는 남의 아이를 기다리느라 자기 아이의 과외활동에도 매번 지각하는 것도 모자라 추가적인 책임까지 지고 있었다.

사실 세상에 모든 사람에게 좋은 일이란 존재하지 않는다. 이는 성격의 구조 중 이드Id(원초아)와 초자아Superego의 모순으로 발생하는 것이다. 정신분석학자인 지크문트 프로이트Sigmund Freud의 '성격의 삼원구조 이론'에 따르면, 성격은 이드Id, 자아Ego, 초자아Superego의 세 부분으로 나눠진다. 이드는 무의식 아래에 있으며, 가장 원시적 단계의 생각을 담당하는 잠재의식을 말한다. 이드는 인류의 본능적인 욕구, 즉 선천적으로 타고난 사람의 배고픔, 성욕 등 원시적 충동을 말한다. 이드는 인격 구조의 기초이며, 의식에 의해 제어를 당한다. 자아는 의식의 일부분으로 현실원리에 따르는 심리적 구성요소이다. 초자아는 양심 혹은 내재한 도덕적 판단을 맡으며, 성격 구조의 관리자라고 할 수 있다. 초자아는 성격 구조 중 도덕적 부분을 담당하는데, 이상 원칙을 따르는 '도덕화된 자신'이라고 할 수 있다.

서로 간의 갈등에서 초자아는 이드와는 반대 입장에 서는 경향이 있고, 자아에 대해 공격적이다. 이드, 자아, 초자아가 결합하여 완전한 성격이 만들어진다. 자아는 영원히 존재하고, 초자아와 이드는 항상 대립하기 때문에 자아는 이드와 초자아 사이의 갈등을 조화롭게 중재하는 역할을 한다.

이드는 쾌락원칙만을 따르기 때문에 성욕의 만족, 식욕, 고통의 회피 등 생리적 욕구만을 추구하고, 선악을 구별하지 않는다. 그래서 우리가 난처한 일에 직면할 때, 이드의 첫 번째 반응은 회피와 거절이 된다. 하지만 인간은 문화적 영향과 도덕적 교육을 받았고, 초자아가 도덕 원칙에 따르려 하므로 초자아는 인간의 욕망을 절제하고, 각 개체의 행위를 통제하려 한다. 그래서 이드와 초자아 사이에는 강한 충돌이 발생하고, 각 개체를 딜레마에 빠지게 한다.

사람이 스트레스를 받아 과도한 불안을 느낄 때 자아는 방어 기제를 작동시킨다. 자아는 이드와 초자아 중간에 존재하며 두 성격의 충돌을 조율한다. 한편으로는 최선을 다해 이드의 쾌락 추구와 욕망을 만족시키려 하고, 다른 한편으로는 그런 행동을 규범화하여 초자아의 가치관에 부합하려고 노력한다. 만약 자아가 이드와 초자아의 갈등을 제대로 조율하지 못하면 성격은 균형을 잃게 된다.

프로이트는 "한 명의 종은 두 명의 주인을 섬길 수 없다지만, 가여운 자아가 처한 상황은 더 고약하다. 그는 세 명의 엄격한 주인을 섬겨야 하고 그들의 요구를 조율해야 한다. 이런 요구는 늘 상반되고 서로를 용납하지 않으니, 자아한테 항상 임무를 완성하지 못한다고 탓할 수도 없다. 자아의 엄격한 주인은 바로 외부 세계와 초자아와 이드이다."라고 말한 바 있다.

자아는 이성적이고, 현실화한 이드라고 할 수 있으며, 자아의 높은 감성지수는 이드와 초자아에 대한 균형이다. 다른 사람이 어떤 요구를 할 때, 항상 타인의 요구를 만족시키느라 자신의 내재한 욕구를 무시하는 것은 높은 감성지수를 가진 사람의 태도가 아니다. 다른 사람들의 끊임없는 요구를 만족시킬 때, 자신의 이드는 거세당하는 것이고, 결국 내재한 성격의 질서에 혼란을 겪게 된다. 손해 보는 것은 남에게 이득을 주기 위함이 아니란 것을 명심하라. 원망은 어떤 문제도 해결해 주지 않고, 거절한다고 체면이 구겨지지는 않는다. 남들에게 잘 대해 주는 이유가 스스로 원해서인 만큼, 우리에게는 하고 싶지 않은 일을 거절할 권리도 있다.

♡

거절은 예술이 아니라 기술이다

당신도 오늘 약속이 있는데, 처리할 일을 잊은 동료가 부드러운 목소리로 "도와줘. 오늘 남자친구하고 영화 보러 가야 하는데, 네가 나보다 일 처리가 빠르잖아. 넌 정말 최고야!"라고 말했다. 또 다른 경우에 당신은 이제 막 둘째를 낳았고, 매일 큰아이를 유치원에 바래다줘야 한다. 그런데 당신의 친척이 당신이 살고 있는 도시로 여행을 왔다. 이곳에 익숙하지 않은 친척들은 당신이 가이드가 되어 그들을 데리고 좋은 음식을 먹으러 가고, 좋은 곳에 데려다주기를 바라며 "어쨌든, 일을 하는 것도 아니고, 집에서 할 일 없이 놀기만 하잖아. 드라이브하는 게 그렇게 힘든 일도 아니고 말이야."라고 보채듯 말했다.

남편과 유럽으로 신혼여행을 간 당신, 이제 막 비행기에서 내려 여행을 시작하기도 전이다. 그런데 그저 안부나 묻는 사이인 친구들이 장문의 쇼핑리스트를 보내며 "간 김에 가방 몇 개만 사다 줘. 그리고 화장품도. 유럽에서 사는 게 훨씬 싸거든."이라고 가벼운 말투로 말했다. 결국 당신의 여행 가방은 남들을 대신해 구매한 물건들로 가득 찼다.

당신은 '무골호인(호구)'인가? 당신은 모든 사람에게 인정받고자 노력하기 때문에 다른 사람의 요구를 거절하지 못한다. 당신은 타인에게 무조건 베풀고, 자신이 아무리 바빠도 다른 사람이 원하기만 한다면, 가슴을 탁탁 치며 "문제없습니다."라고 말한다. 설령 마음속으로는 거절하고, 싫어하고, 심지어 꺼린다고 해도 "싫어요."라는 말은 입을 본드로 붙인 듯 도저히 나오지 않는다.

하기 싫은 일을 해달라는 부탁을 들었을 때, 왜 우리는 거절하지 못하는가? 다른 사람들이 어떤 부탁을 해올 때 우리는 "오늘 내가 도왔으니, 다음에는 나를 도와주겠지. 이것도 좋은 인간관계의 지름길이니까."라고 자신이 거절하지 못하는 이유를 일종의 투자로 생각한다. 그리고 본인의 노력만큼 상대방도 돌려주길 바란다. 하지만 이런 심리를 이용하여, 다른 사람이 베푸는 것만 받는 사람들도 있다.

《예기禮記》에 "예禮는 서로 오가는 것을 중시한다. 가기만 하고 오지 않는 것은 예가 아니요, 오기만 하고 가지 않는 것도 예의에 어긋난다."라는 말이 있다. 한쪽만 '예'를 갖추고, 다른 한쪽은 '예'에 보답하지 않는다면, 그건 '예'라고 할 수가 없다는 것이다. 예로부터 '예'에서 강조된 것은 서로 주고받는 양방향성이었다. 그러나 많은 사람이 욕을 먹는 것이 두려워 그저 주기만 하고 나중 일은 계산하지 않기 때문에 도움을 받는 사람들은 그게 당연하다고 느끼게 되는 것이다. 이렇듯 주기만 하고 받는 것에 익숙하지 않은 사람들, 바로 당신이 가장 먼저 할 일은 그들의 무리한 요구를 거절하는 것이다.

우리에게 자주 그런 요구를 하는 사람들은 대부분 지인들이다. '가화만사성이네', '모든 일에는 화목이 우선이네', '두루두루 잘 지내야 하네', '남에게 상냥하고 웃는 얼굴로 대해야 사이좋게 살 수 있네' 등 '화목'을 중시하는 문화는 이렇게 번성하여 왔다. 무리 지어 살아온 사회적 동물인 인간은 주위 환경에서 벗어나 혼자 존재하는 것은 불가능하다. 우리는 어떠한 집단의 일원이며, 더 발전하기 위해서는 타인과 좋은 관계를 유지해야 한다. 이로 인해, 우리는 타인의 요구를 거절하는 것을 어렵게 쌓아온 조화로운 관계를 깨뜨리는 것으로 생각하게 된 것이다.

어떤 사람은 서로의 체면 문제 때문에 거절하기 힘들어하기도 한다. 체면은 사회가 개인에게 주는 일종의 존중이고, 명성이며, 명예라고 할 수 있는데, 그 이면에 숨겨진 의미는 개인이 사회에서 받는 존경과 지위이다. 그래서 남이 어떤 요구를 했을 때 자기 체면이나 사회적 이미지에 너무 신경을 쓰는 사람은 자신이 착하지 않고, 냉정하고, 호의적인 사람이 아니라는 소리를 들을까 봐, 혹은 상대방 마음속 자신에 대한 점수가 떨어지거나, 자기 이미지가 나빠지기를 원치 않아 상대의 요구를 거절하지 못한다. 또 어떤 사람은 상대방의 체면까지 생각한다. 거절을 당한 상대방이 상처받거나 난처할까 봐 걱정되어, 상대방의 체면을 지켜 주기 위해 거절하지 않는 쪽을 선택하기도 한다.

또 거절이 남에게 미움을 살 가능성이 높고, 서로 간의 좋은 관계를 깨뜨릴 뿐 아니라 불필요한 번거로움과 상처를 준다고 생각하는 사람들도 있다. 그래서 쉽게 '아니요'라고 말하지 못하는 사람들은 남들에게 거절할 용기가 부족한 사람으로, 자기가 상처받을까 봐 두려워한다. 다른 사람의 부탁을 거절하는 것은 물론 기분 좋은 일은 아니다. 거절당하는 사람의 기분 역시 좋을 리가 없다. 하지만 만약 거절당하는 쪽의 감성지수가 높다면, 거절한 쪽을 공감하며 이해할 것이고, 거절이 나쁜 결과가 되어 돌아오지는 않을 것이다.

하지만 모두 알다시피 인간의 감성지수는 천차만별이다. 그래서 거절을 당하면 분노의 감정을 드러내는 사람도 있을 것이고, 악담을 퍼붓는 사람도 있을 것이다. 물론 이런 사람들은 소수일 테지만, '거절하지 않는 것이 상대를 기쁘게 한다'는 것을 경험한 사람들은 다른 사람들의 비위를 맞춰 주고 싶은 심리가 생기게 된다. '아니요'라고 말하지 않아야만 타인이 나에 대해 가질 부정적인 감정을 마주하지 않을 수 있기 때문이다. 그리고 그렇게 산 환심이 다른 사람들의 칭찬으로 돌아오고 인간관계가 평화로워질 때, 우리는 더 이상 타인에게 '아니요'라고 말하지 못하게 되어 버린다.

조금 더 심층적으로 살펴보면, '아니요'라고 말하지 못하는 것은 감성지수가 낮다는 의미라고 할 수 있다. 어떻게 인간관계를 컨트롤해야 할지 모르고, 나의 거절로 인해 남들이 나에 대해 갖게 될 부정적인 마음에 어떻게 직면해야 할지 모르고, 또 남들이 자신을 험담할 때 어떻게 대처해야 하는지 모르기 때문이다. '아니요'라고 말하지 않는 것은 근본적으로 이러한 부정적인 감정을 회피하는 표현이자, 인간관계의 소통에 대한 일종의 회피이기도 하다. '예'라고 말하는 것은 간단하고, '아니요'라고 말하는 것은 늘 많은 문제에 직면해야 하기 때문이다. 하지만 오래지 않아, 점점 더 '아니요'라고 말하기 힘들어질 것이고, 인간관계에서의 부정적인 부분을 해결하기 어려울 것이다. 거절은 예술이 아니라 기술이다.

♡

좋은 사람이 되되, 무골호인(호구)은 되지 말자

'좋은 사람'이란 말은 남을 칭찬하는 좋은 말이다. 우리는 어릴 때부터 '좋은 사람이 되라, 좋은 말을 하라'고 배웠다. 하지만 사회가 발전함에 따라 단어들도 그 의미가 미묘하게 변하고 있다. 예를 들어, '좋은 사람'이란 단어를 '좋은 사람 카드'에 넣으면 듣는 사람들을 실망시키는 단어가 된다. 왜냐하면 '좋은 사람 카드를 받는다'는 것은 거절을 의미하기 때문이다. 우리는 종종 "당신은 좋은 사람이지만, 죄송합니다."라는 거절의 문구를 받는다.

'좋은 사람'은 '무골호인(호구)'이란 말로 퇴색되면서 더 최악이 되었다. 무골호인(호구)은 만만하고, 원칙도 없고, 고생해도 좋은 소리도 못 듣는 사람을 의미하는 말이 되었다. 이렇게 남들이 어떤 요구를 해도 거절하지 않는 사람들은 자신을 괴롭히는 것뿐 아니라, 결과적으로 존중을 받는 게 아니라 심지어 '호구'라고 불리기도 한다.

왜 자신의 이익까지 포기하면서 남을 도와줬는데도 멸시를 받는 걸까? 《논어論語》에서 공자가 말하길 "향원은 덕의 적이다."라고 했다. 소위 '향원'이란 충직하고 온화하고 선량한 사람처럼 보이지만, 실제로는 옳고 그름을 가리지 않고, 사사건건 남의 비위를 맞추어 마을에서 미움을 사지 않는 사람을 말한다. 공자는 사실 그런 사람은 부도덕한 소인배라고 말했다. 주희朱熹는 《주자어류朱子語類》에서 "향원은 뼈가 없는 사람처럼 줏대가 없다. 여기저기에서 사람을 받들고 돌보며, 사람들의 표정을 살피며, 부끄러운 일은 숨겨 주고, 항상 남이 상처를 입을까 봐 두려워한다."라고 했다.

옛사람들이 모두 '좋은 사람'을 극도로 싫어하는 것처럼 생각될 수 있다. 하지만 좋은 사람이 모두 위선자인 것은 아니다. 그중 많은 사람은 후하고 온화한 성격에 그저 거절할 줄 모르고 인간관계에서의 충돌을 두려워할 뿐이다. 그들은 자신과 타인의 충돌이든 타인들끼리의 충돌이든 항상 화해를 위해 노력한다. 하지만 대부분의 경우, 겉으로 누구와도 척을 지지 않은 것처럼 보여도 그들은 실제로는 옳고 그룹의 기준을 부정하고 원칙을 파괴하는 것이다. 원칙이 결여된 사람은 다른 사람의 존중을 받기 어렵다.

사람들은 보통 자신과 견해가 일치하는 사람과 친구가 되는 것을 좋아하지만, 때로는 상대방의 생각이 자신과 상반되더라도 이치에 맞고 근거가 있게 견해를 고수한다면 그 사람과 친분을 쌓을 가치가 있다고 생각한다. 반면 처세에 있어 입장이 모호하고, 다른 사람이 어떻게 말하든 적당히 대강대강 넘어가는 사람은 겉으로 보기에는 누구에게도 미움을 받지 않고 잘 지내는 것으로 보일 수 있지만, 사실 그는 자신의 견해를 표현할 기회를 잃은 것이다. 다른 사람이 그가 어떻게 생각하는지 알 수 없기 때문에, 그 사람은 오히려 진정한 친구가 되기 어려운 사람이 되어 버린다.

하버드대에서 1천 명을 대상으로 3년간 추적 조사를 한 연구결과, 만약 합리적으로 타인의 부탁을 거절할 수 있다면, 98% 이상의 번거로움을 줄일 수 있고, 시간과 금전 낭비 역시 크게 줄일 수 있다고 발표했다. 직장에서든 일상생활에서든 타인의 부탁을 제대로 구별하고 거절하는 방법을 모른다면, 타인의 일을 돕는 데 많은 시간을 할애하게 된다. 이는 곧 자기 재산과 시간을 끊임없이 남에게 주는 꼴이 되어 결국은 크게 손해를 보게 된다.

가족이 도움을 요청할 때, 타인의 일을 돕고 있다면 가족에게 원망을 살 것이고, 자기 일을 해야 할 때 남의 일을 돕는다면 결과적으로 자기 일을 제때 끝마치지 못해 상사의 핀잔을 듣게 될 것이다. 지적 수준을 높이기 위해 공부를 해야 할 때 타인이 해야 할 일을 대신 해준다면, 우리는 제자리걸음이나 하며, 오래도록 발전이라 말할 만한 것을 이루지 못할 것이다.

'거절하지 않는 것'은 사실 나의 손해를 전제로 한다. 이 손해로 우리는 무엇을 얻을 수 있나? 처음에는 상대방이 감사를 표할 것이고 마음속으로도 고마움을 느낄 수 있겠지만, 시간이 흘러 우리가 타인의 부탁을 거절하지 못한다는 것을 알게 되면, 상대방은 우리를 마음대로 부릴 수 있는 사람 정도로 생각할 것이다. 그리고 그들의 마음속에 있던 고마움 역시 곧 흔적도 없이 사라져 버린다.

사람에게는 나쁜 근성이 있다. 사람이 나빠서 그런 것만은 아니다. 중국에 "부드러운 감만 골라 집는다."는 속담이 있다. 부드러운 감이 먹기 좋고, 딱딱한 감은 먹기 힘들다. 인간은 천성적으로 약한 자를 깔보고 강한 자를 두려워한다. 약한 사람은 늘 손해를 보기 마련이다.

어떤 일에 종사하든 처리하기 까다로운 문제나 책임이 무거운 임무가 생겼을 때, 소위 좋은 사람들은 항상 제일 먼저 밀려 나오게 된다. 그들이 항상 하는 말은 "문제없어요.", "이의 없습니다.", "아무래도 괜찮아요."이기 때문이다. 아무도 좋아하지 않는 일은 내가 맡게 되고, 남에게 미움을 사고 누구도 원하지 않는 일은 꼭 내 앞에 떨어지며, 응대하기 어려운 고객은 꼭 모두 나에게 미룬다. 그 이유는 바로 거절을 못 하기 때문이다! 남들이 그런 일들은 나에게도 어렵다는 걸 몰랐을까? 당연히 알고 있다. 다른 사람이 제의한 불합리하고 자기 능력 밖의 일에 대한 요구에 거절하지 못한다면, 그런 일들은 자연스럽게 우리에게 남겨지게 된다. 이로 인해 우리의 가정, 일상생활, 직장은 금방 엉망이 될 것이고, 시간과 에너지, 심지어 돈까지 썼지만, 좋은 소리는커녕 원망만 듣고 고생만 실컷 하는 결과를 맞는다. 기분도 별로고, 자신이 끊임없이 다른 사람에게 이용당하는 걸 알지만 거절할 방법은 없으니 마음은 점점 초조해진다. 결국 '사람들과 잘 지낸다'는 우수한 특징이 고의든 아니든 또다시 사람들에게 쉽게 이용된다.

사실 인생은 합리적인 거절을 한다고 하늘이 무너지는 것이 아니라 오히려 그로 인해 존중받을 수 있다는 것을 기억해야 한다. 흔히 말하는 '최저선'은 글자 그대로 가장 낮은 정도나 한계이며, 필요조건이고, 도덕적 마지노선으로 이해되기도 한다. 축구 경기에서 선을 넘으면 반칙이 되듯 사람됨도 마찬가지로, 이 '최저선'은 우리의 심리적 경계가 된다. 다른 사람의 상황을 살피지 않고 마음대로 하는 건 '최저선'을 넘었다는 것이다. 다른 사람의 무리한 요구에 거절할 줄 모르는 것 역시 자신의 '최저선'을 넘었다는 뜻이며, 심리적 경계가 부족하다는 뜻이다.

우리는 집에 산다. 집의 벽은 우리와 외부 사이의 경계이며, 집의 벽과 문은 우리에게 안정감을 준다. 만약 다른 사람이 허락받지 않고 자꾸 우리 집에 마음대로 들어와 물건을 가져가고 인테리어를 바꿔놓고 한다면 우리는 안정감을 느낄 수 없을 것이다. 감성지수가 높은 사람이라면 모두 합리적인 심리적 경계를 세우고 자신의 감정을 느끼고 표현한다. 하지만 소위 '좋은 사람'의 가장 큰 문제는 바로 그 경계가 없다는 것이다. 그래서 그들의 집은 사람들에게 거듭 짓밟히고, 그들의 '최저선'은 사람들로 인해 파괴되고 만다.

우리는 자신의 경계를 지켜야 한다. 상대방이 거세게 몰아붙여 우리를 불편하게 만들 때도 우리는 각성하고 '아니요'를 말할 수 있어야 한다. 자신의 감정을 이해하는 것은 심리적 경계를 세우는 기초가 된다. 심리적 경계를 잘 세워야 우리는 소통에서 주도권을 가져올 수 있고, 이 또한 거절의 핵심이라고 할 수 있다.

♡

거절법: 타협과 희생은 필요 없다

거절은 기술이다. 무뚝뚝하고 전략이 없는 거절은 인간관계를 해칠 수 있는데, 이는 의심의 여지도 없이 사실이다. 하지만 반드시 거절해야 하는 상황에서 우리는 그로 인해 타인의 마음이 불편해지거나 자신이 덤터기 쓰는 것도 바라지 않을 것이다. 따라서 '거절법'을 배우는 것이 인생의 필수과목이다. 심리학자들은 자신감이 있는 사람일수록 거절하는 방법을 더 잘 이해하고 있다는 것을 발견했다.

가령 대학 동창이 전화를 걸어왔다고 해보자. 그녀의 어머니가 당신이 사는 도시에 진료받으러 오는데 당신에게 의사를 소개해 달라고 부탁했다. 당신의 남편은 의사고, 당신은 남을 돕는 것이 의미 있는 일이라고 생각해서 남편에게 부탁해 그가 일하는 병원에서 관련 질병의 과장 의사를 소개받았다. 동창과 그녀의 어머니가 도착했고, 남편의 도움을 받아 병원에 입원했다. 그런데 동창은 또 새로운 부탁을 해왔다. 진료에 돈이 많이 드는데, 매일 호텔에 머물면 지출이 너무 크니 일정 기간 당신의 집에서 머물게 해달라는 것이었다. 어쨌든 당신의 집은 매우 크다.

이때, 당신은 어떤 대답을 할 것인가? 세 가지 선택지가 있다.

1. 상대의 부탁을 거절하기 민망해, 동창의 부탁을 들어준다.

상대방의 가족은 현재 질병으로 고통받고 있고, 그로 인한 경제적 부담도 크다. 하지만 당신은 곧 '아니요'라고 말하지 못했기 때문에 상상 이상으로 괴로워질 것이다. 당신은 동창을 위해 휴가를 내어 병원과 집을 오가며 그녀를 바래다줘야 할 것이고, 두 가족 간의 일과시간은 달라서, 낯선 사람의 방문으로 인해 당신의 아이는 밤에 제대로 쉬지 못할 것이다. 하지만 이미 머무르기로 한 사람에게 다시 나가 달라고 부탁하기는 더욱 어렵다.

2. 동창의 요청을 거절하고, 상대방은 그로 인해 섭섭함을 느낀다.

당신은 양심의 가책을 받고, 자신이 그다지 착하지 않으며, 다른 사람의 어려움에 도움을 주지 않았다고 느낀다.

3. 동창의 요청을 거절하지만 어떤 잘못된 부분도 느끼지 못한다.

세 번째 선택이 바로 우리가 도달해야 하는 경지인 '거절'을 습득한 것이다. 우선, 자신의 심리적 경계를 잘 세워 경계를 명확히 하는 것은 안정적인 생활을 할 수 있는 전제 조건이 된다. 그다음으로는 자신의 감정에 대해 감지하는 것인데, 누군가 자신의 경계를 넘었다면 감정은 그에 따라 변화하게 되고, 그러한 감정을 통해 누군가 나의 경계를 넘었음을 예민하게 감지해야 한다. 일반적으로 누군가 우리의 '최저선'을 건드렸을 때, 우리는 강요당하거나, 내키지 않는다는 느낌을 받게 된다. 이런 전제 조건이 갖추어지면 우리는 타인의 불합리한 요구에 '아니요'라고 말할 수 있다.

우선, 타인의 요구가 불편하면 입 밖으로 말할 수 있어야 한다.

'아니요'라고 말하는 것은 너무 어렵기 때문에 대부분 사람은 '아니요'라고 말할 생각조차 하지 않는다. 우리가 먼저 연습해야 할 것은 '아니요'라고 말하는 것을 두려워하지 않는 것이다. '아니요'라고 말하는 것이 비양심적이고 사회적 윤리가 없다는 것을 의미하지 않는다.

누군가 어떤 요구를 할 때, 핑계를 대며 화제를 돌리지 마라. 예를 들어, 디자이너인 내게 친구가 로고 디자인을 해달라고 부탁했다고 치자. 친구는 당연히 보수를 지불할 필요가 없다고 생각할 것이고, '그림 한 장 그리는 게 뭐 그리 힘들겠나, 몇 분이면 바로 되겠지'라고 생각한다. 하지만 우리는 절대 그렇지 않다는 것을 알고 있다.

만약 "아이고, 요즘 너무 바빠서.", "생각해 볼게."라고 대답한다면 친구는 분명 "그럼 안 바쁠 때 해줘!", "언제 생각해 볼 거야?"라고 말할 것이다. 그런 애매모호한 태도와 핑계로 거절을 대신하는 것은 커뮤니케이션에 있어서 빈틈을 남겨 두는 것과 같고, 이로 인해 사람들은 아직 기회가 있다고 생각해서 계속 부탁하며 매달리게 된다.

둘째, 거절에도 예의가 있어야 한다.

거절할 때는 반드시 거부의 태도를 확실히 밝혀야 하지만 말투가 너무 강해서는 안 된다. 또 능력이 부족하거나, 시간이 없거나, 흥미가 없거나, 규율에 어긋나는 등 상대방을 거절하는 합당한 이유를 제시해야 한다. 인간관계에서는 진실한 태도로 상대방을 대해야 상대방 역시 나를 진심으로 대해 준다. 거절의 이유가 합당하다면 상대방 역시 대부분 이해해 준다. 만약 상대방이 이해하지 못한다면 그것은 그 사람의 문제이고, 그런 사람과는 만나지 않으면 그만이다. 상대방이 자신을 인정해 준 점에 대해 우선 감사를 표하고, 간단하게 이유를 들어 거절하는 까닭을 말해 줄 수도 있다. 어차피 두 사람 모두 원만한 대인관계를 유지하고 싶을 테니 상대방이 담담하게 거절을 받아들일 수만 있다면 더할 나위 없을 것이다.

셋째, 타인의 요구를 선택적으로 받아들여야 한다.

사람의 심리적 경계는 고정불변이 아니라 유연성을 갖고 있다. 소위 '유연성'이란 무조건 양보하는 것이 아니라 주도권을 가져온 후의 적당한 양보이며, 동시에 상대방에게도 선택할 수 있는 완충 기간을 주는 것이다.

외국의 일부 자선단체는 사람들이 쇼핑 후 계산할 때 카드 결제기에 대화창이 뜨도록 상점들과 제휴하기도 한다. 대부분의 경우, 사람들에게 기부 의사를 묻는 것이 아니라 눈에 잘 띄는 곳에 1달러, 5달러, 10달러 등 금액을 표시하고, 마지막 부분에 'No'가 보이도록 해놓는다. 이런 접근 방식은 고객에게 기부를 강요하는 것이 아니라, 선택권과 주도권이 있다고 느끼게 만든다. 우리가 타인의 요구를 거절할 때도 마찬가지로 이런 전략을 사용할 수 있다.

이런 예로 이전에 제시한 상황에 대해서 "내 디자인을 좋아해 줘서 고맙지만 아직 끝내지 못한 프로젝트가 있어. 이 프로젝트를 끝내고 나면 로고를 만들어 줄 수 있는데, 우리 업계에서 보수는 보통 20만 원 정도지만, 너는 친구니까 할인해서 10만 원만 받을게. 물론 친구 찬스 가격에 바쁘지 않은 동료를 소개해 줄 수도 있어."라는 대답이 있을 수 있겠다.

넷째, 욕심이 끝도 없는 사람한테 조금 이기적이면 또 어떻겠나?

비록 우정을 지키고 싶은 마음도 있겠지만 결국 우리는 우리 자신을 위해 산다. 남에게 손해를 끼치는 일은 하지 않겠지만, 그렇다고 매번 남을 위해 자신이 손해 볼 수 없는 노릇 아닌가? 이 세상에는 온갖 성격의 사람들이 있고, 결코 남을 생각하지 않는 사람들도 많다는 것을 알아야 한다. 그들은 자신의 이익만을 도모하고, 끊임없이 남들에게 능력 밖의 일을 요구한다. 더 가능성이 높은 것은 우리가 어떻게 해도 그들을 완전히 만족시킬 수 없으리라는 것이다.

자신의 가치는 스스로 정하는 것이다. 항상 다른 사람의 요구를 최우선으로 생각한다면, 곧 자신의 업무 효율과 일상생활에도 그 영향을 받고 있다는 것을 발견하게 될 것이고, 불안한 기분은 끝없이 쌓여 건강하지 못한 심리 상태가 될 것이다. 그러니 이런 상황에서 조금 이기적인들 어떻겠는가?

14장
사람을 변하게 하지 말고, 사람 때문에 변하지도 말라

*

나에게는 세 종류의 친구가 있다.
나를 사랑하는 사람, 나를 미워하는 사람, 그리고 나에게 무관심한 사람이다.
나를 사랑하는 사람은 나에게 온화함을 가르쳐 주고,
나를 미워하는 사람은 나에게 신중함을 가르쳐 주고,
나에게 무관심한 사람은 나에게 자립심을 가르쳐 준다.
_딩거

♡

진정한 소속감을 얻으려면 자신을 찾아라

당신이 어떤 집단에 합류하려 했지만 그 집단 사람들이 당신을 무시하고, 단결하듯 그들 주위에 높은 담을 쌓아 완전히 당신을 거부해 버린다면 이 일은 아마 당신 인생에 악몽으로 남을 수 있다. 이때 따돌림은 은밀하게 진행되지 않았고, 집단의 모든 사람이 당신의 처지를 잘 알면서도 모두 그 일을 묵인했다. 이렇게 따돌림을 당하는 느낌은 단지 '실망', '외로움', '고민' 등의 간단한 말로 표현되지 않는다. 따돌림은 사람들에게 버림받고, 사람들이 당신을 혐오하고 있다는 느낌을 받게 한다. 그들의 말 한마디, 행동 하나하나가 모두 당신이 미움받고, 거부당하는 사람이라는 것을 알게 한다.

그룹에서 소외되는 경험은 보통 어린 시절에 시작된다. 예를 들어, 다른 아이들과 같이 놀고 싶지만, 아이들의 "우리는 너랑 안 놀아.", "너 저리가."라는 말은 비수가 되어 가슴에 꽂히게 된다. 어린 당신은 울면서 엄마 아빠에게 "아무도 나랑 안 놀아줘. 모두 나랑은 친구 안 해."라고 이야기했을 것이다.

성인이 된 후에는 몇몇이 모여 이야기하는 모습을 보고, 그들의 이야기에 끼고 싶지만 여러 가지 걱정으로 발걸음을 멈추게 된다. 어린 시절 거절당하고 소외당했던 기억에서 벗어나지 못한 사람은 머릿속에서 상처받던 때의 장면이 고통스럽게 끊임없이 떠오른다. 누구라도 싫어할 그런 감정은 차라리 혼자인 게 낫다는 생각이 들게 하고, 인간관계는 갈수록 엉망이 된다.

오스트리아의 심리학자 알프레드 아들러는 "모든 고민은 인간관계에서 비롯된다. 은자隱者도 남의 눈을 의식한다."라는 말을 한 적이 있다. 우리가 소외당하는 것을 싫어하는 이유는 소속감을 박탈당하고, 자존감에도 심한 상처를 받기 때문이다.

'소속감'은 사람과 사람 혹은 사람과 사회 간의 관계이며 '정체성'이라고도 할 수 있다. 또한 사람의 주관적 느낌이고, 어떤 사물이나 조작에 대한 유대감이다. 일반적으로 소속감은 문화 심리에 속한다. 우리가 어떤 조직이나 단체에 소속감을 느낀다는 것은 흔히 그 조직이나 단체에 대한 동질감을 가리킨다. 소속감이 중요한 것은 우리가 이 세상에서 외톨이가 아니라는 느낌을 주기 때문이다.

미국의 심리학자 에이브러햄 해럴드 매슬로Abraham Harold Maslow는 사람의 욕구를 생리적 욕구, 안전의 욕구, 사회적 욕구, 존중의 욕구 및 자아실현의 욕구로 나누어, 낮은 것에서 높은 것까지 피라미드 형태로 나타냈다.

생리적 욕구는 가장 낮은 단계로 음식, 물, 공기, 성 등 생리적 필요와 생명 유지의 욕구를 만족시키려는 욕구이다. 인류는 생리적 욕구가 기본적으로 만족되어야만 높은 단계로 오를 수 있다. 기본적으로 굶주림에 시달리는 사람은 배를 채우기 전에는 다른 일을 생각할 겨를이 없다. 생리적 욕구가 만족된 후에야 인간은 생활의 안정, 신변의 안전과 건강, 질병과 외부 환경의 위협으로의 회피 등과 같이 안전을 추구하게 된다.

안전의 욕구가 충족된 후의 단계는 바로 사회적 욕구, 즉 애정과 소속의 욕구이다. 이 단계에서 욕구는 애정, 가족애, 우정 및 이에 상응하는 예속 관계에의 욕구이다. 사람은 생리, 안전의 욕구가 만족된 후, 사회적 욕구가 두드러지게 나타난다. 사회적 욕구가 충족되지 않으면 사람의 감정과 정신에 안 좋은 영향을 줄 수 있다. 그보다 한 단계 더 높은 것은 존중의 욕구인데, 타인으로부터 존중받고자 하는 욕구를 포함하고 있다. 타인의 인정과 존중을 받은 후 인간은 자기 자신의 가치를 인정하게 된다.

가장 높은 단계의 욕구는 자아실현의 욕구이다. 자아가치 실현을 통해 사람들은 자기 능력을 가장 잘 발휘하고, 사회적 교류에서든 문제 해결의 능력에서든 가장 좋은 상태에 이른다. 자아실현의 경지에 이른 사람은 타인과 자신을 화합하고 더욱 독립적으로 된다. 그렇게 자기 자신을 받아들이고, 타인을 받아들일 수 있게 되는 것이다.

미국의 인본주의 철학자이자 정신분석 심리학자인 에리히 프롬 Erich Fromm의 이론에 따르면, 인간의 욕구는 관계의 욕구, 초월의 욕구, 실현의 욕구, 통합의 욕구, 지향적 욕구 등 다섯 가지로 나눌 수 있다.

관계의 욕구는 사랑하는 사람을 갖고 사랑받고자 하는 욕구이며, 타인에 대해서 인시하고, 이해하고, 배려하며, 타인을 책임지려는 욕구이다. 초월의 욕구는 물질적 조건의 한계를 뛰어넘는 성과를 내고, 정신적으로 창의적 성격 특성을 표현하고자 하는 욕구이다. 실현의 욕구는 타인이나 사회 혹은 자연과 친밀한 결합을 원하고, 그로 인해 근심 없는 삶의 영위를 얻는 것을 말한다. 통합의 욕구는 자아의 인격적 통합과 생명의 의미를 추구하는 것이다. 마지막으로 지향적 욕구는 삶의 방향을 찾고, 그로 인해 마음의 안정을 얻고자 하는 욕구이다.

앞의 이론에서 인간은 소외될 때 소속감을 박탈당한다는 것을 알 수 있다. 소속감과 사랑의 욕구는 중요한 심리적 욕구이며, 이 욕구가 충족되어야만 우리는 자아실현을 할 수 있다. 진정한 소속감을 얻기 위해서는 자신을 변화시켜 타인에 맞추는 것이 아니라 진정한 자신을 찾아야 한다. 어쩌면 우리는 누군가에게 "우리는 너랑 안 놀아."라고 말하며 그 사람을 소외시켰을 수 있고, 혹은 사람들에게 따돌림당하고 다가서려 해도 모두 나를 피해 숨어 버리는 경험을 했을지도 모른다. 하지만 그건 하늘이 무너질 만큼 대단한 일이 아니다. 물론 따돌림당하는 기분이 나쁜 것은 사실이지만, 사람이 있는 곳에서 시비가 생기는 건 피할 수 없다는 것을 알아야 한다. "남들에게 욕을 먹고, 미움받아도 신경 쓸 필요가 없다. 남이 날 어떻게 보든, 그건 그 사람 사정이다."라는 알프레드 아들러의 말을 기억하라.

♡

테두리가 다르다면, 굳이 어울릴 필요가 없다

이제 우리가 따돌림당한다는 것을 깨달았을 때 할 수 있는 것들에 관해 이야기해 보자.

1. 상황을 정확히 파악해야 증상에 맞는 약을 처방할 수 있다.

자신의 생활 테두리가 작다고 격분하는 사람들은 항상 있지만, 사실 생활의 테두리는 절대 작지 않다. 작은 것은 그 사람의 생각과 마음가짐일 뿐이다. 우리 주변의 많은 사람 중에는 우리와 마음이 맞는 사람도 있고, 그렇지 않은 사람도 있다. 우리가 어떤 집단에 끼려고 할 때, 우리가 그 집단에 속한 사람들과 친해지는 데 비교적 시간이 걸리는 유형이라면 새로운 사람을 받아들이는 속도 역시 자연스럽게 늦어질 수 있다. 우리가 베푼 친절에 상대방의 호응이 없는 경우, 우리는 받아들여지지 않았다거나 거절당했다거나 왕따를 당했다고 느끼게 되고, 새 친구를 사귀겠다는 생각 자체를 포기하게 된다. 하지만 사실 그렇게 빨리 결론을 내릴 필요는 없다. 우선 상황을 분명히 알고 다시 생각해도 괜찮다.

우리는 모두 감정이 서로 오가는 것이 중요하고, 먼저 정을 주어야 다른 사람의 호응을 얻을 수 있다는 것을 알고 있다. 노력하지 않으면 어떻게 수확이 있겠는가? 남이 자신에게 잘해 줄 것을 바라기 전에, 우리가 먼저 진심으로 다른 사람을 대하는 태도가 필요하다. 따돌림을 당하는 것이 어떤 경우에는 자기 자신만의 생각일 수도 있다. 하지만 그로 인해 자신이 미움받고, 아무도 자신을 좋아하지 않고, 자기가 하는 말은 다 틀리고, 전 세계 모든 사람이 자기 적인 것 같은 안 좋은 생각들을 피하기는 어렵다. 실제 상황은 그렇지 않을 수 있고, 단지 거절을 당한 후에 드는 부정적인 감정으로 논리에 맞는 이성적인 분석을 하지 못하는 것일 수도 있다.

따돌림당한다는 느낌이 들 때, 실제 내가 따돌림당하는 것인지 아니면 그저 주관적인 억측인지를 정확히 분석해야 한다. 그리고 그 생각을 뒷받침할 근거를 찾아야 한다. 예를 들어, 어떤 사람과 여행을 가고 싶은데 상대방에게 거절당했다면 상대방이 거절한 이유의 객관적인 원인이 있는 것인지 아니면 주관적 심리에 의해 원하지 않는 것인지를 분명히 해야 한다. 왜냐하면 거절당하는 것은 어쩌다 한 번 일어나는 일이 아니라 살면서 반복적으로 일어날 수 있는 일이기 때문에 상세히 분석해야만 실마리를 찾을 수 있다. 하지만 사람들에게는 '예' 혹은 '아니요'라고 말할 권리가 있다는 것 또한 기억해야 한다. 상대방이 우리를 겨냥해 집단따돌림을 하지 않는 한 모든 사람의 선택을 받아들이는 법을 배워야 한다.

2. 배척당할 때, 정신적 고통과 신체적 고통은 아무런 차이가 없다.

다시 감성지능의 문제로 돌아와서, 자신의 감정과 타인의 감정을 제대로 구분하지 못하는 사람은 상대방의 감정 표현을 이해하기 어렵고, 곧 눈치 없는 사람이 된다.

신경과학 분야의 최근 연구에 따르면 거절이나 따돌림을 당했을 때 생기는 고통은 신체의 통증(예를 들어, 골절 등)과 뇌의 반응이 겹친다고 한다. 그 증거로 플라세보placebo(위약)와 비교했을 때, 따돌림 당한 사람은 세트아미노펜(일반 진통제의 유효성분)을 복용한 후 3주 이내에 사회적 거부감이 감소했다고 한다. 즉, 뇌의 반응으로 보자면 따돌림당했을 때 우리가 겪는 정신적 고통과 신체적 고통에는 아무런 차이가 없다는 것이다.

어울리고 싶은 집단에서 소외든, 싫어하는 집단에서 소외든, 우리는 배척당할 때 슬픔, 분노, 초조함, 실망 등의 부정적인 감정을 갖게 된다. 그리고 장기간 이런 부정적인 감정에 노출되면 우리의 신체와 마음은 모두 좋지 않은 영향을 받는다.

부정적인 감정이 느껴질 때 우리는 자신에게 이런 감정은 정상적이고, 호흡법으로 안 좋은 감정을 완화할 수 있다고 알려 줄 수 있다. 또한 우리가 부정적인 감정에 시달릴 때 누군가에게 하소연하거나 전후 상황과 자신의 감정을 털어놓을 수도 있다. 여기서 누군가란 부모나 친구 혹은 다른 믿을 만한 사람이 될 수 있다. 대부분의 사람도 소외당한 경험이 있기 때문에 우리는 쉽게 누군가에게 이해와 응원을 받을 수 있으며, 상대방이 제시하는 해결 방법 또한 도움이 될 가능성이 크다.

3. 성향이 다르다면, 굳이 어울릴 필요가 없다.

인간은 사회적 동물이고 함께 모여 공동의 적에 맞서는 본성이 있다. 우리가 배척당했다면 우리는 마침 그 집단의 '적'이 되었던 것뿐이다. 쓸데없이 집착하거나 우리를 배척하는 그 무리에 집중할 필요가 없다. 사람의 삶에서 인간관계는 끊임없이 변화한다. 한순간 여의찮은 일로 우리가 실패했다고 생각할 필요가 전혀 없다. 만약 이 집단에서 우리를 거부했다면, 또 다른 집단을 찾아 이야기를 나누고 싶은 사람들과 사귀면 그뿐이다. 원하기만 하면, 결국 마음이 맞는 친구를 찾을 수 있다.

또한 따돌림당하느니 차라리 자신의 무리를 만들어 사회적 교류를 다양화할 수도 있다. 자신이 흥미를 느끼는 부분을 명확히 한 후, 같은 취미를 갖고 있는 사람들을 찾아 주동적으로 그들과 함께 관심 있는 일을 할 수도 있다. 자신의 집단이 있어 그 집단에 속하고 그 안에서 즐거움을 찾기만 한다면, 다른 집단에서 배척당한 불쾌했던 느낌에는 신경 쓰지 않게 된다.

4. 혼자 즐기는 법을 배워야 한다.

따돌림당하고 새로운 집단을 찾을 마음도 들지 않을 때는 잠시 자기 자신과 함께 잘 지내고, 혼자만의 편안함과 즐거움을 누리는 것도 좋은 선택이다. 자기 생활을 잘하는 것이 자신을 따돌린 사람에 대한 최고의 반격이 되기도 한다. 사실 사람은 하나의 집단 안에서만 하나의 완전하고 풍요로운 삶을 누리며 살 수도 있다. 혼자 있을 때, 우리는 자신과 대화하고, 자기반성을 하고, 자신을 새롭게 알아 가고, 자신의 부족함을 보고 장점을 발전시킬 수 있다. 거절당한 후 실의와 고통에 빠져 있기보다는 자신의 인간관계를 재조명하고 개선할 기회로 삼는 것이 좋다.

우리는 더 나은 자신이 될 수 있지만, 이는 다른 사람에게 잘 보이기 위한 변화는 아니라는 것을 기억하자. 우리의 목표는 다른 사람의 수용이 아닌 진정한 자아수용이다.

♡

언어폭력을 당했을 때, 만만한 사람이 되지 말자

팀장이 당신에게 "아이고, 이 정도 일도 제대로 못 하는데, 대학은 어떻게 졸업한 거야?"라는 독설을 뱉어낸다. 또는 동료가 당신의 일이 아닌 업무를 내밀며 "한번 도와줘도 되잖아요. 어차피 지금 한가해서 할 일도 없는데."라고 당당하게 말하거나, 집에 놀러 온 친구가 당신의 옷을 보고 "이 색깔 너한테 안 어울려. 너 너무 촌스러워 보여!"라고 말한다, 친척들이 당신의 직업을 알게 되자 '의미심장'하게 "얼굴도 못생겼는데 스타가 되고 싶다니, 정말 꿈꾸고 있네."라고 말하거나 옆집 아주머니가 당신의 아이를 보고 마음 아픈 듯이 "어머, 아이를 어떻게 키우는 거야? 아프리카 난민 같네. 우리 손주는 얼마나 튼튼한지 보구려."라고 말한다.

요즘 들어 친구들 사이에서든 직장에서든 남을 헐뜯고 나쁘게 말하는 데서 즐거움을 찾는 사람이 갈수록 늘어나고 있다. 낯선 사람, 가족, 학교 동창, 친구, 회사 동료를 막론하고 알게 모르게 우리는 말로 공격당한다. 물론 어떤 사람들은 악의를 품고 하는 말이 아닐 수 있다. 그러나 그들은 항상 "너 좋아지라고 하는 말이야."라는 명분으로 왈가왈부하고, 미소 가득한 얼굴로 갖가지 불편한 말들을 해대며 자기 말에 틀림이 없다고 여긴다. 심지어 자신은 따뜻한 사람이고, 남에게 관심을 두는 거로 생각한다. 하지만 사실 그들은 남의 감정은 전혀 고려하지 않고 자신이 남에게 상처를 주고 있다는 생각 자체도 하지 않는다. 만약 우리가 홧김에 그 사람들과 옥신각신하고 따지기라도 한다면, 그들은 우리에게 별거 아닌 일에 사리분별을 못 한다고 말할 것이다.

또 어떤 사람들은 진짜 악의를 품고 명령하는 어조로 다른 사람을 공격하는 것을 좋아한다. 이들은 남을 비난하면서 정신적으로 우위에 서는 것을 좋아하고, 실제로 상대방의 고통에서 우월감을 찾고, 자신의 나약함을 감추려 한다.

상대방의 말이 우리를 불편하게 할 때, 우리는 어떻게 반응해야 좋을지 모르겠는 경우가 많다. 교양 있어 보이려 대꾸하지 않는 편을 선택하면 만만하게 보일 거고, 언어 공격을 당하는 것 같아 급발진하자니 상대가 상처받을까 두려워 이러지도 저러지도 못하게 된다.

어떤 경우에는 상대방의 말에 화가 머리끝까지 치밀지만 맞받아칠 말 한마디가 안 나오고, 상황을 수습하려 대수롭지 않은 척 침묵하거나 웃어넘기게 된다. 사실은 대수롭지 않은 게 아닌데 말이다. 집에 와서 생각하면 생각할수록 화가 나서 눈물까지 나지만, 언어 공격으로 받은 상처를 몰래 가라앉힐 수밖에 없다. 우리는 이렇게까지 속상하지만 상대는 전혀 알지 못한다. '아까 이렇게 되받아치면 됐는데 왜 아무 말도 하지 못했을까?'라며 후회만 할 뿐이다.

언어 공격에 어떡해야 좋은 대응을 할 수 있을까?

당나라 사람 누사덕婁師德은 감찰어사란 직책에 있을 때 군대를 이끌어 티베트의 공격에 맞서 싸워 백전백승하고, 측천무후則天武后의 신임을 얻어 훗날 재상宰相으로 임명된다. 그의 처세 철학은 인내와 겸양으로, 그는 얼굴에 분노를 드러낸 적이 없었다. 만약 누군가 무례하게 굴면, 그는 오히려 겸손하게 물러서며 이해를 구했다고 한다.

동생이 대주代州 지역의 자사刺史라는 높은 직책에 올라 떠나기 전

누사덕에게 작별 인사를 하러 왔을 때였다. 누사덕은 동생에게 무슨 일이 있어도 인내하라는 가르침을 주었는데, 이는 그 자신은 재상이고 동생도 자사가 되니, 황제의 큰 총애에 남들의 질투할 수 있기 때문이었다. 동생은 형을 안심시키기 위해 "누군가 제 얼굴에 침을 뱉더라도 닦아내기만 하겠습니다."라고 말했다. 그러자 누사덕은 "만약 침을 깨끗이 닦아 내면, 그 또한 그 사람의 심기를 거스를 수 있다. 그냥 침이 마를 때까지 두는 것이 오히려 상대의 화를 누그러뜨릴 수 있다."고 말했다. 이것이 바로 '타면자건唾面自乾'이라는 고사성어의 유래이다.

현재 모욕을 당하고도 참고 대항하지 않을 때 '타면자건'이란 말을 사용한다. 누사덕의 방법은 그 정치적, 시내적 배경이 있기에 틀렸다고 말할 수는 없다. 하지만 타인이 우리를 모욕하고, 악의적으로 언어 공격을 할 때 아무것도 하지 않는다면, 상대방의 공격은 점점 더 심해질 것이고, 상황은 더욱 나빠진다. 그런 사람들은 본래 공감 능력이 떨어지고 기본적으로 남의 기분을 이해하지 못하기 때문이다.

우리는 어떠한 위기 상황에도 당황하거나 놀라지 말고 이렇게 대처해야 한다.

1. 화내지 말고, 마음을 안정시켜라.

언어 공격을 당했을 때, 반드시 자신의 감정을 진정시켜야 한다. 감정이 안정되었을 때 뇌는 이성적인 분석을 할 수 있고, 상대방이 우리를 공격한 원인에 대해 분명히 알 수 있다. 상대방이 공격하기를 좋아하는 사람인지 아니면 일시적으로 기분이 좋지 않아 화풀이 하는 것인지 분명히 해야 한다. 또 공격당했다고 해도 그것이 우리가 미움받거나 잘못했다는 의미가 아니라는 것도 알아야 한다. 많은 사람은 남을 공격하는 데에 별다른 이유가 없고, 우리가 무엇을 했든지 아무런 관계가 없다.

2. 자신의 감정을 받아들여라.

우리가 공격당했을 때, 분노하든 속상하든 모두 정상적인 감정 반응이다. 우리는 자기 기분을 받아들이고, 그 기분을 우리가 성장하는 데 스스로 동기부여를 하게 하는 힘으로 삼아야 한다.

3. 다른 사람의 발언권을 존중하라.

타인의 언어 공격에 이성적으로 대하고, 타인이 우리와 완전 같은 견해를 가질 수 없다는 것을 스스로 알려 주어야 한다. 다른 사람이 언어 공격을 해올 때, 우리는 상대방이 그저 자신의 의견을 말하고 있는 것뿐이라고 생각하면 된다. 볼테르Voltaire, Francois-Marie Arouet는 "나는 당신의 말에 동의하지 않지만, 당신이 말할 권리를 목숨을 걸고 지켜줄 것이다."라는 말을 한 적이 있다.

4. 폭탄을 상대방에게 돌려줘라.

선배, 동료들이 '좋은 마음'이라는 명분으로 우리의 인생에 이래라저래라 참견하는 경우가 있다. 이런 상황에서 간단한 반격으로 넘어가는 것은 감성지능이 높은 사람들의 방법이 아니다. 만약 우리가 그들의 말을 간과한다면, 그들은 자신의 호의에 대한 보답이 없고, 우리가 냉정하고 사람을 존중하지 않는다고 여길 것이다. 이때 우리가 어떤 말을 해도 그들은 듣지 않는 경우가 대부분이다. 이럴 때는 힘들여 수습하려고 하기보다는 그들이 던진 폭탄을 다시 던져 주는 것이 좋다.

예를 들어, 우리는 어른들이 "너는 왜 아직 결혼을 안 하니?", "네가 하는 그 일, 그다지 전망이 밝지 않다며?", "아이를 왜 이렇게 가르치는 거야?" 등의 질문을 받는 상황에 자주 맞닥뜨리게 된다. 그럴 때는 "맞아요. 아직 마땅한 상대를 못 찾았는데. 아주머니가 소개 좀 해주시겠어요?", "제 직업이 별로긴 하죠. 아저씨가 월급 많이 주는 직장 좀 소개해 주세요." 또는 "그럼 아이들 일류 대학에 보낼 방법 좀 알려주세요. 맞다. 댁의 아이는 일류 대학 가지 않았죠? 그것도 괜찮죠. 대학에 갔다는 자체도 대단하잖아요. 그렇죠?"라고 상대방이 던진 문제를 그대로 던져 주면 된다.

♡

실수할 수는 있지만, 바보가 되어서는 안 된다

춘추시대 진晉 영공靈公은 군주답지 않았다. 각종 조세를 대량 징수하여 호화로운 생활을 했고, 무고한 사람들을 함부로 죽이기까지

했다. 이때 대신 사계士季가 간언하자 영공이 "내 잘못을 알고 있으며, 바로잡을 생각이오."라고 말했다. 사계는 크게 기뻐하며 "누군들 잘못한 점이 없겠습니까? 과오를 고칠 수 있다면, 그보다 좋은 일은 없을 것입니다."라고 말했다. 하지만 유감스럽게도 영공은 자기 잘못을 바로잡지 않았다. 대신 조순趙盾 역시 끊임없이 간언했지만, 오히려 영공은 이에 짜증을 내며 여러 차례 함정을 파 조순을 암살하려 했다. 훗날 이 포악하고 부덕한 영공은 민심을 잃었고, 결국 신하들에게 살해당했다.

완벽하게 태어난 사람은 아무도 없고, 영원히 실수를 안 하는 사람은 없다. 자기 잘못을 깨달았을 때 방치하지 말고 적극적으로 잘못을 바로잡아야 한다. 그렇지 않으면 실수는 반복되고, 훗날의 결과는 상상조차 하기 어려워진다.

인간관계는 더욱 그렇다. 우리 중 누구도 자신이 실수하지 않을 거라고 장담할 수 없다. 우리는 자신이 실수하는 걸 용납해야 하지만, 절대 바보짓은 하지 말아야 한다. 어쩌면 우리는 의도하지 않게 다른 사람에게 상처 주는 말을 했을 수도 있다. 하지만 그 행동을 수습하지 않는다면 사람들은 우리를 형편없는 사람이라고 생각할 것이다. 어쩌면 우리는 의도하지 않은 실수로 곳곳에 적이 생겼지만, 혼자만 그걸 모르고 있는 것일 수도 있다.

자기 잘못을 발견했을 때 도망치지 말고 용감하게 자기 잘못을 직면해야 한다. 그리고 다른 사람에게 그 잘못에 대해 해명하고 사과하는 것만이 올바른 해결 방법임을 알아야 한다. 사과하는 것은 인간 관계에서 매듭을 풀어 줄 뿐 아니라, 자기 자신의 엉킨 마음도 풀어 준다. 사과하기는 매우 어렵다. 하지만 제대로 된 사과는 우리의 진실함과 넓은 도량을 상대방에게 보여 주어 상대방의 이해와 존중을 받을 수 있을 뿐 아니라, 그로 인해 새로운 친구를 사귀게 될 수도 있다. 물론 사과하는 것이 우리를 모든 곤경에서 벗어나게 해주지 못할 수도 있고, 상대방이 우리의 사과를 받지 않고 오히려 우리를 비난할 수도 있다. 하지만 우리는 최소한 우리의 태도를 보여 준 것이니 나의 잘못으로 인한 스트레스에서 조금은 벗어날 수 있고, 마음의 해방감을 느낄 수 있다.

사과로 기대만큼의 효과를 얻으려면 사과의 방법 또한 매우 중요하다. 남에게 잘못을 지적당하면, 아무렇지도 않게 "미안합니다."라고 말하는 사람들이 있다. 하지만 이렇게 무성의한 태도로는 상대방이 이미 받은 상처를 돌이킬 수도 없고, 오히려 일을 더 악화시킬 수도 있다. 그럼 어떻게 하는 것이 효과적인 사과일까?

첫째, 우선 사과의 대상을 명확히 해야 한다.

사과는 일종의 대인 커뮤니케이션이므로 그 대상이 명확해야 한다. 그렇지 않은 사과는 혼자만의 연기에 불과하다.

둘째, 진심으로 사과해야 한다.

사과는 마음에서 우러나야 하고, 너무 형식에 치우쳐 겉돌기만 해서도 안 된다. 사과는 "미안합니다."라는 말로 끝낼 수 있는 형식상의 절차가 아니다. 자신이 영리하다고 생각한다면 남들도 바보가 아니라는 것을 알아야 한다. 사과에 성의가 있는지 없는지는 상대방도 모두 느낄 수 있다. 진심에서 우러나오는 사과가 아니라면, 그건 상대방에 대한 2차 가해가 될 수도 있다.

셋째, 사과는 그 자체여야 하고, 다른 조건이 붙어서는 안 된다.

많은 사람이 자기 잘못을 인정하면서도, 그 뒤에 조건을 붙이는 것을 좋아한다. "이 일은 내 잘못이야. 하지만 그때 네가 그러지만 않았다면 나도 절대…."라는 식의 사과는 상대방 탓을 하며 대부분의 과오를 상대방에게 돌리고, 자기 잘못에 핑계를 찾는 것과 다름없다. 이런 변명은 사과를 아무 의미 없게 만들어 버린다.

마지막으로, 진심으로 사과하되 저자세로 비굴할 필요는 없다.

단지 어떤 일에 잘못을 저질렀을 뿐, 당신은 자기 잘못을 깨닫고 진심으로 잘못을 바로잡아 개선하고 싶은 것이다. 만약 상대방이 용서해 주지 않는다면, 그 또한 어쩔 수 없는 일이다.

PART 4

남녀의 길:
호르몬으로만 유지되지 않는 관계

15장

아름다운 것들은 항상 거기에 있다

*

존경하는 사람을 사랑하기는 쉽겠지만,
당신을 싫어하는 사람이 당신을 사랑하도록 만드는 것은 어렵다.
_세르반테스

♡

우리는 어떻게 사랑에 빠지게 되는 걸까

많고 많은 사람 중에서, 한 사람이 어떻게 또 다른 한 사람을 만나 사랑에 빠지게 되는 걸까? 만약 후대의 번영만을 위한 거라면, 생리적으로 성숙했을 때 아무 이성이나 만나 번식이라는 목적에만 도달하면 그만이다. 그럼에도 무엇이 우리의 시선을 단 한 명에게만 머무르게 하는 걸까? 또 무엇이 우리가 어떤 이에게 호감을 느끼고, 다가가고 싶고, 친밀한 접촉을 하며 긴 시간을 함께하고 싶게 하는 걸까? 도대체 무엇 때문에 서로 다른 성별이 서로에게 끌리게 되는 걸까?

엡퍼Epper는 처음부터 데이트할 생각은 없었다. 캐벗Cabot과는 그저 친한 아주머니의 소개를 받은 것뿐, 데이트할 생각은 없었다. 하지만 수다스럽고 열성적인 아주머니를 실망시키고 싶지 않아 캐벗의 데이트 신청을 승낙했다. 엡퍼는 결혼 상대는 자신과 나이 차가 많지 않길 바랐지만, 캐벗은 서른두 살이었고, 엡퍼는 그보다 다섯 살 어렸다. 캐벗의 키는 큰 편에 속하지 않았지만, 엡퍼는 미래의 남편감의 키가 180센티미터는 되길 바랐다. 캐벗은 확실히 그녀의 기준에는 도달하지 못했지만, 소아과 의사라는 좋은 직업을 가졌고, 수입도 괜찮았다. 하지만 캐벗은 말주변이 없었다. 처음 만날 때 캐벗은 분홍색 달리아 한 다발을 선물했지만, 엡퍼가 좋아하는 것은 장미꽃이었다. 엡퍼와 캐벗은 몇 번의 만남을 가졌지만, 단순한 식사 자리에 그쳤다. 엡퍼는 초등학교 교사였기에 둘은 꽤 어울리는 커플처럼 보였다. 하지만 엡퍼는 캐벗에게 어떤 감정도 생기질 않았기 때문에 식사 자리가 불편했다. 엡퍼 또한 캐벗이 썩 괜찮은 결혼 상대라는 것을 알았지만, 사랑이 없는 결혼 생활이 어떻게 이어질 수 있겠는가?

오늘은 젊은이들의 파티가 있는 날이었고, 술집의 분위기도 괜찮았기에 불필요한 어색함을 피할 수 있었다. 젊은이들이 모여 함께 수수께끼를 풀고 있었지만, 엡퍼는 그다지 흥미를 느끼지 못했다. 하지만 교양 있게 굴기 위해서 그녀는 열기 넘치는 그들을 지켜볼 수밖에 없었다. 그러던 중 엡퍼는 캐벗이 비록 달변가는 아니지만 넓은 식견을 가졌다는 것을 발견할 수 있었다. 그저 죽도록 책만 파는 책

벌레라고 생각했는데, 캐벗은 철학, 예술, 음악 등 다양한 주제로 다른 이들과 대화가 가능했다. 확실히 말주변이 뛰어나지는 않았지만, 캐벗이 말하는 한두 마디에도 그의 교양이 드러났고, 사람들은 논쟁을 벌일 때 그의 의견을 구했다. 캐벗은 다른 사람의 감정을 배려하면서도 자신의 의견을 잘 표현했고, 다른 사람을 난감하게 하지도 않았다. 이런 캐벗의 소박함과 진중함에 엡퍼는 자신과 꽤 어울린다고 생각하게 되었다.

파티가 끝나고, 캐벗이 엡퍼를 집에 데려다주려고 할 때였다. 종업원 중 한 명이 갑자기 기절했고, 모두가 당황하고 있을 때 캐벗은 차분히 주위 사람에게 구급차를 불러 달라고 요청하고, 한편으로는 종업원에게 응급처지하고 있었다. 엡퍼는 돌연 캐벗이 얼마나 매력적인지 깨달았고, 그의 자신감과 학식, 그리고 침착함과 선량함에 빠져들었다. 종업원은 다행히 깨어났고, 캐벗은 모두의 영웅이 되었다. 게다가 클럽 매니저에게 VIP 카드를 선물로 받을 때는 약간 수줍어하는 얼굴로 엡퍼를 바라보았다. 그 순간, 엡퍼는 자신이 이미 이 남자와 사랑에 빠졌다는 것을 알 수 있었다.

크지 않은 키, 평범한 외모의 캐벗은 자신의 매력으로 엡퍼의 마음을 사로잡았다. 이것이 바로 사랑이 우리 마음에 싹트는 과정이다.

♡

무엇이 우리를 함께하게 하는가

생물학적이나 의학적 관점에서 볼 때, 이성끼리 끌리는 것은 생물진화의 본능이다. 결국 대부분의 생물은 이성과의 결합을 통해 후손을 낳고, 그렇기에 이성끼리의 끌림은 본능이다. 그러나 한 사람이 특정한 한 사람에게 끌리는 것은 다른 요인이 작용한다.

사회심리학의 중요한 연구 분야 중 하나가 인간관계에서의 '매력'으로, 이는 두 사람 사이에 작용하는 힘이다. 이러한 힘은 자석의 양극과도 같아서 두 사람을 서로 끌어당기기도 하고, 그들이 떨어지는 것을 막기도 한다. 또한 인간관계에서 매력은 종종 플라토닉한 관계를 끌어내기도 한다.

인간관계에서 매력을 형성하는 요인은 다양한데, 대표적으로 외모, 유사성, 익숙함, 상호보완성, 상호 간의 호감 등이 있다.

외모: "내 젊은 시절은 가고 없지만 그때부터 내 사랑은 모두 너를 닮았다."라는 말이 있다. 이처럼 특정 외모, 성격, 분위기를 특별히 선호하는 사람들이 있는데, 그들이 좋아하는 사람들이 모두 비슷한 유형이라는 것을 알 수 있다. 우리는 비록 사랑이 상대방의 영혼을 사랑하는 것이라고 말하지만, 대다수의 경우 사랑이 외모에서부터 시작된다는 것을 부정하기는 어려울 것이다. 주위를 둘러봐도 평범한 사람보다는 뛰어난 외모를 가진 사람에게 훨씬 많은 구혼자가 있다. 단, 외모 이외에도 기타 내적인 특성이 인간관계에서의 매력이

되기도 한다.

유사성: 미국 캘리포니아대학의 마케팅학과 발레리 폭스Valerie Fox 교수의 연구에서 사람들은 '유사성' 즉, 자신과 비슷한 이에게 끌린다는 것이 드러났다. 갈수록 많은 연구에서 유사성은 골격구조, 외모의 특징, 성격, 생활방식과 목표, 심지어 경제 수준, 사회적 지위, 종교적 배경, 정치 성향 등의 방면에서도 나타나고 있다는 것이 드러났다. 다시 말하면, 외모와 가치관이 맞을수록 함께하는 즐거움이 더 크다는 것이다. 그래서 "마음 맞는 술친구와는 천 잔도 모자란다."는 말도 있다. 그렇게만 된다면, 생각의 차이에 따라 발생하는 유쾌하지 않은 논쟁을 피할 수도 있다.

주위의 어떤 부부는 서로 굉장히 닮아가는 경우를 볼 수 있다. 이런 경우 무의식중에 자신과 비슷한 사람을 찾아 결혼한 것 외에, 비슷한 생활방식이 이런 현상의 원인이 되기도 한다. 함께한 시간이 긴 부부일수록 비슷한 구석이 더욱 많아지고, 생활방식이든 식습관이든 모든 면에서 얼굴의 미묘한 변화를 일으킨다는 것이 과학자들의 연구결과에서도 밝혀진 바 있다.

익숙함: 우리는 어떤 사람을 접촉하는 횟수가 많아질수록 그것을 좋아하게 된다. 사물이나 사람에게도 적용되는 이러한 법칙은 '익숙함의 법칙' 혹은 '단순노출효과'라고도 한다. 미국의 사회심리학자 로버트 자욘스Robert Zajonc는 실험참가자에게 어떤 사람들의 사진을 보여 주는 실험을 한 적이 있다. 사진을 보여 주는 빈도는 불규칙했

는데, 어떤 사진은 한 번을 보여 주고, 어떤 사진은 두세 번, 어떤 사진은 열댓 번을 보여 주는 실험이었다. 그리고 연구원들은 실험자들이 사진을 좋아하는 정도를 나타내게 했는데, 많이 보여 준 사진일수록 그 좋아하는 정도가 높았다.

당연하겠지만 인간관계에서 '단순노출효과'의 오용은 부작용을 초래할 수도 있다. 예를 들어, 한 사람이 다른 어떤 사람의 인격과 행동에 이미 반감을 품은 상태에서 그 사람의 끊임없는 출현은 반감만 더욱 증폭시킬 수 있다.

상호보완성: 어떤 사람은 자신과는 완전히 다른 사람을 선호하기도 한다. 예를 들어, 내향적인 사람은 종종 외향적이고 활동적인 사람에게 매력을 느끼고, 우유부단한 사람은 종종 결단력 있는 사람을 평생의 반려자로 삼기도 한다.

접근성: 접근성과 익숙함은 상관관계를 가진다. 연구결과에 따르면, 사람들이 서로 거주하는 지역의 거리가 매력에 영향을 미치기도 한다. 미국의 조직분석가, 도시계획전문가이자 기자였던 윌리엄 H. 와이트William H. Whyte가 진행한 도시 환경 관찰 연구인 '거리 생활 프로젝트Street Life Project'에 따르면, 거주 환경이 가까울수록 친구가 될 가능성이 커진다고 한다. 왜냐하면 가까운 곳에 사는 사람들은 더 익숙하고, 유사성의 영향까지 받게 되어, 서로 쉽게 호감이 생길 수 있기 때문이다. 또한 도움이 필요한 경우 가까이 사는 사람은 그에 대한 빠른 반응을 보이고, 이는 인간관계에서의 가치를 높여 주기도 한다.

상호 간의 호감: 살면서 '나는 그를 좋아하고, 그도 나를 좋아하는' 호감을 느낄 때가 있다. 여기에서의 호감이란 남녀 간의 감정만을 말하는 것이 아닌 모든 인간관계에 적용된다. 우리는 인간관계에서 상대방이 나에게 관심을 드러내거나 칭찬해 줄 때 즐거움을 느끼게 되는데, 이는 내가 그에게 특별한 감정이 없다고 해도 마찬가지다. 지나친 행동을 하지만 않는다면 그런 타인의 호감을 향유하기도 한다. 상대방이 나에게 호감을 드러낼 때는 나 역시 상대방을 대하는 태도가 좋아지고, 마음속 그의 매력이 상승하기도 한다.

♡

사랑은 들어본 사람은 많지만, 만나본 사람은 적다

남녀 관계에서의 영원한 주제인 '사랑'에 대해 언급하지 않을 수 없다. "햄릿을 읽은 천 명의 눈에는 각기 다른 천 명의 햄릿이 존재한다."라는 말처럼, 사랑의 절대적인 정의는 없다. 각자 다른 경험을 했고, 그 결과도 달랐을 테니 사랑의 정의 역시 같을 수 없을 것이다. 문학자, 심리학자, 철학자, 생물학자 등 다양한 영역에서 활동하는 사람의 사랑에 대한 정의 역시 다양하다. 생물학자는 사랑이 번식 본능의 표현이며, 호르몬의 영향을 받은 것이라고 여긴다. 심리학자는 사랑이 인간관계의 한 종류이자, 사회적이고 문화적인 행동이라고 생각한다. 따라서 사람들의 사랑에 대한 다양한 행동은 인문학적 사상과 사회문화적 영향을 받는다고 여긴다. 마르크스Karl Marx는 "사랑이란 객관적인 물질 조건과 공통된 삶의 이상을 기반으로 각자의 마음속에 형성된 진지한 애정이며, 상대의 평생 반려자가 되길 갈망하는 일종의 강렬한 감각이다."라고 말한 바 있는데, 최소 3천여 년 전 문학과 예술 작품 속에서도 이미 그러한 묘사를 찾을 수 있다.

인터넷상에서 "사랑은 들어본 사람은 많지만, 만나본 사람은 적은 귀신과 같다."라는 말이 유행한 적이 있다. 약간 문학적으로 표현한 "무지개처럼 빛나는 사람을 만나면, 그 무엇에도 비할 수 없다."라는 말도 있다. 사랑은 인류의 영원한 주제이며, 문학과 예술에서의 영원한 멜로디다. 사랑이란 도대체 무엇일까? 비록 사랑에 절대적 정의를 내릴 수는 없지만, 대다수의 사람은 사랑이 서로를 강렬하게 끌어당긴다는 것에 동의한다.

미국의 심리학자 로버트 스턴버그Robert J. Sternberg가 만든 '사랑의 삼각형 이론Triangular Theory of Love'에 따르면 사랑은 친밀감, 열정, 결심·헌신이라는 세 요소로 구성된다. 친밀감은 두 사람 간 존재하는 긴밀한 감정이며, 열정은 신체적 끌림과 성적 행위의 동력이고, 결심·헌신은 지속적인 애정 관계를 위한 것이다.

한 커플의 사랑은 세 가지 구성 요소 간의 상호 작용에 따라 달라지는데, 어느 부분에 중점을 두느냐에 따라 사랑의 형태 또한 달라진다. 로버트 스턴버그의 연구에 따르면, 사이가 좋은 부부일수록 두 사람의 애정은 더욱 조화로워진다고 한다. 그리고 사랑의 유형에 영향을 주는 중요 요소에는 우리의 인생 경험도 포함된다. 이외에도 자라온 가정의 부모 관계, 독서를 통해 만들어진 애정관, 각종 매체를 통해 얻은 소식 등도 우리가 사랑을 보는 관점에 영향을 주는 중요한 외부 요인이 된다.

| 주안점과 구성 방식에 따라 '사랑의 삼각형 이론'은 일곱 가지 사랑의 유형으로 나누어진다.

1. **좋아하는 사랑:** 열정과 헌신의 요소 없이 친밀감만이 강조된 유형으로, '친구 이상, 연인 미만'의 태도로 볼 수 있다.
2. **도취한 사랑:** 열정이 주를 이루며, 친밀감과 헌신이 없다. 첫사랑이 그런 경우다.
3. **공허한 사랑:** 친밀감이나 육체적 열정 없이 헌신이 기반이 된 사랑이다. 예를 들어, 나이에 밀려 급하게 결혼했을 때, 원하는 것은 혼인 그 자체일 뿐, 서로 간의 친밀감이나 열정은 염두에 두지 않게 된다.
4. **낭만적 사랑:** 사람을 가장 흥분시키는 사랑의 형태다. 열정도 있고 친밀감도 있지만 헌신이 없다. 대부분 불륜이 이런 경우다.
5. **우애적 사랑:** 친밀감과 헌신이 있지만 열정은 없다. 서로 존중하며 잘 맞는 사람과 함께 사는 것이다.
6. **얼빠진 사랑:** 헌신과 열정은 있지만, 친밀감이 없다. 찰나의 순간 어떤 이에게 설레는 경우다.
7. **완전한 사랑:** 친밀, 헌신, 열정의 3가지 요소가 모두 있는 완전한 형태의 사랑이 구현된 것이라고 볼 수 있다.

♡

첫눈에 반한 것인가, 충동적인 욕망인가

'첫눈에 반한다'는 것은 서로 알지 못하는 두 사람이 우연한 만남으로 인해, 어떠한 소통도 없다가 첫눈에 강한 이끌림을 느끼는 것이다. 첫눈에 반할 때도 그 강도가 모두 다른데, 어떤 경우는 단지 호감을 느끼는 것에 그치고, 어떤 경우는 완전히 상대방에 빠져 버려 그 사람과 더욱 가까운 관계가 되기를 열렬히 갈망하게 된다.

많은 생물학자는 사랑이 일종의 생물학적 구조이며, 모든 사람은 사랑을 느끼는 능력이 있고, 대다수 동물도 사랑을 표현할 수 있다고 주장한다. 한 조사에 따르면, 60%의 사람은 첫눈에 반한다는 감정이 있다고 믿으며, 41%의 남성, 29%의 여성은 이미 그러한 감정을 느껴 본 적이 있다고 한다. 과학자들 역시 첫눈에 반한다는 것이 가능하며, 우리의 뇌는 0.1초 안에 사랑에 빠진다고 밝힌 바 있다.

첫눈에 반하는 순간, 뇌의 부분들은 서로 협력하여 도파민, 옥시토신, 아드레날린, 바소프레신 등 각종 화학물질을 방출하게 된다. 이러한 화학물질은 우리에게 즐거움과 흥분을 주어 쾌감을 느끼도록 한다. 도파민은 뇌에서 분비되는 일종의 신경전달물질로 사람의 감정에 영향을 주는 천연 자극제라고 할 수 있는데, 사랑에 빠졌을 때 도파민의 분비는 우리를 즐겁게 한다. 하지만 개인에 따라 그 반응은 모두 다르기 때문에, 어떤 사람은 거부감을 느끼고, 어떤 사람은 호감을 느끼면서 동시에 발전된 관계가 되고 싶은 충동을 느끼게도 한다.

미국의 인류학자 헬렌 피셔Helen Fisher는 연구를 통해 사랑이 시작될 때 뇌의 복측피개 영역Ventral tegmental area, VTA이 활성화된다는 것을 발견했는데, 이곳은 욕구, 동기부여, 집중력, 갈망의 감정과도 관계가 있는 부위이다. 코카인 등에 중독됐을 때도 복측피개 영역은 활성화되는데, 사랑에 빠졌을 때 더욱 활성화된다고 한다.

첫눈에 반할 때의 전제 조건이 되는 것은 바로 '본다'는 것이다. 외모는 인간관계에서의 매력 중 가장 직관적이면서도 중요한 역할을 담당한다. 대다수 사람이 배우 뺨칠 만한 외모를 가진 것은 아니지만, 그것이 누군가 그들에게 첫눈에 반하지 않을 거란 의미는 아니다. 주변에서 찾아보면 누군가를 첫눈에 반하게 한 사람의 외모가 그다지 특별한 것이 없다는 것을 발견할 수 있다.

첫눈에 반한다는 것은 일종의 형이상학이라고 할 수 있다. 그것은 심장에 전기충격을 받은 듯, 신속하면서도 비밀스럽게 일어난다. 사람들은 누가 나를 설레게 할지, 누군가 나로 인해 설렘을 느낄지 예측할 방법이 없다. 인생에서 준비 없이 무엇에 뛰어들 필요도 없고, 사랑이 하늘에서 뚝 떨어질 확률은 낮지만, 미리 대비하는 것도 괜찮은 방법이다. 비록 당장 누군가에게 반하게 될 거라는 보장은 못하지만, 최소 그럴 확률은 높아지는 것이니 말이다.

일단, 외모는 깔끔하고 단정한 것이 좋다.

누구라도 마음에 드는 사람 앞에서 까치집 같은 머리와 흐트러진

옷매무새로 있고 싶진 않을 테니 말이다. 그래서 평소 외모와 개인 위생에 신경을 쓸 필요가 있다. 자주 샤워하고, 머리 감고, 옷을 갈아입으며 예상치 못한 냄새에 주의해야 한다. 적절한 메이크업은 사람의 에너지도 끌어올리며, 옷차림에도 신경을 써야 한다. 쓰레기를 버리러 갈 때나 마트에서 우유를 한 병 사더라도 경계심을 버리면 안 될 것이, 언제든 우리의 가슴을 두근거리게 할 수 있는 사람이 나타날지 모르기 때문이다.

그다음, 표정 관리에도 철저해야 한다.

기분이 나빠도 그런 기분을 다른 사람에게 들킬 필요는 없다. 미소를 유지하는 것은 우리의 기분도 좋게 할 뿐만 아니라 개인의 매력을 상승시키는 데도 일조한다. 우거지상은 다른 사람의 관심을 받기도 힘들지만, 미소 띤 얼굴은 지금 당신의 기분이 꽤 괜찮다고 생각하게 만듦으로써 만약 누군가 당신에게 반한다면 그 미소가 상대방에게 당을 수 있다는 용기를 줄 수도 있다.

마지막으로, 목표가 정확해야 한다.

만약 당신이 실외 스포츠에 빠진 부류를 좋아하거나, 고상한 지식인 유형을 좋아한다면, 그 사람의 테두리를 파고들어야 그와 연인이 될 가능성이 커진다. 집순이나 집돌이는 스포츠를 좋아하는 사람을 만날 확률이 낮고, 매일 TV에 빠져 있는 것보다는 대학에 강의를 들으러 가는 것이 지적인 사람을 만날 가능성을 높여 준다. 모든 사람에게는 보이지 않는 테두리가 있고, 그 테두리 안에서 사람들을 만나게 되는 경우가 많다. 다른 테두리 안의 사람과 만나고 싶다면, 지금 바로 일어나 그 테두리 안에 뛰어들어야 한다.

첫눈에 반해 버리는 일시적인 감정이 장기적인 사랑의 초석이 될 수는 있겠지만, '첫눈'에 상대방을 깊이 이해할 수는 없다. 진정한 사랑은 정신, 영혼, 육체적인 면이 모두 부합해야 한다. 그렇기에 첫눈에 반한 상대를 만나게 되더라도 자신의 사랑을 잘 컨트롤하고, 두 사람이 함께 노력하여 결혼까지 도달할 수 있도록 해야 한다.

16장

사랑한다면,
매일 새롭게 사랑해야 한다

*

매일 새롭게 사랑하지 않으면 사랑은 습관이 되고,
그것은 결국 속박이 된다.
_칼릴 지브란

♡

어떻게 해야 사랑이 변하지 않을 수 있을까

탄산음료의 유통기한은 보통 6개월이고, 참치통조림의 유통기한은 보통 2년이다. 마트에서 파는 낱개 포장 초콜릿은 1개월까지만 보관이 가능하다. 우리 주위의 모든 것에는 그 유통기한이 존재한다.

과학자들은 사랑이 시작되면 인체는 도파민, 옥시토신 등의 화학물질을 분비하지만, 정점을 찍고는 분비되는 양이 갈수록 감소하는데, 그 기간은 겨우 몇 개월뿐이라는 것을 발견해 냈다. 몇 개월이 지나면, 상대방의 사소한 말이나 행동에도 이미 익숙해져 있을 것이고, 아침에 일어나서는 무심코 그가 보낸 문자를 읽게 될 것이다. 그리고 습관적으로 오후 6시 퇴근 시간에 맞춰 픽업을 갈 것이다. 안드레이 타르코프스키Andrei Tarkovsky의 영화나 마리오 바르가스 요사Mario Vargas Llosa의 소설에도 비슷한 식견을 갖고 있을 것이다. 너무 많은 이야기를 함께한 까닭에 더는 이야기할 거리도 없을 것이고, 상대의 몸과 성격에 대한 파악도 끝나서 열정은 이미 사라져 모든 것은 평소대로 돌아와 있을 것이다.

이런 게 사랑일까? 소설이나 드라마 속의 격정적인 사랑은 우리와는 전혀 관계없는 것처럼 보인다. 사랑의 가장 아름다운 모습들은 대부분 그 시작점에서 머물러 있고, 그건 특별한 것 없는 동화의 전개를 떠올리게 한다. 왕자와 공주가 사랑에 빠져 결혼을 한 시점에서 이야기는 끝나는데, 그 뒤에는 어떤 일이 일어났는지, 둘의 감정은 영원했을지에 대한 언급은 단 한마디도 없다. 설령 왕자와 공주가 매일매일 춤추고 노래하는 일상을 보내더라도, 언젠가는 서로에게 싫증을 느낄 수도 있지 않을까? 작가가 이런 아름답지 못한 광경에 대해서 설명해 줄 리 없기 때문에 우리는 책장을 덮은 후 초라한 현실을 대면할 수밖에 없는 것이다.

만약 둘의 관계에 변화가 없다면, 그 아무리 대단한 열정이라도 그리 오래 유지될 수는 없을 것이다. 열정의 시간이 지나고, 결혼과 가정에 대한 책임 없이 누군가와 오랜 기간 함께하는 건 대단히 어려운 문제이다. 결혼한 후에는 아주 많은 일들과 복잡한 상황이 기다리고 있으니, 어떻게 감정의 신선도를 유지할지는 결혼 전 꼭 생각해 두어야 할 과제이다. 아래 몇 가지 방법을 참고해 보자.

1. 거리 유지하기

아무리 서로 전부가 될지라도, '거리를 둠으로 만들어지는 아름다움'을 간과해서는 안 된다. 상대방을 항상 시야에 두려고 하지 말고, 자신과 상대를 위해 개인의 공간을 만들어야 한다. 감성지수를 높이기 위해서는 혼자만의 시간이 필요하다는 것을 모두 알고 있을 것이다. 두 사람이 지겹도록 붙어 있으려고만 한다면, 자신과의 대화는 불가능해진다.

서로를 위해서도 자신만의 여행, 누군가와의 약속, 최소 혼자만의 한 끼 식사나 영화 관람의 시간을 자신에게 선물하는 것이 좋다. 그것 또한 둘의 관계에서 잠시 탈출하는 일종의 방법이 될 수 있기 때문이다. 그럴 때 우리는 다른 상황에서 상대방의 모습을 새로이 발견하게 되고, 두 사람의 관계에 있어서 끊임없이 신선한 감정을 불어넣어 줄 수 있게 된다.

2. 너무 빠른 동거는 하지 않기

연인 관계에서는 서로에 대한 아름다운 환상을 갖고 있지만, 연인이 룸메이트가 되는 순간 다시 한번 대학 생활을 경험하게 된다. 우리는 몇 번이고 룸메이트와의 마찰과 침실의 환경으로 인해 침실을 옮기거나 룸메이트를 바꾸고 싶다는 충동을 느끼게 될 것이다.

두 사람의 독립된 개체가 서로 함께 지내는 것은 결코 쉬운 일이 아니며, 아직 성숙하지 않은 두 사람의 무모한 동거는 많은 문제를 낳게 된다. 생활 습관과 가치관에는 큰 차이가 있는데 성숙한 소통방식이 없는 상태라면 제아무리 같은 인생관을 갖고 있더라도 충돌을 피할 수 없는 순간이 오게 된다. 서로에 대한 아름다운 상상은 일상에서의 사소한 일들에 의해 와해될 수 있다.

연애 기간의 거리 두기는 우리의 가장 좋은 면을 상대방에서 보여 줄 수 있고, 상대방과의 교제를 통해 발견한 단점을 고칠 시간과 공간의 여유를 가질 수 있게 해준다. 연인을 집에 바래다줄 때의 아쉬움과 애틋함, 그 달콤한 시간을 빨리 포기할 이유가 없지 않은가?

3. 낯선 지역으로 함께 가기

이미 익숙해진 두 사람이 언제나 익숙한 환경에 머무는 삶은 빨리 무미건조해진다. 일정 기간을 간격으로 소비수준에 맞추어 장단기 여행을 계획하거나 교외의 야산을 함께 걸어 보는 것도 낭만적인 일이 될 수 있다.

연인 사이는 때때로 목적지 결정, 교통편 결정, 여행 짐 꾸리기, 여행 중의 해프닝, 낯선 사람과의 교류 등, 두 사람이 함께해야 완성될 수 있는 깊은 커뮤니케이션이 필요할 때가 있다. 한 명에게 일을 미루지 않고, 두 사람이 함께할 때 비로소 상대방의 장점을 발견할 수 있고, 더 많은 시간과 공간을 통해 서로를 알아가게 될 것이다. 또

여행 중 맞닥뜨릴 어려움과 사건들은 소중한 추억이 되기도 한다.

4. 눈으로 아름다움을 찾고, 입으로 그 감정을 표현하기

여자가 마음속 의문을 품는 문제는 "그가 나를 사랑하는가?"이고, 끊임없는 긍정을 통해 비로소 안정감을 얻게 된다. 남자는 아내의 청춘이 지나가고 이제는 늙고 살이 쪘을 때, 회심의 미소를 지으며 자신이 날씬한 여자와 뚱뚱한 여자 두 명과 결혼했다고 스스로 조소할지도 모른다. 하지만 그것이 보통의 삶이며, 조금은 삐거덕거려도 커다란 풍랑은 없는 소박하지만 따뜻한 일상이다. 여자들이 원하는 것도 그저 일상 속 아낌없는 사랑의 표현이다. "사랑해." 이 한마디가 우리의 애정 생활에 얼마나 큰 이벤트가 될지를 기억하라.

5. 호기심 유지하기

이렇게 긴 인생에서, 어느 누가 몇십 년 동안 한 사람에게 변함없는 열정을 바칠 수 있을까? 사람이 언제나 같은 모습일 수는 없다. 서로에 대한 관심을 유지하고, 상대방을 관찰하고 이해해야 한다. 그리고 다른 상황 속 그 사람의 모습을 알아가는 것도 가치가 있을 것이다.

'지루함'은 사랑이란 감정의 킬러라고 할 수 있다. 우리가 세상에 관심을 두지 않게 되면 삶의 열정을 잃게 되는 것처럼, 지루함을 방치하면 무감각과 권태가 시작된다. 지루한 삶은 재빠르게 사랑의 불꽃에 찬물을 끼얹는다. 의미 있는 일들을 함께 시작하라! 두 사람은 함께 경험한 일들이 많아질수록 관계는 끈끈해질 것이고, 더욱 서로를 이해하게 될 것이다. 이는 감정이란 은행에 더 많은 현금을 입금하는 것에 비유할 수 있다.

6. 생활에도 의식감 갖기

'의식감'이란 세 글자가 최근 몇 년간 자주 거론되고 있다. 조금 진부한 말처럼 들릴 수 있겠으나 애정 생활에서 의식감은 필수불가결하다. 의식감은 우리가 어떤 일을 대할 때 그것을 얼마나 중요하게 생각하는지를 잘 나타내주는 표현이다. 《어린 왕자》에서 "그건 어느 하루를 다른 날들과 다르게 만들어 주고, 어느 한 시간을 다른 시간과는 다르게 만들어 줘."라는 문장처럼 말이다.

결혼기념일이든, 생일이든, 처음 만난 날이든, 첫 키스를 한 날이든, 고백을 한 날이든, 청혼 승낙을 한 날이든, 이런 날을 기념하는 것은 아름다웠던 나날들에 대한 기억을 갖는 것이다. 또한 이러한 날을 다른 날과 구분하는 것은 그 나날들이 앞으로 다가올 미래에 대한 기대를 담고 있기 때문이기도 하다. 사실, 어느 날이든 그날에 특별한 의미가 있든 없든 사랑하는 두 사람이 함께하는 날이라면 그 모든 나날에 '의식감'을 가져도 되겠지만 말이다.

아직도 사랑한다면, 어떻게 헤어질 수 있을까

미국의 심리학자 로버트 스턴버그의 '사랑의 삼각형 이론'이 친밀감, 열정, 결심·헌신으로 구성되어 있음을 언급한 바 있다. 사랑의 초기에는 열정이 최고조로 치솟았다가 정점을 지나 점점 평온을 찾게 되지만, 두 사람의 이해가 깊어짐에 따라 친밀감과 헌신이 증가하여 두 사람의 감정은 점차 균형을 찾게 된다.

사랑은 호감 단계, 열애기, 적응기, 결심·헌신의 시기를 거친다.

'호감 단계'에서는 열정에 휩싸여 상대의 반응을 얻으려고 한다. 때로는 눈빛 하나에도 얼굴이 붉어지며, 가슴이 뛰고, 의미 없는 인사 한마디에도 행복감이 폭발한다. 끊임없이 상대의 마음을 떠보고, 달콤함과 슬픔에 취하고, 희로애락의 감정을 느끼면서 바보같이 웃고, 때로는 울고, 공상에 빠져 지레짐작하고, 사랑하고, 미워하기를 반복한다. 이후 서로 마음을 고백하고, 상대방도 나를 좋아하고 있다는 것을 알게 되면 두 사람은 금세 열애기로 접어들게 된다.

'열애 기간'은 사랑의 과정 중 가장 달콤한 시기이다. 두 사람이 함께라면 무엇을 해도 재미있고, 상대에게서 무한한 새로움을 느끼며 끊임없이 그 사람의 장점을 발견하게 된다. 하지만 두 사람이 '적응기'에 접어들면 '사랑의 필터'는 점차 효력을 상실한다. 인간의 본성 그 깊은 내면이 드러나고 상대방의 본모습 보게 되며, 그로 인한 마찰과 충돌이 잇따라 찾아오게 된다. 이 적응기에는 '원래 이런 사람이었나?', '예전에는 안 그랬는데' 등의 의문이 들기 시작한다. 어떤 이는 열정이 사라진 후 사랑의 감정을 유지하기 위한 노력을 포기하고, 감정이 사라진 두 사람은 결국 헤어지게 된다.

이처럼 어떤 이는 외부 요인으로 인해 손상된 관계를 회복하지 않아 감정이 깨지게 되고, 어떤 이는 함께 이 적응기를 극복하지만, 그 이유가 그저 상대방과 함께 있는 것이 습관이 되었기 때문이기도 하다. 또 어떤 연인은 결혼까지 못 가지만 헤어지지도 못하는 상태에서 몇 년을 허비하기도 한다. 어떤 연인은 "큰일을 하려면 작은 일에 구애되지 말아야 한다."는 《사기史記》의 말을 빌려, 상대의 결점보다는 장점을 보려고 애쓴다.

적응기를 이겨내면 연인들은 '결심과 헌신의 시기'로 접어든다. 이 시기에는 친밀함과 헌신이 동등하게 증가하며 책임질 것들이 늘어나는데, 직장, 가정, 주거지 등 더욱 장기적인 계획을 모색해야 한다. 비록 많은 문제가 완벽하게 고려될 수는 없겠지만, 두 사람은 대부분 문제에 대한 공감대를 갖고, 함께 미래의 문제에 직면하려고 한다. 두 사람이 미래에 대한 계획을 세우는 데 있어서, 한쪽이 안정감이 잃게 되면 두 사람의 감정은 뒷걸음치기 마련이다. 특히 여성의 경우 안정감은 남녀 관계를 유지하는 데 있어서 매우 중요한 요소가 된다.

사랑이 계속됨에도, 무엇이 연인들을 헤어지게 하는 걸까?

비행: 예를 들어, 흡연, 폭음과 주사, 약물중독, 도박, 성매매 등 사람들이 받아들이기 힘든 행동은 모두 이별의 중요한 원인이 된다. 단, 이럴 때도 경중의 구분은 있는데, 흡연, 음주, 게임중독 등 윤리적인 범위 내에서의 행동은 상대방의 이해를 받기도 하고, 그로 인한 다툼으로 만남과 헤어짐을 반복하기도 한다. 하지만 법과 도덕에 어긋나는 행위는 상대의 용서를 받기 힘들고, 일단 헤어지게 되면 두 사람의 관계는 다시 회복하기 어려워진다.

거짓말: 처음 상대방에게 어필하기 위해서 때때로 자신의 조건을 과대포장하고, 결점을 숨기며, 학력이나 경제력, 사회적 지위 등에서 이른바 '날조'를 하기도 한다. 어떤 경우, 교제 중 한쪽의 끊임없는 거짓말과 감정에 충실하지 않은 점으로 인해 두 사람의 신뢰는 무너지고, 결국 헤어지게 된다.

성격 차이: 연인이 헤어지는 이유로 흔히 '성격 차이'를 주장하지만, 세상에 두 사람의 성격이 완전히 맞는 경우를 찾는 것은 거의 불가능하다. 사람마다 성격의 '맞음'에 대한 정의가 다른데, 어떤 사람은 성격이 다름을 서로 보완하는 것을 '맞음'이라고 생각하고, 어떤 사람은 성격이 비슷한 것을 '맞음'이라고 생각한다. 소위 성격 차이의 근본적인 원인은 사실 '세계관, 인생관, 가치관'의 문제라고 할 수 있다.

응원과 존중: 가장 응원이 필요할 때 연인의 무심함과 무관심은 내가 그에게 존중받는다는 느낌을 주지 못하고, 결국 이별을 선택하

게 한다.

비정상적인 성격: 어떤 사람은 연인을 자신의 소유물로 생각한다. 연인이 다른 이성과 만나는 것을 허락하지 않고, 그렇지 않으면 배신이라고 여기며, 그 사람을 끊임없이 의심하고 일거수일투족을 감시한다. 이는 상대가 곤혹감을 느끼게 하여 대부분 이별로 종결된다.

경제적 분쟁: 한쪽은 끊임없이 지출하고 한쪽은 끊임없이 받기만 하는 관계는 돈을 지출하는 쪽이 "저 사람은 돈 때문에 나와 함께 하는 걸까? 진짜 나를 사랑하기 때문일까?"라는 의문을 들게 만든다. 두 사람의 경제력이 완전히 같을 수는 없다. 분명 한쪽의 경제력이 조금이라도 나을 것이다. 스스로 원한 지출이겠지만, 그 동력은 사랑이라는 것을 잊어서는 안 된다. 달리 말하면, 상대방을 진심으로 사랑한다면 일방적으로 받기만 해서는 안 되고, 자신이 할 수 있는 한에서 상대방에게 보답해야 한다는 것이다.

소통의 부재: '침묵은 금'이라는 말은 연인 관계에서는 치명적인 말이 될 수 있다. 소통은 연인 관계 중 가장 중요한 부분이다. 소통하는 것은 존중하는 것과 같고, 소통으로 인하여 나는 상대의 의견을 존중하게 되고, 상대도 나의 감정을 존중할 수 있게 된다. 소통의 부재로 연인이 얻을 수 있는 결론은 단 하나, "그는 나를 사랑하지 않는구나."라는 것이다.

사랑에 대해 제대로 이해하고 그 약점을 알고 있다면, 올바른 방식으로 사랑을 주고받을 수 있다. 사랑하는 사람과 함께할 때 흐리멍덩하거나 제멋대로 행동하지 말라. 그러한 행동은 사랑이 상처가 되게 한다. 사랑한다면, 진심으로 사랑하기를 바란다.

♡

사랑에 시험이 필요할까

모든 남성은 목숨이 걸린 한 가지 문제, 즉 "나랑 당신 엄마가 물에 빠지면 누구 먼저 구할 거야?"라는 질문에 맞닥뜨리게 된다. 이 난제는 누구를 먼저 구한다고 하더라도 결국 완벽한 해답이 될 수는 없다. 왜 항상 남자들만 이 난제를 풀어야 할까? 만약 그가 듣고 싶은 답을 했다고 하더라도, 그것이 과연 진짜 그의 속마음일까? 시험에 든 사람의 입장에서 그는 어떤 생각을 하고 있을까?

고부 관계는 세기의 난제이다. 고부 관계의 본질은 사실 한 남자에 대한 두 여자의 통제권 쟁탈전이라고 할 수 있다. 일명 '부부관계의 권위자'라고 불리는 워싱턴대학교 심리학 교수 존 가트맨John Gottman 박사에 따르면, 감성지수가 높은 남자일수록 두 사람 모두의 비위를 맞추려고 노력하지 않는다고 한다. 그의 지혜는 과감한 결단력에 있다고 할 수 있다.

가트맨 박사는 다음과 같은 예를 들었다. 아내는 고급 레스토랑에 온 가족의 주말 저녁 식사를 예약했다. 하지만 약속 당일 시어머니가 이미 저녁 식사 준비를 모두 끝마쳤고, 레스토랑 예약은 잊어버렸다고 말한다. 아들의 입장에서 이런 경우 어떻게 해야 하는 걸까? 집에서 식사하게 되면 아내가 슬퍼할 것이고, 예정대로 레스토랑에 가게 되면 어머니가 슬퍼하게 될 것이다. 결국 아들은 어머니를 안아 주고 맛있는 음식에 대한 감사를 전한다. 하지만 아내가 가족들 모두 함께하는 외식을 굉장히 기대하고 있기에, 어머니에게 음식들은 냉장고에 넣어 두고 내일 먹자고 부탁하게 된다. 남자들은 결혼 후 어머니가 소중한 존재인 것은 맞지만, 결혼 생활 중 가장 중요한 사람은 바로 아내이며, 자신과 함께 인생의 끝까지 함께할 사람 역시 아내라는 점을 확실히 해놓아야 한다.

왜 우리는 항상 상대를 시험에 빠뜨리는 걸까?

현대사회의 모든 것은 패스트푸드처럼 속도를 중시하고 효율을 추구하게 되었다. 사람의 감정 역시 부지불식간에 패스트푸드화되고, 사랑도 쉽게 오는 만큼 쉽게 식지만, 즐겁게 만나고 즐겁게 헤어지면 그 또한 누이 좋고 매부 좋은 일이 되어 버렸다. 세상에 유혹은 갈수록 많아지고 있고, 사람들의 감정에 대한 배려나 집중은 갈수록 떨어지고 있다. 하지만 사실 모든 사람은 내심 영원한 감정을 갈구하고 있다. 그렇기에 가까스로 연인이 생겼을 때, 저도 모르게 '그 사람이 나를 사랑하는 걸까?'라는 문제를 걱정하기 시작한다.

현실에는 확신할 수 없는 일들이 너무 많이 벌어지기에 우리는 연인의 휴대전화 비밀번호를 알기를 원하고, 그 사람의 문자 내용을 보고 싶어 한다. 또 다른 이성과 친한 척하며 상대의 반응을 살피기도 한다. 마치 상대가 이 테스트에 협조하고 참여해야 사랑이 증명되는 것처럼 말이다.

영국 셰필드대학의 심리학자 루이스 컬링Louise Curling은 가장 가까운 연인을 테스트하는 행동은 질투심의 극단적 표현으로 간주할 수 있다고 했다. 하지만 왜 꼭 테스트하려고 하는 걸까? 만약 상대가 당신을 사랑하지 않는다면, 사실 포기해 버리는 게 가장 좋은 방법 아닌가? 만약 상대가 당신을 사랑한다면, 당신이 하는 테스트야말로 당신이 확신을 줄 수 있는 사람이 아니라는 뜻 아닌가? 자신에 대한 믿음이 없기 때문에 당신과 연인 두 사람의 감정에도 믿음이 없는 것이다. 온갖 궁리를 다 해 상대의 감정을 시험할지언정, 두 사람이 감정을 컨트롤하고 조절할 생각은 없어서이다.

인간성은 시험을 받아서는 안 된다. "백 가지 선행 중 효를 으뜸으로 치는데, 효는 행실이 아닌 마음을 논해야 한다. 행동으로 효를 논한다면, 가난한 집안에 어찌 효자가 날 수 있겠는가? 만 가지 악행 중에는 음탕함이 가장 으뜸인데, 악은 마음이 아닌 행실로 판단해야 한다. 마음으로 악을 논한다면, 세상에 완벽한 사람이 없을 것이다."라는 말이 있다. 연인을 테스트하는 것은 본질적으로 인간의 본성을 테스트하는 것인데, 이는 균형 잡힌 인간관계를 깨뜨리고, 자아를 자극하는 일이다. 이 얼마나 바보 같은 짓인가?

신뢰는 친밀한 관계에서 가장 소중하고, 가장 기본이 되는 마음이다. 신뢰감은 회복되기 어려운 감정인만큼, 신뢰를 받지 못하는 느낌은 끔찍하다. 사랑하는 사람에게 계속해서 테스트를 받게 될 때 가장 고통스러운 것은 어떻게 그 테스트를 대응해야 하는지가 아니라, 그 의심으로 인해 만신창이가 되는 몸과 마음이다. 그리고 결국은 그 사랑을 포기하게 될지도 모른다.

♡

사랑에서 가장 중요한 일

칼릴 지브란Kahlil Gibran의 《예언자》에서 〈사랑에 대하여〉에 "사랑은 밀단처럼 그대들을 자기에게로 거두어 들인다. 사랑은 그대들을 탈곡하여 벌거벗게 한다. 사랑은 그대들을 체로 쳐서 껍질을 벗긴다. 사랑은 새하얗게 변하도록 그대들을 갈아낸다. 사랑은 유순해질 때까지 그대들을 반죽한다."라는 문구가 있다. 사랑하기는 쉽지만, 함께 지내기는 어렵다. '사랑'에서 '결혼'까지는 아주 멀고 긴 여정이지만, 결혼을 유지하는 것은 더욱 어려운 공정이다. 이 공정 과정 중 틈이 생겼을 때 제대로 수리하지 않는다면, 그 틈은 사랑과 혼인을 파탄으로 끌고 갈 수 있다. 사랑을 오래도록 유지하려면, 높은 감성지수가 없어서는 안 된다.

미국의 심리학자 데이비드 마이어스David Myers는 평등, 소통, 귀인attribution, 질투와 인간관계가 사랑과 결혼의 지속 가능성에 영향을 주는 핵심 요소라고 말한 바 있다.

평등은 친밀한 관계를 유지하는 중요 조건 중 하나로, 감정은 상호호혜원칙에 영향을 받는다는 것이다. 사실 어떤 인간관계든 모두 공정성 이론의 영향을 받게 된다. 말하자면, 노력과 수익이 비례해야 한다는 뜻이다. 그래서 감정의 표현은 자연스럽고, 자발적이어야 하지, 상대의 관심과 사랑을 얻기 위해 아부를 떨지 말아야 한다는 것이다. 돈, 수입, 외모, 학력 등에서 차이가 아무리 크다고 해도 감정면에서는 두 사람이 평등해야 하고, 어느 한 사람이 우위에 서서 상대방을 마음대로 부리고 발밑에 가둬 꼼짝 못 하게 해서는 안 된다.

소통은 관계를 유지하는 중요한 수단이다. 상급자와 하급자와의 관계든, 부모와 자녀의 관계든, 대다수 문제가 있는 인간관계는 원활하지 않은 소통에서 생겨나기 마련이다. 친밀한 관계에서 가장 큰 적은 소통의 부족이다. 가정환경, 성장환경, 성장 과정이 다른 두 사람이 한 지붕 아래에서 살게 됐는데, 소통이 부족하다면 어떻게 될까? 결혼 전 두 사람이 제아무리 서로를 잘 이해했다고 해도, 결혼 후 어떤 문제와 맞닥뜨릴지는 상상조차 할 수 없다. 만약 두 사람이 소통하려 하지 않고 제멋대로 군다면, 두 사람 사이에 마찰이 생길 것은 불 보듯 뻔한 일이다. 연구결과에 따르면 감정이 틀어진 부부는 상대방과의 소통을 거부한다고 한다. 그것이 긍정적인 감정 표현이든, 부정적인 감정 표현이든, 어떤 문제가 발생했을 때 그들은 혼자 해결할지언정 상대와 소통하기를 거부한다는 것이다.

미국의 심리학자 로버트 레빈슨Robert Levenson과 심리학자 존 가트맨은 감정연구와 심리·생리적 측정, 그리고 비디오 회상 방법을 결합하여 충돌 상황 속에서 사람들이 느끼는 감정을 평가하는 연구를 진행했다. 그들의 연구를 통해 발견한 사실은 "사람은 상대방에게 원망을 품고 있으면서도 그와의 소통은 거부하고, 심지어 상대방의 배려도 무시하는 경우가 많다."는 것이었다. 가트맨은 다양한 모델, 척도, 공식을 개발해 부부 관계의 안정성을 예측할 수 있도록 했다. 이 연구는 부부 사이에 상대를 비판하고, 얕보며, 소통 및 협력을 거부하고, 방어심리가 심한 등의 네 가지 부정적 행동이 나타나는 경우 그 결혼은 파국으로 향할 것이라는 결론에 이르렀다.

귀인이란 '타인의 말과 행동으로부터 어떤 일이 발생한 원인 혹은 인과관계를 추론한다'는 뜻이다. 미국의 심리학자 프랭크 핀챔Frank Fincham과 토마스 브래드버리Thomas Bradbury의 연구에 따르면, 귀인은 친밀한 관계의 발전과 파탄에 인과작용 역할을 한다고 한다. 행복한 부부는 주로 강화된 방식의 귀인을 하는데, 상대의 좋은 행동은 상대의 내적 원인이라고 귀인하고, 상대의 안 좋은 행동은 외부의 환경 때문이라고 귀결시킨다. 예를 들어, 부부 중 한 명의 기분이 나빠 화를 냈다면, 다른 한 명은 그의 인품에 문제가 있거나 성격이 나쁘거나 자신을 사랑하지 않아서 그렇다고 생각하는 것이 아니라, 아마 오늘 회사에서 안 좋은 일이 있었기 때문에 평소와는 다르게 인내심이 부족한 거라는 등의 외적 원인을 찾게 된다는 것이다. 하지만 행복하지 않은 부부는 늘 우울한 방식의 귀인을 하게 된다. 만약 상대방이 좋은 행동을 하면, 그건 오늘 자신의 운이 좋아서이고, 상대방이 좋지 않은 행동을 하면 그건 그 사람의 문제인 거로 생각한다.

캐나다 워털루대학교의 심리학자 존 렘펠John K. Rempel은 결혼한 35쌍의 부부를 대상으로 조사를 실시하여 850개 귀인의 종류와 관련된 사건들을 코딩했다. 일련의 조사를 통해 얻어낸 연구결과는 신뢰도가 높은 부부일수록 강화된 귀인으로 긍정적인 요소를 찾았고, 보통의 신뢰도를 가진 부부는 부정적인 면과 그 해석에 더 집중했으며, 신뢰도가 낮은 부부에게 더욱 구체적으로 나타나는 것은 바로 극단적으로 부정적인 귀인을 한다는 것이었다.

질투와 인간관계 측면에서 보면 사랑에 빠진 사람들은 모두 질투심에 사로잡혀 고통을 받는 듯하다. 배우자가 다른 이성과 너무 가까이 걷는 것에서 무의식중에 시기심을 느끼고, 그 감정이 쌓여 질투심으로 변하곤 한다. 친밀한 관계에서 질투는 사랑의 표식이 되기도 하고, 친밀한 관계를 발전시키는 촉진제 역할을 하기도 한다. 하지만 구속이 더해진 질투심은 부정적인 감정과 위험한 행동을 유발하기도 한다.

상처투성이지만 여전히 친밀한 관계의 이면에는 함께하고 싶다는 갈망이 숨겨져 있다. 한 사람을 사랑하는 마음에 잘못은 없지만, 그 방법에는 잘못이 있을 수 있다. 우리는 적극적으로 자신을 직시하고, 올바르게 자신을 표현하는 법을 배워야 한다. 행복의 주도권을 가진 사람은 그 누구도 아닌 바로 나 자신이다.

17장

약속한 행복이 실현되기 어려울 때

*

가장 달콤한 꿀도 그 맛에 무감각해질 수 있고,
그리 열렬하지 않은 사랑이 오히려 더 오래 지속될 수 있다.
너무 빠르거나 너무 느린 것 모두 완벽한 사랑이 될 수 없다.
_셰익스피어

♡

가식을 알아채기

대인관계에서 매력을 발산하고, 어떤 이가 나를 좋아하고 있다는 것을 깨닫게 되면 나 역시 그 상대방에게 매력을 느끼게 된다. 하지만 이럴 때일수록 우리는 신중한 태도로 추종자를 대해야 한다. 상대의 감정을 갖고 놀지 말아야 할 뿐 아니라 상대방의 강렬한 애정 공세에도 넘어가지 말아야 한다. 그렇지 않으면 정신없이 사랑이라는 강에 빠져 버리게 되고, 그런 후에는 상대의 사랑이 진심인지 아닌지 분별할 수 없게 되기 때문이다.

진심과 가식을 구분하고 싶을 때는 관찰을 통해 그 결론을 얻을 수 있다. 자신에게 몇 가지 질문을 던져 보자.

1. 그 사람이 자신의 기분에만 신경을 쓰는가?

물론 현대사회에서 성행위에 대해 점점 관대해지고 있는 것은 사실이지만, 어쨌든 성행위는 서로 자발적인 의사에 의해 전제되어야 한다. 감정에 진지한 사람은 성행위에서도 신중하게 된다. 물론 소위 수절을 하고 순결을 지키라고 부추기는 것은 아니다. 하지만 그가 정말 당신을 소중하게 생각한다면 당신의 생각을 귀담아듣고, 당신의 속도에 맞추려고 하지, 알게 된 지 얼마 되지도 않아서 당신과 성행위를 할 생각만 하지는 않을 것이다.

2. 성실한가?

그가 하는 말들은 믿을 만한가? 과거를 왜곡하고 자신을 숨기지는 않는가? 진정한 사랑이란 두 사람이 서로 마음의 문을 열고, 가장 나다운 내가 되어 진실한 모습을 보여 주는 것이다.

3. 그가 당신을 친구들에게 소개해 준 적이 있는가?

어떤 한 사람이 누군가와 오래 함께하고 싶을 때 보통 자신과 친한 사람들에게 자신의 감정을 확인받고 싶어 한다. 그래서 당신을 자기 가족이나 친구들에게 소개하고, 자신의 생활 속에 들어오도록 한다. 만약 그가 그런 행동을 하지 않고 그저 핑계만 찾고 있다면, 그건 당신에게 무언가를 숨기고 있거나 즐기기만을 원하는 것이다.

4. 그의 이야기에 당신과 함께하는 미래가 있는가?

진정으로 당신을 사랑하는 사람이라면 조금의 주저함도 없이 당신과 함께하는 미래의 인생 계획을 공유할 것이다. 만약 일상을 함께하면서도 그가 자기 미래에 관해서 이야기한 적이 없거나 두 사람이 함께하는 미래에 대한 계획을 세운 적이 없다면, 둘의 관계가 아무리 친밀하더라도 상대는 단지 현재를 즐길 뿐 그 어떤 미래에 대한 약속도 할 생각이 없는 것이기 때문에 당연히 상대의 계획에 당신은 자리하지 않는다는 뜻이다.

5. 그가 자기 자신에 관해 이야기한 적이 있는가?

당신에게 마음을 다 하려는 사람은 자신의 기쁨과 근심을 당신과 함께 나누고 싶어 할 것이고, 자신의 유년기, 가족, 일에 대해 마음을 열고 이야기하며 진심을 털어놓을 것이다. 하지만 그가 매번 자신이 맞닥뜨린 어려움에 관해서만 이야기하고 기쁜 일은 전하지 않는다면 당신 머릿속의 경보를 울려야 할 것이다. 그건 그가 당신으로부터 경제적 이득을 얻으려 할 가능성이 매우 높기 때문이다.

6. 함께하지 않을 때, 그는 어떤 모습을 보이는가?

그가 당신을 가식으로 대하고 있다면 그가 당신에게 하는 모든 호의는 거짓일 것이고, 그는 당신과 멀어지는 그 순간 그 가식을 내려놓을 것이다. 하지만 그가 당신을 진심으로 사랑한다면 함께하지 않는 순간에도 가능한 범위 내에서 당신과 연락을 유지할 것이다. 고개를 돌리는 순간 절대 당신을 머릿속에서 지워 버리지 않을 것이다.

7. 그가 당신의 단점을 이야기하는가?

재미있는 일이긴 한데, 당신을 사랑하는 사람일수록 당신의 장단점을 더 잘 알게 되기 때문에, 당신이 어떤 잘못을 저질렀을 때 그 잘못을 지적하게 된다. 그가 당신의 잘못을 지적하는 것은 당신을 난감하게 하려는 것이 아니라 당신이 더 나아지고 완벽하게 변할 수 있다고 생각하기 때문이다. 하지만 당신을 가식으로 대하는 사람은 그저 환심을 사기 위해 감언이설로 당신을 칭찬하고, 심지어 당신이 결점 하나 없는 완벽한 사람이라고 생각하게끔 과장하기도 한다.

8. 그 사람이 진심으로 당신을 응원하는가?

진실한 감정은 고통을 함께하고 이겨내게 한다. 만약 당신에게 이루고자 하는 목표가 있고, 다른 사람이 모두 그 목표를 이룰 수 없을 거라고 말할 때도 그는 절대 당신을 비웃거나 공격하지 않을 것이다. 오히려 당신이 그 꿈을 이룰 수 있도록 지지하고 격려하며, 상황을 분석하고 계획을 세우는 등 든든한 후원자이자 조력자가 될 것이다.

어떤 사람은 한동안은 가장으로 사랑의 거짓된 모습을 보일 수 있지만, 생활의 풍파를 견디지는 못한다. 세찬 바람이 불어야 억센 풀을 알 수 있고, 오래 겪어야 사람의 마음을 알 수 있다는 말처럼 시간이 지나면 어떤 거짓이든 그 꼬리가 밟히기 마련이다. 만약 당신이 상대에게 기만당하고, 무시당하고, 농락당하고 있다고 느껴진다면, 과거의 추억이 아무리 아름답더라도 과감히 그와 헤어져 더 이상 상처받는 것을 막아야 한다.

♡

질투심이 유발하는 살인적인 집착

'연애 중인 사람의 아이큐는 0'이라는 말이 있다. 사실 일리가 있는 말이기도 하고, 남녀 모두에게 해당하는 말이기도 하다. 사랑은 배타적이기 때문에 제삼자는 사랑에 있어서 가장 큰 위협이 된다. "바둑을 두는 사람보다 관중이 더 수를 잘 읽는다."는 말처럼 방관자의 입장일 때는 정서적으로 안정되어 있어서 이성적으로 생각할 수 있지만, 사랑에 빠졌을 때는 쉽게 전전긍긍하고 소심해지기 마련이다. 툭하면 의심하고 기분은 항상 변화무쌍하여 어떤 일을 이성적으로 생각하기 어렵다.

오직 사랑만 보이고, 사랑만으로 머리가 가득 찰 때 사람들은 오히려 공허함과 지루함을 느끼게 된다. 사실을 말하자면, 그런 모습의 당신은 하나도 사랑스럽지 않다. 당신은 점점 예민해지고, 집착하고,

옹졸해지고, 의심이 많아지고, 시시각각 그의 일체를 통제하고 싶어 한다. 또 그가 무슨 생각을 하고, 무엇을 하고, 뭘 하려고 하는지 신경을 쓰고, 24시간 내내 붙어 있지 못하는 것을 한스럽게 생각한다. 그렇게 되면 자기 일은 하나도 할 수 없게 되고, 그 어떤 일에도 집중할 수 없게 된다. 왜냐하면 당신의 모든 관심은 모두 그에 대한 사랑에 쏠려 있기 때문이다.

왜 전화를 안 하지? 왜 문자를 안 보내지? 오늘 너무 이상한데! (오늘 그 사람이 누군가와 이야기하던 모습이 떠올라) 혹시 그 사람한테 관심이 있는 건가? 오늘 만난 지 100일째라는 걸 어떻게 잊을 수 있지? 만약 내가 말하지 않는다면, 내 생일도 기억 못 하겠지? 어떻게 그 사람과 이야기할 수가 있지, 분명 내가 그 사람 싫어하는 거 알면서? 내 마음은 안중에도 없는 걸까?

사랑이 인생에서 매우 중요한 것은 맞지만 유일하게 중요한 것은 아니다. 감성지수가 높은 사람일수록 자신의 인생을 어떻게 분배하고, 어떻게 생활의 중심을 잡아야 하는지 잘 이해한다. 당신에게 있어 사랑이 삶의 유일한 것이 된다면, 그것이 끝난 후 당신의 인생은 한순간에 무너지게 될 것이다. 사랑에 미쳐서 이별의 그늘에서 헤어 나오지 못하는 사람들의 결말이 대부분 그렇듯이 말이다. 그러니 사랑만으로 가득 찼던 일상에서 일부를 내어 다른 것들로 그 삶을 채우길 바란다.

그때 당신은 사랑이 더 오래 지속된다는 것을 발견하게 될 것이다.

♡

집념을 고집하면 아무것도 남지 않는다

영화 〈시네마천국〉에서 알프레도는 토토에게 이런 이야기를 해준다.

> 국왕의 병사가 공주를 사랑하게 되었고, 병사는 힘들게 공주에게 고백할 기회를 얻게 되었다. 하지만 거만한 공주는 병사에게 만약 100일을 발코니 아래에서 기다릴 수 있다면, 그때 병사와 함께하겠다고 말한다. 그래서 병사는 공주의 성 앞에서 눈이 오든 비가 오든 하루하루 버텨 나갔고, 이 모든 것을 본 공주는 병사의 굳은 의지에 마음 깊이 탄복하게 된다. 하지만 99일째가 되는 날 병사는 그 자리를 떠났다. 아마 병사는 문득 깨닫게 된 게 아닐까? 공주에 대한 집념이 결코 진정한 사랑은 아니라는 것을 말이다.

주는 것과 받는 것이 비례하지 않고, 지출해도 수확이 없을 수 있는 한 가지가 바로 '사랑'이다. 내가 남보다 열심히 한다고 내 사랑이 남의 사랑보다 더 감동적인 것도 아니고, 내가 남보다 더 노력한다고 상대방이 감동하는 것도 아니다. 사실 당신이 누구를 감동하게 했다면 그건 자기 자신일 뿐 아닌가? 남녀 관계에서 상대가 자신을 사랑하지 않는다는 것을 알면서도 일방적으로 상대에게 어필하는 것은 바로 너무 강한 집념 때문이다.

집념은 종종 외적 조건이나 경제적 조건이 낮은 쪽이 높은 쪽에 굴복하면서 생겨난다. 상대와 연결되기를 열렬히 바라지만 그에게 맞는 능력이나 조건이 되지 않을 때, 사람들은 시간, 감정, 물질, 돈을 투자하거나 자기 자신과 자존심을 희생하는 방식으로 상대에게 호감을 사려고 한다.

구애를 받는 사람은 차마 거절하지 못하거나 구애받는 느낌에 일종의 지배감을 느끼면서 그에 따라 반응을 보이게 된다. 하지만 이러한 반응은 집념에 사로잡힌 사람들에게 자신들이 일종의 보답이나 응답을 받은 것이라는 착각을 하게 해서 더욱 강하게 구애하도록 격려하는 꼴이 된다.

물론, 때때로 그의 환심을 사려고 다시는 꼬리를 흔드는 일은 없을 거라고 다짐하기도 하지만, 상대가 조금의 여지라도 준다면 또다시 동요하게 된다. 그리고 끊임없이 자신을 설득하는 자기 모습을 보게 될 것이다. 나에게는 아직 희망이 있다. 그는 내게 꽤 괜찮게 대해준다. 그의 마음속에서 나는 다른 사람과 다르다고 말이다.

어떤 사람은 처음 상대에게 다가갈 때 '일의전심一意專心'을 맹세하기 때문에, 상대가 거절하든, 냉대하든, 무시하든 전혀 개의치 않는다. 승낙을 받기 위해 그들은 점점 편집증적으로 변하고, 포기를 하는 것은 자신의 맹세를 저버리는 것으로 생각한다. 만약 그들이 연애 경험조차 부족하다면, 보통 눈앞의 사람을 신처럼 생각하고 그 사람을 이생의 진실한 사랑이라고 느끼게 된다. 어떤 이는 소위 '매몰비용'까지 고려하는 때도 있는데, 이는 감정이든 금전이든 자신이 치른 대가가 너무 커서 바로 발을 빼는 것이 쉬운 일은 아니기 때문이다. 그래서 어떤 때는 빼도 박도 못하는 상황이 오기도 한다.

대등하지 않은 관계는 오래 지속되기 어렵다. 결국 사랑을 누리지도 못하고, 존중받지도 못하며, 상대의 마음을 얻지도 못한다. 심지어 자기 자신을 잃을 수도 있다. 우리가 기억해야 할 것은 사랑이 나에게는 기꺼운 마음으로 하는 것일지라도, 상대에게도 그것이 당연한 것은 아닐 수 있다는 것이다.

♡

헤어진 후 친구가 되지 않기

감정을 정리하는 것은 길든 짧든, 심하든 가볍든, 결국은 고통이 따르게 된다. 어떤 사람은 시련이 고통스러운 이유가 상대의 마음은 이미 떠났는데, 나의 마음은 여전히 그 자리에 맴돌고 있기 때문이라고 한다. 헤어지기로 한 후에 다시 관계를 돌이키든, 과거를 잊고 앞으로 나아가든, 그건 우리 삶에서 특별한 마음의 여정이 될 것이며, 그 과정이 고통스럽더라도 우리가 성장하는 데 꼭 지나야 하는 관문이기도 하다. 대부분 집착을 내려놓은 후에야 사랑이란 그 자체를 잃고 고통스러운 것이 아니라, 나 자신을 잃었기 때문에 고통스러웠다는 것을 깨닫게 된다.

우리는 자신의 '사랑'에 집착한다. 왜 우리는 서로 사랑하면서도 헤어지게 되는 걸까? 우리는 스스로 끊임없이 이 질문을 던진다. 그렇기에 끊임없이 '나는 그를 사랑한다'고 생각하며 필사적으로 무언가를 잡고, 무언가를 남기고, 무언가를 증명하려고 한다. 사랑하는 것과 사랑하지 않는 것은 수도꼭지와는 다르게 틀면 흘러나오고, 잠그면 멈추는 것이 아니다. 수도꼭지를 꽉 잠그지 않아 똑똑 물이 떨어질 때처럼, 우리는 지난날을 되새기고, 그에 대한 집념은 더욱 강해진다.

그렇다면 이별을 되돌리고 싶을 때, 우리는 무엇을 해야 할까?

우선 헤어진 이유에 대해서 생각해야 한다. 만약 헤어진 이유가 원칙적인 문제 때문이 아니라면, 감정이란 상대적으로 되돌릴 필요가 있기도 하다. 잘못을 저지른 쪽이 상대방에게 둘의 관계를 이어갈 의사를 전달하려면 "처음부터 다시 시작하자."라는 간단한 말로는 부족하다. 확실한 해결 방법을 제시하여 자신이 두 사람의 감정이 계속되기 위해 얼마나 노력하는지 알 수 있게 해야 한다. 만약 상대가 그 제안을 받아들이지 않더라도 화내지 않고 적정 거리를 두며 상대가 성의를 느낄 수 있도록 해야 한다. 그리고 자신이 얼마나 기대하고 있는지를 명확히 전달해야 하지만, 그보다 더 중요한 것은 절대 질척

거리지 말아야 한다는 것이다. 질척거림은 오히려 역효과를 불러올 수 있다.

또 다른 상황으로는 헤어진 이유가 누구의 잘못도 아닌 두 사람 모두 조금씩 잘못한 것이고, 사랑의 감정이 거의 없는 것 같지만 헤어진 후 정말로 괴로운 나머지 재결합으로 그 고통을 이겨 내려고 하는 경우가 있다. 하지만 정말 잘 생각해 봐야 한다. 당신은 정말 그 사랑을 계속 이어가고 싶은 걸까? 만약 재결합한다면, 서로를 위해 어떤 점을 고칠 수 있을까? 어떻게 두 사람이 감정을 끌어올려 더욱 좋은 만남으로 이어갈 수 있을까? 만약 모든 것이 예전과 같다면, 그저 엉망인 관계를 되풀이하여 결국 서로의 시간과 에너지만 낭비하는 일이 될 것이다.

헤어진 후, 상대가 자신에게 여전히 감정이 남아 있는지를 판단하고 싶다면, 아래의 몇 가지 방법을 참고할 수 있을 것이다.

1. 그가 당신의 주변을 맴도는가?

헤어진 후에도 그가 모임이나 어떤 장소, 혹은 생일 등 특별한 의미가 있는 날 당신의 주위에 모습을 드러낸다면, 그건 그의 마음속에 여전히 당신이 특별한 의미를 갖는다는 의미이다.

2. 눈은 거짓말하지 않는다.

낯선 사람을 볼 때와 자신이 좋아하는 사람을 볼 때 눈빛이 다르다는 것을 우리는 모두 잘 알고 있다. 만약 눈이 마주쳤을 때, 상대가 당신을 낯선 사람 보듯 바라본다면 그의 마음속에 이미 당신의 자리는 없는 것이다. 하지만 그의 눈빛에서 다른 느낌을 받았거나, 그가 당신을 몰래 훔쳐보거나, 당신에게 시선이 오래 머무른다면 그것은 그가 여전히 당신을 신경 쓰고 있다는 뜻이다.

3. 그가 당신의 물건을 가지고 있는가?

연인 사이에는 별별 희한한 물건을 정표처럼 서로에게 선물하곤 한다. 그리고 이러한 정표는 헤어질 때 서로의 인연이 다 했다는 뜻으로 상대에게 모두 돌려주는 경우도 있다. 하지만 그가 아직 당신을 그리워하는 감정이 남아 있다면 그는 분명 당신이 준 물건이나 당신과 연관이 있는 것들을 몸에 지니거나 집 안에 보관하고 있을 것이다.

당신이 이미 그와 헤어지기로 결심했고, 다시 되돌릴 생각이 없다면 앞뒤를 잴 필요가 전혀 없다. 사람은 앞을 바라보고 살아야 한다. 이별 후의 고통에 빠져 있는 것은 아무런 도움도 되지 않고, 더욱이 다가올 관계에도 좋지 않은 영향을 주게 된다.

끝나버린 인연 또한 인생의 선물일 수 있다. 우리가 용감히 지난 과거와 이별을 고했다면, 더 이상 미련을 갖지 말자. 만약 지나간 인연과 자꾸 얽힌다면 새로운 사랑을 시작했더라도 오래 지속하기 어렵다. 사랑은 배타적이다. 사랑에 소위 '세 명'은 존재할 수 없다. 사랑은 두 사람만을 용납한다.

전 연인이 재결합을 원하지만, 당신은 그렇지 않을 때는 어떻게 해야 할까? 거절은 항상 어렵다. 아마도 당신은 상대가 상처받는 모습을 보기 겁날 것이고, 마치 자신이 나쁜 사람이 된 것처럼 느껴지는 것도 싫을 것이다. 하지만 감정 문제에서 가장 금기시되는 것이 바로 '우유부단함'이다. 상대에게 상처를 주더라도 '솔직함'은 감정 문제를 해결하는 가장 좋은 방법이다.

아래 몇 가지 내용을 참고해 보자.

1. 정확히 말하기

그에게 말할 때 어조는 부드러워도 되지만 태도는 단호해야 한다. 당신은 이미 끝내기로 결심했고, 다시는 과거로 돌아갈 수 없다는 것을 상대에게 알려 주어야 한다. 그리고 상대에게 당신의 생활 범주에 들어오지 말 것을 예의 있게 요청해야 한다. 어정쩡한 말로 상대에게 희망을 주어서는 안 되고, 아직 되돌릴 여지가 있다고 느끼게 하는 것도 상대방을 기만하는 행동이다. 당신이 의도를 분명하게 전달할수록, 상대 역시 그 감정에서 빠져나오기 쉬워진다. 하지만 주의해야 할 것은 단호히 '아니다'라고 말하되, 상대를 모욕하는 말을 해서는 안 된다는 것이다. 평화로운 이별이 누구에게나 좋을 것이니 말이다.

2. 자신의 결정을 고수하기

일단 헤어질 결정을 내렸다면 이랬다저랬다 하지 말아야 한다. 상대방이 애걸했다고, 또는 상대에게 새로운 연인이 생겼다고 질투해서 다시 빼앗아 오겠다고 생각해서는 안 된다. 과거는 과거일 뿐이고, 상대방의 일은 이제 당신과는 무관하다. 상대방의 일에 마음이 흔들려서는 안 된다. 진심으로 상대를 축복할 자신이 없다면, 그를 자신과는 전혀 무관한 이방인으로 생각하라.

3. 자기 행동을 통제하기

해야 할 것과 하지 말아야 할 것을 구분하고, 말과 행동에 신중을 기하고, 분별 있게 행동해야 한다. 가까운 사이였던 만큼 이미 익숙해진 습관을 바로 고치기는 힘들겠지만, 그렇게 하지 않는다면 상대는 아직도 재결합 가능성이 있다고 오해할 수 있다. 친구처럼 관심을 두는 것도 삼가야 한다. 이 또한 상대에게 다시 만날 여지가 있는 거라고 느끼게 할 수 있다. 그리고 상대를 만나서 정리해야 할 일이 있다면, 아늑한 카페 대신 사람이 많은 공공장소를 선택하길 바란다. 때로는 환경이 착각을 만들기도 한다. 상대가 여전히 데이트하고 있다는 느낌을 받게 하는 것은 좋지 않다.

중요한 선택을 하거나 중대한 결정을 전달할 때 자신의 감정을 표현하고, 타인의 감정에 공감하는 것을 배우는 것은 감성지수를 높이기 위한 중요한 과제이다. 만약 감정이 이미 막바지에 다다랐다면, 제발 '좋은 사람'이 되기 위해 억지로 상대방과 함께하지 않아야 한다. 그 '선의'가 반드시 보답이 되어 돌아오는 것은 아니다. 맺고 끊음이 확실하지 않은 이별 방식은 연애 생활에서의 영원한 금기사항이다.

더 나은 삶을
살아가기 위한 지혜
감성 기술

1판 1쇄 인쇄 2024년 1월 8일
1판 1쇄 발행 2024년 1월 22일

지은이 웨이슈잉
옮긴이 김정률
펴낸이 여종욱

책임편집 최지향
디 자 인 노벰버세컨드

펴낸곳 도서출판 이터
등록 2016년 11월 8일 제2016-000148호
주소 서울시 영등포구 선유로33길 2-2
전화 032-746-7213 **팩스** 032-751-7214 **이메일** nuri7213@nate.com

ISBN 979-11-89436-43-8 (03190)
책값 18,000원